UNIVERSITY OF NORTH CAROLINA AT CHAPEL HILL
DEPARTMENT OF ROMANCE LANGUAGES

NORTH CAROLINA STUDIES
IN THE ROMANCE LANGUAGES AND LITERATURES

Founder: URBAN TIGNER HOLMES
Editor: MARÍA A. SALGADO

Distributed by:

UNIVERSITY OF NORTH CAROLINA PRESS
CHAPEL HILL
North Carolina 27515-2288
U.S.A.

NORTH CAROLINA STUDIES IN THE
ROMANCE LANGUAGES AND LITERATURES

Number 233

HACIA UNA POÉTICA
DEL RELATO DIDÁCTICO

HACIA UNA POÉTICA DEL RELATO DIDÁCTICO:
OCHO ESTUDIOS SOBRE *EL CONDE LUCANOR*

POR

ANÍBAL A. BIGLIERI

CHAPEL HILL

NORTH CAROLINA STUDIES IN THE ROMANCE
LANGUAGES AND LITERATURES
U.N.C. DEPARTMENT OF ROMANCE LANGUAGES
1989

Library of Congress Cataloging-in-Publication Data

Biglieri, Aníbal A.
  Hacia una poética del relato didáctico: ocho estudios sobre El Conde Lucanor / por Aníbal A. Biglieri
    p. – cm. – (North Carolina studies in the Romance languages and literature; 233)
  Bibliography: p.
  Includes index.
  ISBN 0-8078-9237-8
  1. Juan Manuel, Infante of Castile, 1282-1347. Conde Lucanor. 2. Discourse analysis, Narrative. I. Title. II. Series.
PQ6402.B54 1988
863'.1 – dc19   88-37629
                                                                            CIP

© 1988. Department of Romance Languages.
   The University of North Carolina at Chapel Hill.

ISBN 0-8078-9237-8

DEPÓSITO LEGAL: V. 1.001 - 1989   I.S.B.N. 84-599-2698-2

ARTES GRÁFICAS SOLER, S. A. - LA OLIVERETA, 28 - 46018 VALENCIA - 1989

ÍNDICE GENERAL

	Pág.
INTRODUCCIÓN	11
Justificación	13
El problema de la teoría	16
Plan del libro	18

I. (EL AUTOR), (LA REALIDAD), EL TEXTO: EJEMPLO 36 23
   ¿Realismo mimético? 25
   ¿Rasgos autobiográficos? 30
   Ni espejo, ni lámpara 32
   La verosimilitud genérica 34
   La lógica de los posibles narrativos y la supervivencia del relato 36
   La arbitrariedad del relato 37
   Las dos lógicas del relato 39
   "falló a su muger et fijo durmiendo en uno" 41

II. HACIA UNA REVISIÓN DEL REALISMO MEDIEVAL: EJEMPLO 46 44
    El argumento 47
    Los personajes 48
    El ambiente 50
    El léxico 51
    Desde el *sentido* hacia la *historia* 53
    El argumento 58
    Los personajes 59
    El ambiente 62
    El léxico 64
    Designación, significación y *sentido* 66

III. LA (RE)ESTRUCTURACIÓN DE LA REALIDAD HISTÓRICA: EJEMPLO 37 72
     Designación 72
     Significación 75
     Asociaciones sintagmáticas 76
     Asociaciones paradigmáticas 78
     Sentido 84

	Pág.

IV. La función del marco: ejemplo 41 88
   Valor literario del marco 89
   Relación entre marco y ejemplo 90
   Funciones del marco 92
   El ejemplo 41 ante la crítica 93
   Texto, contexto y *metatexto* 99
   El "marco" como metáfora 108

V. Ética estamental y reelaboración de las fuentes: ejemplo 23 113
   ¿Imperfección formal? 114
   Los bestiarios 118
   Proverbios 124
   La predicación 125
   La recepción de la fábula 129
   La fábula de las hormigas y su relación con otros tres ejemplos 132

VI. El relato redundante: ejemplo 24 135
   Problemas semióticos de Lucanor 136
   Problemas de semiótica lingüística de Patronio 140
   Hacia una poética de la redundancia 141
   Redundancias en la *historia* 143
   Redundancias en el *discurso* 148
   Redundancias entre la *historia* y el *discurso* 157

VII. *Mise en abyme* y textualidad: ejemplo 2 161
   Mise en abyme de la *historia* 164
   Mise en abyme del *discurso* 169
   Mise en abyme del *texto* 172
   Mise en abyme del *código* 174
   Mise en abyme del *principio* 176
   Mise en abyme y redundancia 178
   El ejemplo 2 y la creación manuelina 181

VIII. Recapitulación: ejemplo 33 183
   ¿Autobiografía? 184
   Los relatos paralelos 186
   Realismo y naturaleza del halcón 189
   El águila no representa a Alfonso XI 190
   Otra vez el "marco" 193
   La caza y la guerra 195
   El halcón, símbolo de las virtudes estamentales 198
   Águilas, halcones y *campos léxicos* 200
   Redundancia de los contenidos 203

	Pág.
La lección del ejemplo	204
Recapitulación final	207
HACIA UNA POÉTICA DEL RELATO DIDÁCTICO	209
BIBLIOGRAFÍA	216
ÍNDICE DE NOMBRES	227
ÍNDICE DE OBRAS	231
ÍNDICE DE TEMAS	233

INTRODUCCIÓN

El primer estudio de este libro nació en junio del año 1981, con ocasión de una conferencia sobre el ejemplo 36 dictada en el Instituto del Profesorado Francisco de Paula Robles de la ciudad de Dolores (Argentina) y retomada luego en otras dos oportunidades: *Cincinnati Conference on Romance Languages and Literatures* (University of Cincinnati, mayo de 1982) y en el coloquio celebrado en conmemoración del séptimo centenario del nacimiento de Don Juan Manuel, en Hampden-Sydney College (Virginia, octubre de 1982).

Con el correr del tiempo, aquellas primeras aproximaciones a *El Conde Lucanor* se convirtieron en el germen de los otros siete capítulos: más de un problema o bien había quedado sin resolver satisfactoriamente, o bien sugería otros muchos, y éstos, a su vez, daban lugar a ulteriores planteamientos no menos dignos de atención. Desde aquellos esbozos iniciales, imprecisos como todo primer ensayo, fueron surgiendo paulatinamente los restantes: labor lenta, discontinua, constantemente interrumpida por obligaciones académicas y profesionales más perentorias e impostergables, pero también, y quizás precisamente gracias a ello, más reflexiva y más inclinada a la frecuente revisión de sus puntos de partida, sus hipótesis y su metodología.

Una versión corregida de aquella conferencia inaugural se transformó más tarde en un artículo que ha aparecido en la *Revista Canadiense de Estudios Hispánicos* (11 [1987]: 461-75) y publicado ahora con las supresiones que en su momento debieron hacerse por limitaciones de espacio; el segundo capítulo fue adelantado en *Lexis* 9 (1985): 31-59, y se vuelve a imprimir aquí con varios retoques que aspiran a mejorar su presentación y hacer más claros algunos de sus planteos; el tercero, en versión algo más breve, se publicará en *Cahiers de Linguistique Hispanique Médiévale;* secciones del cuarto formaron parte de una ponencia leída en la reunión anual de la *American Association of Teachers of Spanish and Portuguese (AATSP),* en noviembre de 1985. El resto ha permanecido inédito hasta la fecha.

Estos análisis se proponen dar cuenta de varios rasgos esenciales de la *poética* de la obra manuelina, entendiéndose por ello, en el sentido aristotélico, la descripción de algunas de sus propiedades: algunas, no todas. De allí que en en este primer asedio haya sido forzoso limitarse a pocos textos, pero los ocho elegidos poseerían, no obstante, un cierto valor paradigmático y muchas de las tesis a que se llega a partir de ellos pueden extrapolarse al resto del libro. No se estudian tampoco las otras partes de *El Conde Lucanor,* aunque en algunos casos se establezcan sus relaciones con los relatos de la primera. Más aún, cabría afirmarse que esta *poética,* de un modo u otro, gira en torno de una problemática que el propio Don Juan Manuel se había planteado, justamente, en la primera máxima del libro segundo: "En las cosas que ha muchas sentençias, non se puede dar regla general".

Para el concepto de *exemplum* parecerían bastar la definición ya clásica de Welter (1927) y la más reciente de Le Goff (1982);[1] ambas, sin embargo, pasan por alto dos cualidades de la narración ejemplar acerca de las cuales John E. Keller ha llamado la atención en un estudio reciente sobre el ejemplo 48: "An *exemplo* by definition is a short piece of fiction free of ambiguity with a single moralization attached in order to teach a lesson" ("Another look" 2; véase "Enxienplo" 39).

En la obra manuelina estas dos propiedades (falta de ambigüedad, moralización única) se emparentan estrechamente con otra cuestión de la que varios críticos ya se han ocupado, en especial Germán Orduna: la oposición entre el "fablar breve et escuro" y el "fablar complido", "luengo", "paladino", "declarado", "llano", "derecho", "sennalado" (" 'Fablar Complido' ").[2] Dicho de otra manera, en el corazón mismo de dicha problemática, y a la que este libro se acerca consciente de todos los peligros que la erizan, se halla un

---

[1] Para ambas definiciones véase luego el capítulo séptimo. Sobre el *exemplum* medieval véase también Krömer 29-41.

[2] Véanse además Colón, y Abad 10-12; Krömer 30 y de Stéfano ("Don Juan Manuel" 347-51) subrayan la relación entre claridad y ejemplaridad.

interrogante radical: ¿cómo se construye el *sentido*?, ¿a través de qué procedimientos lingüísticos, retóricos, estilísticos y narrativos se va manifestando en el proceso temporal de la lectura?

Que Don Juan Manuel tenía clara conciencia de esto lo prueban las numerosas referencias aducidas por los críticos mencionados, pero a todas ellas debe añadírseles el proverbio ya citado y con el que se inicia (¿casualidad?, ¿designio deliberado?) la segunda parte de *El Conde Lucanor*. La ambigüedad a que en él se hace referencia pertenece, por definición, a toda obra literaria, y no por una deficiencia que les sería exclusiva, y de la cual quedarían a salvo otras formas del discurso, sino más bien porque aquélla es una propiedad constitutiva de todo lenguaje humano. ¿Cómo, entonces, reducir esa pluralidad de "sentençias" y la ambigüedad que se seguiría, y cómo formular luego una norma de conducta de validez más o menos general, según lo exigen las intenciones didácticas del libro?[3] A tratar de responder a estas preguntas, y a otras que con ellas se vinculan solidariamente, están consagrados los estudios que siguen.

Justificación

Dada la considerable bibliografía ya acumulada, todo nuevo acercamiento a *El Conde Lucanor* debería comenzar por justificarse. Daniel Devoto se ha ocupado de las fuentes y relatos paralelos y evaluado los méritos y deméritos de la crítica; Reinaldo Ayerbe-Chaux, de la originalidad literaria de Don Juan Manuel; Alberto Blecua, de los arduos problemas de la transmisión textual; Marta Ana Diz, de varios aspectos doctrinales y de las restantes secciones del libro; dos volúmenes colectivos (*Juan Manuel Studies, Don Juan Manuel: VII Centenario*) y numerosos estudios esparcidos en revistas

---

[3] Ténganse en cuenta asimismo las siguientes afirmaciones de Keller: "We all know that a great deal of medieval literature, although not as much as some scholars insist, contained double meanings, sometimes referred to as *sic et non*. This purposeful ambiguity, ascribed especially to the *Libro de buen amor*, hardly seems acceptable in a seriously moralistic work like *El Conde Lucanor*. Possibly the last thing Juan Manuel wanted to do was lead his audience from the path of morality, or, as Juan Ruiz did, offer a dual moral lesson" ("Another look" 6). Véase Menéndez Pidal, "Notas" 152. Para el problema de la ambigüedad consúltense Rimmon y Dixon, y para la literatura medieval en particular, Deyermond, "La ambigüedad".

europeas, norteamericanas e hispanoamericanas, de los más variados asuntos suscitados por la vasta producción manuelina: se ha procurado leer el máximo número de tales contribuciones, aunque, desde luego, haya sido imposible consultarlas o tenerlas aquí en cuenta a todas ellas.

No se ignorarán del todo ni los relatos paralelos, ni la originalidad de los ejemplos, ni los problemas de doctrina, ni tampoco muchas de las cuestiones que atrajeron la atención de tantos lectores; pero el enfoque será otro y lo será asimismo la finalidad perseguida: señalar algunas pautas descriptivas y explicativas que permitan una mejor comprensión del discurso didáctico, aprovechándose para ello de varios desarrollos de la ciencia de la narración, cuyos beneficios y pertinencia para el estudio de la literatura medieval española aguardan todavía una valoración ponderada y libre de prejuicios.

Al intentar proponer otros derroteros para futuras investigaciones no se ha pretendido, por supuesto, ni aspirar a un monopolio, por lo demás inalcanzable, de todas las soluciones a los problemas planteados y por plantear por *El Conde Lucanor,* ni mucho menos ignorar lo mucho de valioso que sobre él se ha escrito. Los análisis que aquí se ofrecen, por consiguiente, quisieran ser considerados como complementarios de los ya adelantados por los más competentes donjuanmanuelistas, aunque a veces sea necesario defender opiniones diferentes o contrarias a las sostenidas por varios de ellos.

De allí que, por adoptarse una perspectiva a menudo discrepante, por haberse partido de un *corpus* crítico elaborado sobre otros períodos y otras literaturas y por haberse acudido a conceptos y modelos de la Lingüística General, haya sido conveniente citar a veces por extenso y prodigar las notas a pie de página. En este sentido, es muy difícil saber cómo complacer a los reseñistas y prácticamente imposible decidir con absoluta certeza a qué criterio atenerse. A Ayerbe-Chaux, por un lado, Macpherson le observa el no haber indicado con más precisión la procedencia de las opiniones de otros investigadores: "He has a tendency to elaborate on the ideas of other scholars without full attribution" (719); a Diz, por el contrario, Sturm le reprocha el depender demasiado de sus predecesores: "She has clearly read the pertinent criticism and can perhaps only be faulted for being too deferential to it.", "... relies heavily on critics whom she footnotes.", "... suffers from relying too heavily on the words of others..." (128-29). Pero este libro no sólo es un estudio de *El Conde Lucanor,* sino también un diálogo con quienes ya se han ocupado de él, diálogo que sólo puede ser honesto y fructífero cuando a todos sus participantes se les conceda la palabra en un pie de igualdad: por ello, y para beneficio del lector, se los cita tan a menudo y, entre los dos extremos señalados, se ha optado deliberadamente por el segundo, con plena conciencia de que, aunque erróneamente, pueda tenerse por falta de originalidad lo que no será nada más que probidad intelectual y reconocimiento explícito de la deuda contraída con tantos donjuanmanuelistas e investigadores de lo narrativo, cuyos aportes sólo muy lentamente, y no sin encontrar resistencias, se van abriendo camino en el examen de la literatura medieval española.[4] Y, asimismo, se ha preferido citarlos en sus propios idiomas, no por un alarde de erudición, sino para que sus voces se hagan oír directamente y sin intermediarios. Y si todas estas razones no bastaran, al menos valga como disculpa de tanta cita el deseo de facilitar la tarea del lector y de hacerle más cómodo el cotejo de puntos de vista novedosos o disidentes, evitándole tener que verificar por su propia cuenta las fuentes utilizadas o acudir a los trabajos mismos en procura de los pasajes pertinentes.

El libro está dirigido, en primer lugar, a los lectores de *El Conde Lucanor;* pero también podrá encontrar favorable acogida en un público más amplio que incluiría, entre otros, a aquéllos que investigan las propiedades de la narrativa en general y de la didáctica en particular, a los que se interrogan hasta qué punto los avances teóricos y metodológicos de la *narratología* pueden aplicarse con fruto a la literatura española medieval, a los que piensan que estos estudios pueden y deben renovarse con nuevos enfoques y soluciones, a los profesores universitarios, que pueden hallar en este libro sugerencias metodológicas y nuevas perspectivas pedagógicas para la enseñanza de la literatura, y a los estudiantes de español (muchos de ellos, futuros profesores), a quienes debe familiarizarse con las tendencias más recientes de la crítica e indicarles los rumbos que ésta sigue en la actualidad.

---

[4] Recuérdense, por ejemplo, las afirmaciones de Deyermond en su reseña a *Oral Traditional Literature* (353), y compárense las de Ayerbe-Chaux, Checa y Dunn a propósito del libro de Diz.

El problema de la teoría

En parte también, este libro es un bosquejo de teoría. Y esto requiere igualmente una explicación, sobre todo si se piensa que la crítica de la literatura española de la Edad Media ha quedado, para bien o para mal, muy al margen de las polémicas de escuela de las últimas décadas, y sobre todo a partir de 1958, cuando se publica la primera traducción de la *Morfología* de Vladimir Propp a una lengua europea occidental. Desde entonces acá, la indagación de lo narrativo ha hecho avances que ya no es admisible continuar ignorando, sean cuales fueren las opiniones favorables o adversas que puedan defenderse a propósito de tal o cual autor o tendencia en particular.

El problema de la teoría se ha convertido, pues, en un tema candente: bastaría, por ejemplo, leer los trabajos reunidos en *Criticism in the University* (Graff y Gibbons) y en *Against Theory* (Mitchell) para hacerse una idea cabal del interés y controversias que despierta en muchos ámbitos académicos de Europa y de Estados Unidos. En tales debates, como no podía ser de otro modo, se discuten a menudo cuestiones más o menos espurias, pero se plantean también nuevos y muy legítimos problemas, o a los viejos se los reexamina sobre fundamentos más firmes. Y otro tanto acontece con las soluciones: las hay muchas insatisfactorias e insostenibles, junto a otras válidas y certeras. De las que aquí se propongan a propósito de *El Conde Lucanor* habrá que comprobar si, y cuáles, las hay que representen un progreso en el conocimiento de la obra; y entre los falsos problemas, se ha tratado de evitar uno de los varios que persisten todavía con notable tenacidad, a saber, la oposición, que para algunos parecería irreductible, entre la "teoría" y la "práctica": dicotomía perniciosa puesto que todo análisis, por "empírico" que fuere, supone, al menos implícitamente, un número mínimo de hipótesis y definiciones; después de todo, no de otra manera procede gran parte de la crítica que tan vaga como inapropiadamente se ha dado en llamar "tradicional". Para muchos de sus partidarios, las bases teóricas pasan a un muy segundo plano, pero no pueden desaparecer por completo, claro es, porque en cuanto se empiece a emplear un vocabulario determinado, por inocente o "transparente" que parezca ("autor", "obra", "texto", "personaje", "narrador", "punto de vista", "lector", etcétera), se presuponen ya, quiérase o no, conceptos y modelos subyacentes que siguen existiendo a pesar de dárselos por sentado o de eximírselos de un escrutinio sistemático.

La verdadera dificultad radica en lograr un equilibrio entre la especulación crítica y la descripción empírica; aquí, tratando de no olvidar nunca las siguientes afirmaciones de Coseriu, se intentarán presentar los aspectos de la primera durante el desarrollo de la segunda:

> La teoría, en su sentido primario y genuino, es aprehensión de lo universal en lo concreto, en los "hechos" mismos. No hay, por consiguiente, ni distancia ni conflicto entre "hechos" (o investigación "empírica") y teoría, sino que la investigación empírica y la teoría son dos formas complementarias de la misma actividad. Una presentación e interpretación racional de un hecho es al mismo tiempo una contribución a la teoría; y una teoría auténtica es al mismo tiempo interpretación racional de "hechos". (*Gramática* 10)[5]

Postulados de la *narratología* y de la Lingüística estructural; reflexiones teóricas a partir de la obra de Marcel Proust, de la novela realista, de la novela de tesis, del *nouveau roman*: de esta rápida e incompleta enumeración de algunos de los paradigmas utilizados cabría preguntarse por su pertinencia para la literatura medieval española. Lo cierto es que algunos procedimientos y técnicas narrativas de otras épocas y literaturas no le han sido ajenos: por citar solamente dos casos, parábola, *exemplum* y *roman à thèse* comparten varias propiedades estructurales y la *mise en abyme* no es, ni mucho menos, patrimonio exclusivo de la literatura francesa contemporánea.[6]

Más importante aún será decidir si todos estos modelos se coordinan con cierta coherencia o si, por el contrario, se presentan como un mero agregado de partes sin conexión efectiva. Al doble peligro: aplicación mecánica de dichos paradigmas e incapacidad de armonizarlos en una síntesis, y dada la varia procedencia de todos

---

[5] Observaciones análogas en Coseriu, *Sincronía* 190-91. Véase también Jay y Miller.

[6] Sobre la relación entre *exemplum* y *roman à thèse* véase después el capítulo sexto. Casos de *mise en abyme* en la literatura medieval francesa en Verelst 147-48.

ellos, se le suman ahora las acechanzas de una babel terminológica que tan agudamente aflige a la crítica actual. En este sentido, se ha tratado de mantener un vocabulario lo más congruente posible, de contenerlo dentro de límites compatibles con la claridad y exactitud de la exposición y de hacerlo explícito con la definición de los términos empleados. Pero si por una parte se ha aspirado a reducir los excesos, por otra, no se ha vacilado en recurrir, todas las veces que se estimó necesarias, a instrumentos conceptuales forjados tras años de paciente y laboriosa controversia. Al fin y al cabo, el mismo Don Juan Manuel ha observado ya que "cada sciençia a de sí palabras sennaladas" (*Libro de los estados* 187). No debería olvidarse que allí donde investigadores y profesores universitarios adheridos a la crítica "tradicional" creen oír sólo una confusión de voces y una terminología que se suele calificar de "jerga esotérica", puede tratarse, muy por el contrario, de refinamientos teóricos válidos, bien fundados y hasta imprescindibles para un análisis más riguroso y sistemático de los textos. No todos han de ser desafueros, aunque éstos (¿qué duda cabe?) abunden; pero antes de censurarlos, habría que discriminar con mucho cuidado, primero, entre una nomenclatura que no por novedosa deje de ser legítima y otra que solamente provenga de una pedantería pseudo-científica, y, segundo, entre la utilidad y coherencia de los modelos mismos y la aplicación particular y más o menos (des)afortunada de tal o cual crítico a tal o cual *corpus*, texto o autor.

En fin, si hay algo que todos estos paradigmas poseen en común es una misma finalidad: proceder a una descripción y explicación menos impresionistas, más exhaustivas y más metódicas de los hechos literarios. El objeto primordial es la dilucidación de la "textualidad" manuelina y de allí que, junto a una crítica hermenéutica, preocupada por averiguar el *sentido* de cada relato, se halle también una crítica semiótica que la precede y la prepara, según se verá en los capítulos cuarto y sexto en particular.

Plan del libro

El orden de los ocho capítulos respeta una cierta progresión:

I. El primero se centra en el texto mismo (ejemplo 36: "De lo que contesçió a un mercadero que fue a conprar sesos") y deja entre paréntesis varias explicaciones propuestas a partir de la biografía de Don Juan Manuel o de la concepción del arte como una imitación más o menos servil de lo real.

II. El segundo, una vez comprobadas las inverosimilitudes del ejemplo anterior y las razones a que obedecen, estudia una narración (ejemplo 46: "De lo que contesçió a un philósopho que por ocasión entró en una calle do moravan malas mugeres") que podría tenerse por "realista" y que, no obstante, conduce a las mismas conclusiones del análisis precedente y que serán luego desarrolladas con mayor amplitud en el tercero.

III. A partir del ejemplo 37 ("De la respuesta que dio una vez el conde Ferrant González a sus vassallos") se comprueba cómo el relato ejemplar, sea cual fuere su dosis de verosimilitud, depende de un *sentido (meaning, sens)* anterior, expresado en la "sentençia" (consejos de Patronio, versos de Don Johan), y a partir de la cual el vocabulario del texto se organizará en *campos léxicos* que modelan y (re)estructuran lo real.

IV. El examen de este (re)ordenamiento de la realidad extralingüística por medio del lenguaje se continúa con el estudio del ejemplo 41 ("De lo que contesçió a un moro que fue rrey de Córdova"), pero se ampliará con un problema aludido de pasada en los tres anteriores: la función del marco, es decir, del diálogo entre el conde y su consejero, en la eliminación o, al menos, la reducción de la ambigüedad que amenazaría la claridad de la doctrina y comprometería los fines didascálicos de la obra. El marco, como *locus* del *sentido,* pasa a ser así el principio promotor de la fábula considerada en su disposición sincrónica.

V. Pero en el marco se traza igualmente el "horizonte de recepción" desde el cual Don Juan Manuel acogerá la tradición textual, diacrónica (ejemplo 23: "De lo que faze la formiga para su mantenimiento"), para reelaborarla a partir de sus propios presupuestos, los de la ética nobiliaria.

VI. El paralelismo entre las situaciones del marco y del cuento narrado por Patronio pondrá de manifiesto otro rasgo constitutivo del discurso manuelino: su grado de redundancia más o menos elevada según los casos. Este capítulo, a ella dedicado (ejemplo 24: "De lo que fizo un rrey moro con tres fijos que avía por saber quál dellos era mejor omne"), quiere hacer ver cómo, al procurar disminuir y controlar la dispersión de los significados, la narración se presenta con el carácter "cerrado", autoritario, del relato ejemplar.

VII. Todas estas características van delineando lo que puede denominarse la "textualidad" de *El Conde Lucanor*. Ella se revelará de un modo aún más inequívoco cuando el estudio de la *mise en abyme* en el ejemplo 2 ("De lo que contesçió a un omne bueno con su fijo") exponga la naturaleza y función mismas del ejemplo en lo que concierne a la *historia* narrada, a su *enunciación*, al *discurso* en que se actualiza, al *código* retórico que lo rige y a la finalidad docente que persigue.

VIII. El último capítulo se propone examinar otro ejemplo más, el 33 ("De lo que contesçió a los muy buenos falcones garçeros, et sennaladamente a un muy buen falcón sacre que era del infante don Manuel"), pero, asimismo, recapitular, didácticamente, las principales tesis que ahora, no por separado, sino juntas, permitirían describir y explicar un texto determinado, tesis que, para decirlo muy concisamente, se refieren en especial al supuesto "autobiografismo" de *El Conde Lucanor*, a los principios de su organización textual, a la perspectiva doctrinal del estamento caballeresco desde el que se lo escribe y a los procedimientos de "desambiguación" a que se lo somete. Cada capítulo plantea ciertas cuestiones que, en los sucesivos, serán retomadas con más pormenor y desde otros ángulos. Al lector le corresponderá juzgar sobre la coherencia (o falta de ella) en la progresión de los enfoques.

IX. Reflexiones finales. A lo largo de estos estudios se irán planteando ciertos problemas que, más allá de *El Conde Lucanor*, atañen al modo de ser mismo del narrar medieval. Por ser imposible dedicarles un tratamiento más exhaustivo, en las páginas finales se los reseñará brevemente y se sugerirán varios temas acreedores de una atención más reposada.

De *El Conde Lucanor* se utiliza el texto preparado por Reinaldo Ayerbe-Chaux; del resto de la producción manuelina, salvo indicación en contrario, la edición de las obras completas de Don Juan Manuel al cuidado de José Manuel Blecua.[7]

En todos los casos, la bibliografía crítica se cita según la edición empleada, no siempre la primera y, cuando ello ha sido posible,

---

[7] Del *Libro de los estados* se emplea la edición de Tate y Macpherson. Para la obra de Don Juan Manuel véanse también los *Textos y Concordancias* editados por Ayerbe-Chaux.

preferentemente la última. Y en todos los análisis del presente libro se adopta la convención semántica, discutible, sin duda, pero escrupulosamente respetada, de reservar el término "ejemplo" para el cuento narrado por Patronio.

Finalmente, agradecemos a North Carolina Studies in the Romance Languages and Literatures el haber incluido este libro en su prestigiosa colección, y muy en particular nuestra gratitud va dirigida a John E. Keller, de University of Kentucky, y Frank A. Domínguez, de University of North Carolina at Chapel Hill, quienes recomendaron la publicación de estos estudios.

Lexington, Kentucky
8 de diciembre de 1988

CAPÍTULO I

(EL AUTOR), (LA REALIDAD), EL TEXTO: EJEMPLO 36

Según M. H. Abrams toda obra de arte se halla en el centro de un triángulo cuyos vértices lo constituyen el artista, el universo y el público. El interés del crítico por uno de ellos en particular, relegando los otros a un segundo plano, determinará el carácter de su teoría, que será, respectivamente, *objetiva, expresiva, mimética* o *pragmática* (8-29).

En los análisis del ejemplo 36, "De lo que contesçió a un mercadero que fue a conprar sesos", han prevalecido las interpretaciones *miméticas* y *expresivas*. Al primer grupo pertenecen todas aquéllas que han defendido el realismo de *El Conde Lucanor*, tanto en el tratamiento de las acciones, frente al "descarnado esquematismo" de los ejemplarios y colecciones precedentes, como afirma Barcia (25), cuanto en la presentación de los personajes, "seres vivientes, calculadores, complejos, en una palabra, vivos", según sostiene Ayerbe-Chaux (1, 3 y 71).[1] Se trataría, por consiguiente, de un libro "cabalmente realista", con una "presentación directa de la realidad", y a primera vista nada se opondría al parecer de Barcia (34-35), compartido por otros críticos.[2] El arte de *El Conde Lucanor* obedecería, en suma, a los dictados del *verosimilismo realista*,

---

[1] Véanse también Ayerbe-Chaux 3, 17 y 33; Orduna, "El *exemplo*" 133; José Manuel Blecua, introducción a *El Conde Lucanor* 30-31 y Menéndez Pidal, *España* 25. Pero para una mejor comprensión del "esquematismo" y "pobreza" del ejemplo medieval (uno de los tantos lugares comunes de la crítica) véase Battaglia, "L'esempio" 478.

[2] Ya Menéndez Pelayo había señalado que los personajes no son "abstracciones simbólicas" sino "figuras vivas" (lxxxix). Véanse además Caldera 89-90; Várvaro 193 y López Estrada 427.

según la terminología de Menéndez Pidal (*En torno* 80 y 86 y *Los españoles* 111; Ayerbe-Chaux 31).

Pero hay otro aspecto de la creación manuelina, la ausencia de verosimilitud, que convendría examinar más de cerca. Al ocuparse del ejemplo 29, "De lo que contesçió a un rraposo que se fizo el muerto", Ayerbe-Chaux llega a las siguientes conclusiones:

> La importancia de la moraleja que el autor tiene en la mente condiciona, pues, el desarrollo de la anécdota. Esto me parece sobremanera importante para reivindicar la libertad creadora de los autores medievales que pueden tomar la anécdota de fuente oral o escrita, pero en realidad la transforman a su manera y de acuerdo con sus propósitos particulares. (68)

La selección de detalles, distintos en las versiones de la misma fábula en *El Conde Lucanor* y el *Libro de buen amor* (1412-21), está determinada en ambos casos por la "diferente moraleja". Y a propósito de las inverosimilitudes notadas, Ayerbe-Chaux agrega: "No se trata, pues, de omitir detalles inverosímiles, como apunta Lecoy, sino de insistir a cada viraje de la anécdota en la lección que se va a sacar" (68).[3] Y lo mismo se puede comprobar al cabo de una rigurosa lectura *mimética* del ejemplo 36 que intente determinar si la narración se aparta de la realidad o si, por el contrario, está "conforme" con ella, según una primera definición de *verosimilitud* propuesta por Todorov en "Introduction au vraisemblable": "Le terme 'vraisemblable' est ici employé dans son sens le plus naïf de 'conforme à la réalite'. On déclare certaines actions, certaines attitudes invraisemblables car elles ne semblent pas pouvoir se produire dans la réalité" (94).[4]

No se encuentra nada particularmente inverosímil en la primera parte del ejemplo de Patronio: un mercader acude a un maestro que vendía consejos. El primero no le satisface y aunque tampoco parece quedar muy contento con el segundo, ya no habrá de olvidarlo jamás:

---

[3] Para la falta de verosimilitud en *El Conde Lucanor*, véase Ayerbe-Chaux 63-64 y 66-68. Macpherson, en su reseña del libro de Ayerbe-Chaux, ya observó que éste "properly insists on the importance of the moral and the way in which it conditions each story" (718). Véase Krömer 38.

[4] Véase también Culler, *Structuralist* 140-41, quien distingue cinco niveles de verosimilitud.

> Et el maestro le dixo que quando fuesse muy sannudo et quisiesse fazer alguna cosa arrebatadamente, que se non quexasse nin se arrebatasse fasta que sopiesse toda la verdat.
>
> El mercadero tovo que aprendiendo tales fabliellas podría perder quantas doblas traýa, et non quiso conprar más sesos; pero tovo este seso en el coraçón.

Y, tampoco, nada comprometería el realismo de *El Conde Lucanor* en el resto del relato. Pero si se procede a una cuidadosa (re)lectura retroactiva muy pronto se podrán advertir varios detalles de inverosimilitud bastante evidente.

¿REALISMO MIMÉTICO?

En primer lugar, el mercader que ha de regresar después de más de veinte años: "Et acaesçió que el mercadero libró toda su mercaduría et tornó muy bien andante". El texto no ofrece ninguna razón que explique tal demora, y si bien se sabe que había ido a tierras lejanas ("Et acaesçió que el mercadero fue sobre mar a una tierra muy luenne ...") y que tales viajes solían ser prolongados, una ausencia de tantos años ("Et el mercadero moró, andando en su mercaduría tanto tienpo, fasta que el fijo que nasçiera de que fincara su muger ençinta, avía más de veynte annos.") no deja de ser "exagerada", según observó ya Luciana de Stéfano (*La sociedad* 138). Y es legítimo preguntarse, además, cómo es posible que haya tardado tanto en vender "su mercaduría". A este respecto puede recordarse al mercader de la *Cantiga* 172 de Alfonso el Sabio, que emprende un viaje a Acre "con ssa nave carregada de mui bõa merchandia" (7) y logra vender todo muy rápidamente: "des i quantas merchandias / tragian, todas venderon mui ben e en poucos dias" (25-6).[5]

---

[5] En uno de los textos paralelos aducidos por Knust, Ugolino da Volterra se ausenta también "piu di venti anni" (376). Laurence menciona otro texto en el cual un mercader regresará a los veinte años de su partida (109); y el de otra versión, recogida por Chauvin, se ausenta "longtemps à l'étranger" (2: 57). En el milagro 23 de Berceo retornará después de "un grand tiempo" (683 a), mientras que la fuente, por el contrario, indica que la ausencia ha sido breve: "Post aliquantulum vero temporis" (199). En el *Rhytmus De Mercatore*, aducido por Corominas en su edición del *Libro del buen amor* como fuente del episodio de Pitas Pajas, el mercader regresará a los siete años (200); Pitas Pajas se marcha a Flandes

Al cabo de dos décadas, el mercader regresa de incógnito a su ciudad: "Et el día que llegó al puerto de aquella villa do morava non dixo nada a ninguno, et fuese desconosçidamente para su casa et escondióse en un lugar encubierto por veer lo que se fazía en su casa".

He aquí, retrospectivamente considerado, otro caso muy claro de inverosimilitud. Si se tiene en cuenta la totalidad de la fábula —como lo exige un análisis estructural y funcional— no se comprende bien cómo desde ese "lugar encubierto" le ha de ser posible observar no sólo la llegada del mancebo sino también a madre e hijo comer juntos y compartir el mismo lecho, todo ello sin moverse para nada de su sitio y sin que su presencia sea notada durante un período de varias horas.

Que los ve comer y acostarse se menciona explícitamente en el texto: "Et desque llegó la tarde, assentáronse a comer. De que el mercadero los vio assí estar, ... Mas, quando vino la noche et los vio echar en la cama, ..."

¿Ve venir a su hijo? Cuando el mercader oye que su mujer llama "marido" al muchacho hace varias conjeturas sobre la relación entre ambos: "et tovo más que fazía maldat que non que era casada, porquel omne era tan mançebo". El narrador, sin cederle la palabra al personaje, adopta su punto de vista, caso muy claro de distinción entre voz narrativa y focalización, entre "quien habla" y "quien ve": evidentemente tiene que haber visto al mancebo para saber que era tan joven.

Nótese también el transcurrir del tiempo, que el relato va marcando puntualmente: el hijo llega "contra la tarde", en que "contra" significa "hacia", como lo señalan en sus ediciones Ayerbe-Chaux (344, nota 280) y Blecua (194, nota 677), y Huerta

---

como "novo mercadero" y permanece allí dos (477). Siete transcurrirán también en los romances agrupados bajo la rúbrica "La vuelta del navegante", publicados por Menéndez Pidal en *Romancero;* y en las versiones modernas de "Los tres consejos" reunidas por Espinosa, el marido se ausenta "muchos años" (no. 63, 65), quince años (67), veinte (66) y más de veinte (64). Pero en la realidad los viajes durarían mucho menos: según Le Goff, en el siglo xv, el ciclo comercial de un mercader veneciano (Alejandría-Venecia-Londres-Venecia-Alejandría-Venecia) se cumplía en dos años. Téngase en cuenta también, como argumento en contra de una ausencia de veinte años, la poca capacidad de los barcos: las naves españolas, genovesas o venecianas no solían desplazar más de quinientas toneladas y solamente a fines de la Edad Media las galeras italianas alcanzaron el millar (15-16).

Tejadas en su *Vocabulario:* "Contra: hacia, referido al tiempo aproximado" (43); luego cenan "desque llegó la tarde" y se van a dormir "quando vino la noche".

Que, sin ser advertido, todo esto suceda frente a sus propios ojos y durante algunas horas va en contra de uno de los requisitos de la lectura de un texto realista: "to take up or construct a reference", como dice Culler (*Structuralist* 134).[6] Todas estas inverosimilitudes frustran sistemáticamente dicha posibilidad: es imposible "construir" durante la lectura un referente verosímil o "visualizar" la situación.

Movida por su amor al esposo ausente, y a quien ya da por muerto ("et tenía que su marido non era vivo"), la madre llama a su hijo "marido": "et por grand amor que avía a su padre, llamávalo marido". Así, cuando el muchacho regresa ese mismo día, le pregunta: "Dí, marido, ¿dónde vienes?". Retroactivamente, es difícil dejar de notar que la madre le diga "marido et fijo" sólo al final de la jornada, y no antes, ni a su retorno al hogar, ni tampoco durante la comida, según podría inferirse del silencio de la narración en este punto. Y aunque se aceptara tal proceder como verosímil, sería imposible que el mercader, que desde su escondite ve y oye todo, no pueda enterarse o al menos deducir de la conversación entre ambos que ese joven es su propio hijo y no, como cree, el nuevo marido, o amante, de su mujer.

Otro hecho en que conviene fijarse tiene lugar cuando ambos están acostados. La madre, "llorando muy fuertemente", le dice:

—¡Ay, marido et fijo! ¡Sennor! dixiéronme que agora llegara una nave al puerto, et dizen que viene de aquella tierra do fue

---

[6] Véase también Chatman 50. Inverosimilitudes muy semejantes a las del ejemplo 36 advirtió Juan de Valdés a propósito del *Amadís*. Véase especialmente el siguiente pasaje del *Diálogo de la lengua:* "Descuidóse también en que, no acordándose que aquella cosa que cuenta era muy secreta y passava en casa de la dama, haze que el rey Perión arroje en tierra el espada y el escudo luego que conoce a su señora, no mirando que, al ruido que harían, de razón avían de despertar los que dormían cerca y venir a ver qué cosa era. También es descuido dezir que el rey mirava la hermosura del cuerpo de Elisena con la lumbre de tres antorchas que stavan ardiendo en la cámara, no acordándose que avía dicho que no avía otra claridad en la cámara sino la que de la luna entrava por entre la puerta, y no mirando que no ay muger, por deshonesta que sea, que la primera vez que se vee con un hombre, por mucho que lo quiera, se dexe mirar de aquella manera" (172).

vuestro padre. Et por amor de Dios, yd allá cras de mannana, et por aventura querrá Dios que sabremos nuevas algunas dél.

La palabra "agora" no deja de presentar dificultades. En el contexto de la fábula no puede referirse a un momento inmediatamente anterior, puesto que la nave hacía ya algunas horas que había entrado en el puerto, a menos que se suponga que el portador de las nuevas (el sujeto de "dixiéronme") no estuviera bien informado. Así, se podría conjeturar: (a) o bien que la noticia había llegado a oídos de la madre antes de la vuelta del muchacho; (b) o bien que ambos se habían enterado después de su regreso, como parece haberlo interpretado el copista de *P*, que invierte el orden: "dixéronme agora que". Si se aceptara la primera posibilidad (a), cabría preguntarse por qué ha dejado pasar un tiempo tan considerable en darle el anuncio que había aguardado con tanta ansiedad durante veinte (!) años: "et assí passava su vida commo muy buena muger, et con muy grand cuyta porque non sabía nuebas de su marido". Desde el punto de vista de la coherencia psicológica lo más verosímil sería que, sabedora de la llegada del navío, y en vez de interesarse con trivial curiosidad por el lugar de donde venía su hijo, le transmitiera la novedad de inmediato y le urgiera iniciar las averiguaciones sin retraso. Si se prefiere la lectura de *P* (b), la situación no habría sido tampoco más verosímil: el mercader habría visto y/o escuchado al mensajero y sea por boca de éste y/o por las reacciones de la mujer y del hijo, imaginables después de dos décadas de "grand cuyta", algo debería de haberse dicho para sacar al marido de su engaño. Y que la esposa estaba impaciente por conocer la suerte del mercader se confirma indirectamente por el pedido que le hace a su hijo de ir al puerto al día siguiente, muy temprano (pero ¿por qué no ese mismo día?): "Et por amor de Dios, yd allá cras de mannana, ...", premura difícilmente compatible con la tardanza en hacerle saber la buena nueva.[7]

---

[7] La edición de Blecua (Castalia) acentúa la urgencia de la mujer: "id allá cras de grand mañana", expresión que significa "muy de madrugada", "muy de mañana" (140, nota 475, y 128, nota 425); Ayerbe-Chaux 207, nota 189. Huerta Tejadas interpreta: "muy de mañana, de madrugada, al rayar el alba" (110). Compárese tal actitud con la impaciencia con que la mujer de Pitas Pajas aguarda el retorno de su esposo después de una ausencia de sólo dos años: "Fuese Don

Obsérvese, finalmente, que, una vez en el lecho, la mujer rompe a llorar "muy fuertemente". Aparentemente no lo ha hecho antes. ¿Cómo es posible que, a pesar de su "grand cuyta", pudiera contener sus emociones? Al cabo de una separación de tantos años, la dilación en contarle lo acaecido y la represión de sus sentimientos hasta después de la cena comprometen seriamente la verosimilitud psicológica del personaje.

Otros detalles aún más reveladores se presentan cuando el mercader los ve acostarse: "Mas, quando vino la noche et los vio echar en la cama, fízosele muy grave de soffrir et endereçó a ellos para los matar".

El verbo "endereçar", que en *El Conde Lucanor* posee varias acepciones, connota en este pasaje la idea de marchar en plan de ataque, como si se estuviera en una batalla. Y, en efecto, presa de la ira, el mercader sale de su escondite y se dirige hacia la cama, pero se contiene, acordándose por tercera vez del consejo: "Et yendo assí muy sannudo, acordándose del seso que conprara, estudo quedo".[8]

Ya se ha visto la imposibilidad de determinar, en el plano de la *mímesis*, en qué sitio de la casa se había ocultado. La misma dificultad para "visualizar" la escena se repite ahora: ¿dónde ha estado todas esas horas de manera que pueda verlos, marchar, detenerse y estarse quieto, todo ello sin ser oído? ¿Cómo es posible no hacer ningún ruido que delate su presencia cuando va a acometerlos, y en semejante estado, "muy sannudo"? Y, por añadidura, ¿cómo es posible que tampoco lo vean en una habitación aun iluminada: "Et ante que matassen la candela,..."?

La tragedia, empero, se evita al oír las palabras de su esposa: "Quando el mercadero aquello oyó et se acordó cómmo dexara ençinta a su muger, entendió que aquél era su fijo". El mercader,

---

Pitas Pajas a ser novo mercadero; / tardó allá dos años, mucho fue tardinero: / faziésele a la dona un mes año entero" (477 bd).

[8] En el sentido de dirigirse en plan de ataque, "endereçar" se emplea varias veces en *El Conde Lucanor* (130, 292, 333) y, más específicamente, en una batalla, por lo menos tres (100, 168, 349). El texto tampoco alude a la posesión de ningún arma por parte del mercader, que se propone matarlos (¿desarmado?) cuando la habitación está aún iluminada por la luz de la vela. Advirtiendo, seguramente, la inverosimilitud de la situación, la lectura de H intenta subsanar ambas dificultades: "El mercadero que estava aguardando quando matasen la candela, su cuchillo en la mano, para los matar...." Véase el comentario a este pasaje de Alberto Blecua, *Manual* 95-96.

que no olvida un "seso" comprado veinte años antes, no puede acordarse durante todas esas horas que ella había quedado embarazada antes de la partida. ¿Cómo es posible?

¿RASGOS AUTOBIOGRÁFICOS?

Si se examina el hecho de que madre e hijo duermen "en uno" (según dice el título del ejemplo en *S*) a la luz de una interpretación *expresiva*, se podría explicar el vínculo entre ambos a partir de la biografía del autor y sin necesidad de postular relaciones incestuosas. Ya Menéndez Pelayo se refirió al "alto y severo ideal de la vida que en sus libros resplandece" y a la rigidez moral que lo lleva a excluir de su obra todo elemento libidinoso (lxxxvi y lxxxviii). Y, según Marín, a este rasgo de su carácter obedece, justamente, el tratamiento de la fábula en los ejemplos 36 y 46:

> Y en los Ejemplos XXXVI, XLVI, únicos que encierran sugerencias impúdicas, el autor mantiene su decoro impecable y hace resaltar la pureza de las víctimas contra las sospechas maliciosas. La explicación de esta castidad de D. Juan Manuel puede hallarse tanto en su austeridad personal y sentido de dignidad, que dominan toda su obra, como en la falta de una tradición erótica fuera del dominio de la "poesía cómico-bufa". (12)[9]

Es un lugar común en la crítica oponer Boccaccio, Chaucer y el Arcipreste de Hita a Don Juan Manuel. La sobriedad de ese último se debería, según Menéndez Pelayo, a una "exquisita delicadeza de alma, una repugnancia instintiva a todo lo feo y villano, que es condición estética, a la par que ética, de espíritus valientes" (lxxxvi); según Giménez Soler, a su carácter "noble y digno, severo y austero, huyendo de todo lo inmoral y torpe" (198-99).[10] La

---

[9] Véase también Kinkade, quien relaciona la "gravedad ética" con la "brevedad estética" ("Sancho" 1040).

[10] Véanse además Blecua, introducción 32; Marín 12; Caldera 112; Keller, "A Re-examination" 50. Según Menéndez Pidal, la ausencia de la "festiva escabrosidad" del *Decamerón* o de los *fabliaux* corresponde a la "intención ética" de *El Conde Lucanor* y manifiesta uno de los rasgos más característicos de la literatura española, la austeridad moral (*Los españoles* 86-87). Para Romera Castillo, ello se debería más bien a las condiciones sociales de la época: "Por otro lado es de notar

psicología del autor explicaría así la originalidad del texto manuelino que, al rechazar el incesto, se aparta de las soluciones propuestas por los ejemplarios destinados a la predicación, según indicó ya Ayerbe-Chaux (50).

Para Ángel Valbuena Prat, por su parte, la relación de madre e hijo en el ejemplo sugeriría un paralelo con la de Doña Beatriz de Saboya y Don Juan Manuel:

> Si tenemos en cuenta la situación especial de hijo único y el recuerdo maternal a que nos referimos anteriormente, podemos ofrecer materia a un freudiano que quiera aplicar aquí el "complejo de Edipo". Para esto es muy significativo el enxemplo del "mercadero cuando falló a su mujer e su fijo durmiendo en uno", donde hay expresiones tan típicas como ésta: "Et la madre porque non había otro fijo et tenía que su marido non era vivo, conhortábase con aquel fijo, et por el grand amor que había a su padre llamábale marido". No queremos aquí afirmar nada, pues se trata de un terreno resbaladizo y en que se puede perder el psicólogo en deducciones apriorísticas. Limitémonos a insinuar un posible camino de interpretar la aversión a los temas de amor, distinta de la del siglo XIX, sustentada por Menéndez Pelayo, que lo atribuía a alteza moral y dignidad de carácter. (177-78)

Sin prejuzgar aquí acerca de los resultados que podrían obtenerse con semejante enfoque, en principio nada lo impediría con respecto a los personajes, si se los cree "seres vivientes" y, por lo tanto, capaces de comportarse ellos también según los mismos complejos que afectarían a los humanos. Por lo que concierne al autor, se sabe que, a la muerte de su padre, cuando Don Juan Manuel contaba casi dos años de edad, la madre, haciéndose cargo de su educación, lo había amamantado, si se le concede valor autobiográfico, como lo hacen Giménez Soler (2 y 121) y Valbuena Prat, a un pasaje del libro primero, capítulo 67 del *Libro de los estados:* "Es interesante este recuerdo maternal y el detalle de ser nuestro autor hijo único de su madre, que podría llevar a ir aclarando algún aspecto de su persona" (173). Se sabe asimismo

---

que los temas eróticos son tratados con evasivas manifiestas. En una sociedad donde el sexo era un tabú no se podía esperar otra cosa" (27). Para el problema del incesto y su solución en el ejemplo 36 véase Ayerbe-Chaux 52 y 54.

cuánto amor sentía Doña Beatriz por su hijo, a juzgar por las palabras del rey Don Sancho en la tercera parte del *Libro de las armas:* "Et se çierto que la vuestra madre que ovo la bendicion de su padre et de su madre, et que amaua mucho a vos et leuo conbusco et por vos mucha lazeria, et quando fino en Escalona, se por çierto que vos dio su bendicion la mas conplida mente que pudo" (139). Pero especular sobre lo que pudo haber sido el vínculo entre ambos no sólo implicaría incursionar en "terreno resbaladizo", como lo admite Valbuena Prat, sino también adentrarse en el dominio de las hipótesis más arriesgadas. Y es de notar, por otro lado, que Giménez Soler, a pesar de insistir tanto en el carácter personal de toda la obra manuelina, no encuentre en el ejemplo 36 ninguna huella autobiográfica (193). Y téngase en cuenta, finalmente, que el paralelo entre la vida del autor y el argumento de su relato es insostenible porque si bien podría haber existido una relación incestuosa entre la mujer y su hijo —solución adoptada por los ejemplarios, según se ha notado—, tal posibilidad sería sencillamente impensable en el caso de Don Juan Manuel, que tenía apenas ocho años cuando su madre muere en 1290.[11]

NI ESPEJO, NI LÁMPARA

En suma, las interpretaciones del ejemplo como "reproducción" de la realidad o como "expresión" de la psicología del autor presentan dificultades poco menos que insolubles. Y es que desde el principio hasta el final, lejos de manifestarse "conforme con la realidad" y con la "coherencia psicológica" exigidas por la verosimilitud, la conducta de los tres personajes se caracteriza por todo género de incongruencias y contradicciones.

---

[11] Ya María Rosa Lida de Malkiel se refirió a "los peligros de la reinterpretación anacrónicamente biográfica de la literatura medieval" y a "la desconfianza medieval frente a la autobiografía" (*Dos obras* 13, nota 2, y 29, nota 1). Y a propósito de Juan Ruiz observa muy agudamente que "siendo ya harto difícil captar a tanta distancia de tiempo y cultura la intención consciente de los autores medievales, pasa de temerario salir a caza de sus intenciones subconscientes con riesgo de endilgarles las que mejor placen al crítico, eximiéndose así de la necesidad de probarlas" ("Nuevas notas" 42). Véase después la nota 2 del capítulo octavo.

A tal reparo se le pueden añadir, por lo menos, tres objeciones más. La primera, de orden ontológico: por trivial que parezca afirmarlo, los personajes son eso, *personajes*, entidades puramente lingüísticas, y no *personas* extraídas de la realidad.[12] A los peligros que conlleva tal reificación agréguese, en segundo lugar, que el arte medieval no es "psicológico" y que, por consiguiente, más que ver en los personajes la "proyección" de la *psiquis* del autor, debe estudiárselos en el marco y a partir de la doctrina teológica de los vicios y virtudes, como lo propone Robertson en *A Preface to Chaucer* (34-37, 163-71, 176 y 268). Y, por último, recurrir a la psicología freudiana plantearía otro problema, no menos crucial cuando de textos medievales se trata, a saber, hasta qué punto es legítimo examinarlos con teorías ajenas a la época y al *horizonte de recepción* del escritor y de su público.[13]

Las teorías *expresivas* se apoyan también en bases muy frágiles. El arte medieval no es "expresión", como aun lo sostiene una crítica no del todo liberada de los (pre)juicios de la estética romántica: "The tendency to read literary texts from the prenineteenth-century past as though the language in which they were written was essentially 'expression' has given rise to enormous distortions in our criticism" (Robertson, "Some Observations" 78). Y, por lo que se refiere al ejemplo 36 en particular, ya se ha comprobado, dadas la falta de sólidas evidencias y la diferencia de edades entre personaje y autor, cuán riesgoso sería proponer un paralelo entre la fábula y la vida de Don Juan Manuel.

Entiéndase bien: todas estas insuficiencias y limitaciones de las teorías que consideran a la obra de arte como "imitación" o como "expresión", como "espejo" o como "lámpara", no significan que

---

[12] "Puesto que estas acciones son solamente lo que se nos dice que son, es decir, puesto que no existen en ningún otro lugar más que en las palabras de quien las narra, sería imposible, si fuéramos estrictos, adjudicarles un propósito o atribuir a quienes las realizan una intención determinada" (Diz 60). "Ces événements ne sont pas des situations, ces personnages ne sont pas des êtres vivants. Personnages et événements sont des mots, et ces mots avaient déjà un sens avant d'entrer dans le texte" (Riffaterre 154). La significación de las palabras viene predeterminada por la moraleja que el relato de Patronio habrá de ilustrar y amplificar. Para todos estos problemas véase también Leclercq, "Modern".

[13] Sobre este problema véase igualmente Robertson, "Some Observations"; para la aplicación de la psicología freudiana al análisis de textos véase 80, y ténganse también en cuenta sus afirmaciones en *A Preface* 276-77. Para el concepto de "horizonte de recepción" (*Erwartungshorizont*) véase Jauss, "Literary" 28-32.

tales explicaciones externas sean en otros casos necesariamente erróneas o superfluas; pero no convendría olvidar tampoco, como advierte Jauss, que el principio de causalidad, propio de la historia literaria positivista, conduce a determinismos extrínsecos y a un desarrollo excesivo del estudio de las fuentes ("Literary" 8).

Ha llegado ahora el momento de ofrecer, a manera de alternativa a los estudios precedentes, una descripción del texto mismo a partir de varios postulados de las más recientes teorías de la narración, que podrían dar cuenta de las inverosimilitudes de la fábula, inexplicables según los presupuestos del *realismo mimético*, en forma mucho más satisfactoria.

La verosimilitud genérica

La narración de Patronio no respeta las convenciones del *verosimilismo realista* ni en el desarrollo del argumento ni en el comportamiento de los personajes: no está "conforme con la realidad", según diría Todorov. De ello podría dar cuenta, en parte, un segundo concepto de verosimilitud propuesto por el mismo estudioso: la "conformidad con las reglas particulares del género" (Todorov, "Introduction" 94; Culler, *Structuralist* 140 y 145-48).

Una técnica característica de las narraciones medievales, y del cuento folklórico en particular, es la repetición, tres o más veces, del mismo episodio o de episodios similares, según la "ley de repetición" de Olrik (132-33). Tal procedimiento suele manifestarse con un efecto de *crescendo* y con un contraste entre el último elemento de la serie y todos los precedentes.[14] Ayerbe-Chaux (139-60) y England se han ocupado ya de este aspecto, y aunque el segundo de ellos no estudie en detalle el ejemplo 36, no deja de percibir ambas modalidades:

> in *Ex.* xxxvi the dénouement is given a symmetrical framework, as the first three scenes which the merchant witnesses cause him more and more grief, although he does manage to

---

[14] Véanse Thompson 456-57; Propp 90-91; Bremond, "Le message" 12; Larivaille 379 y Ayerbe-Chaux 62.

exercise self-control, whilst the fourth scene, which reveals the truth to him, gives him 'grand plazer'. (82)[15]

La gradación ("more and more grief") está sutilmente modulada en el texto. La primera vez, cuando el mercader oye que su mujer llama "marido" al muchacho, "pesól mucho", pero no sólo no se arrebata, acordándose del "seso", sino que además, y dueño aun de sí mismo, puede examinar críticamente varias alternativas: "El mercadero, que oyó a su muger llamar marido a aquel mancebo, pesól mucho, ca bien tovo que era omne con quien fazía maldat o que era casada con él; et tovo más que fazía maldat que non que era casada, porquel omne era tan mançebo".

En un texto paralelo mencionado por Chauvin el mercader sólo cree que se trata de un amante (2: 157); el hecho de que en el ejemplo 36 se indiquen diversas posibilidades subraya aún más lo extraño de que en ningún momento se le haya ocurrido que ese muchacho pudiera ser su propio hijo, de lo que finalmente ha de percatarse unas horas después.

En la segunda ocasión, durante la cena, la racionalidad cede ya el lugar a la ira, que va en aumento: "Et desque llegó la tarde, assentáronse a comer. De que el mercadero los vio assí estar, fue mas movido para los matar, pero por el seso que conprara non se arrebató".

Y en la tercera escena la situación se torna insostenible. El mercader no puede tolerar más la (para él) infidelidad de su esposa y se decide a castigarlos cruelmente: "Mas, quando vino la noche et los vio echar en la cama, fízosele muy grave de soffrir et endereçó a ellos para los matar. Et yendo assí muy sannudo, acordándose del seso que conprara, estudo quedo".

La segunda modalidad con que habitualmente se presenta la repetición de episodios, que England denomina "repetition followed by contrast" (70), se manifiesta cuando la madre le habla a su hijo: "Quando el mercadero aquello oyó et se acordó cómmo dexara ençinta a su muger, entendió que aquél era su fijo. Et si ovo grand plazer non vos marabilledes".

---

[15] Para el empleo de esta técnica en el ejemplo 35 véase Keller, "A Re-examination" 48-49.

A los tres primeros momentos de saña creciente les sigue ahora, con el descubrimiento de la verdad, el gozo de enterarse de que su esposa le había sido fiel durante todos esos años y de que, por haber puesto en práctica el "seso" comprado, se libró de matarlos injusta y brutalmente.

LA LÓGICA DE LOS POSIBLES NARRATIVOS Y LA SUPERVIVENCIA DEL RELATO

Un segundo principio, el de la *lógica de los posibles narrativos* de Claude Bremond, ayudaría también a explicar las inverosimilitudes del ejemplo 36 ("La logique", especialmente 60-61).[16] Según este modelo, y a diferencia del de Vladimir Propp, cada unidad narrativa *(función)* da lugar a una opción, de acuerdo con un esquema dicotómico de posibilidades lógicas: el argumento presenta siempre "momentos de riesgo" y de elección entre dos o más alternativas. Así, en cada fase crucial de la fábula, la mujer puede decidir entre:

1. Llamar al muchacho "marido et fijo" desde su llegada, o únicamente al acostarse;

2. Darle inmediatamente la noticia y rogarle que vaya al puerto, o dejar transcurrir varias horas antes de hacerlo;

3. Romper a llorar y manifestar sus emociones en cuanto retorne el hijo, o reprimirse hasta la noche.

En las tres escenas el mercader, por su parte, puede:

4. Acordarse de que su mujer había quedado encinta antes del viaje, u olvidarlo por completo;

5. Matarlos, impulsado por la ira, o contenerse, según lo aconsejado por el maestro.

El desarrollo del ejemplo confirma la observación de Barthes de que toda narración "opta" siempre por aquella alternativa que asegure su "supervivencia".[17] En efecto, en todos los casos, de

---

[16] Otras aplicaciones del modelo de Bremond a *El Conde Lucanor* en los estudios de Boves Naves sobre los ejemplos 7, 8, 20 y 32, y 27, y de Díaz Arenas sobre el 17.

[17] "To a certain extent the narrative possesses a true instinct of self-preservation which, from two possible results, implied by a stated action, always chooses that which provides the story with a 'come-back'" ("Action" 18). Véase también *S/Z* 141-42.

entre dos (o más) posibilidades, la fábula ha escogido invariablemente aquella que le permitiera, en cada "viraje de la anécdota" (como dice Ayerbe-Chaux), continuar el relato hasta el cierre del proceso narrativo: si en 1., 2., 3. y 4. hubiera tenido lugar la primera, la verdad se habría revelado de inmediato, el mercader habría salido de su escondite y, lo que es más importante para el desarrollo del ejemplo, no habría tenido la oportunidad de poner a prueba la eficacia del consejo. El relato, simplemente, no habría tenido razón de existir. Si en 5. se hubiera preferido la primera posibilidad, la enseñanza se habría malogrado.

La arbitrariedad del relato

El *verosimilismo realista* postula una realidad extralingüística, real o ficticia, que el texto "reflejaría" más o menos fielmente. Y así como en la realidad ciertas causas (o medios) producen ciertos efectos (o fines), en la temporalidad narrativa los hechos se sucederían también en una relación de causalidad:

1. El marido se ausenta *porque* es un mercader;
2. El hijo parece ser el nuevo esposo (o amante) *porque* han pasado más de veinte años, y
3. *porque* el padre olvida que su mujer había quedado encinta;
4. Ésta lo llama "marido" *porque* la presunción de la muerte del mercader la impulsa a buscar consuelo en su único hijo;
5. El mercader se ensaña y quiere matarlos *porque*, al no llamarlo "hijo" y al no referirle la llegada del barco, deduce con la más sana lógica que ella se ha vuelto a casar o que vivía en concubinato con el mancebo;
6. El mercader se contiene *porque* se acuerda del consejo;
7. Se entera finalmente de la verdad *porque* su esposa llama "marido et fijo" al muchacho, menciona la llegada del navío y le pide que vaya al puerto la mañana siguiente;
8. Se prueba el valor del consejo *porque* en todos los casos el mercader no se arrebata hasta conocer la verdad.

Todas las inverosimilitudes señaladas en lo que va del capítulo se explicarían también con el principio de la *arbitrariedad del relato (arbitraire du récit)* de Gérard Genette ("Vraisemblance"). En última instancia se trata de sustituir la relación de causalidad por la de finalidad: las causas están predeterminadas por los efectos (o los medios por los fines) y no a la inversa, como lo admiten, más o menos implícitamente, los defensores del realismo. Se debería dar cuenta de lo primero por lo segundo, afirma Genette, en otras palabras, las acciones no tienen lugar *porque* sino *para que:*

> Ces déterminations *rétrogrades* constituent précisément ce que nous appelons l'arbitraire du récit, c'est-à-dire non pas vraiment l'indétermination, mais la détermination des moyens par les fins, et, pour parler plus brutalement, *des causes par les effets.* C'est cette logique paradoxale de la fiction qui oblige à définir tout élément, toute unité du récit par son caractère fonctionnel, c'est-à-dire entre autres par sa corrélation avec une autre unité, et à rendre compte de la première (dans l'ordre de la temporalité narrative) par la seconde, et ainsi de suite —d'où il découle que la dernière est celle qui commande toutes les autres, et qui rien ne commande: lieu essentiel de l'arbitraire, du moins dans l'immanence du récit lui-même, car il est ensuite loisible de lui chercher ailleurs toutes les déterminations psychologiques, historiques, esthétiques, etc. que l'on voudra. (94-95; subrayados de Genette)[18]

Y así, si se invirtiese la temporalidad del cuento, se tendría:

1. El marido es un mercader (y no un labrador, por ejemplo) *para que* pueda ausentarse durante un tiempo más o menos prolongado; el hecho de que sea un mercader sería, pues, mucho más pertinente de lo que sugiere Caldera (117);

2. Tarda veinte años en regresar *para que* su hijo alcance la edad suficiente para pasar por un nuevo marido (o amante);

3. Se olvida de que su mujer había quedado embarazada *para* excluir la posibilidad de que el muchacho pueda ser su hijo;

4. Ella cree que su esposo ha muerto *para* poder llamar al mancebo "marido";

5. No lo llama "hijo" desde el principio y no le da la noticia inmediatamente *para que* el mercader, encolerizado por la aparente falta de fidelidad, se proponga matarlos;

---

[18] Véase también Culler, "Story" 183. En su análisis del ejemplo 36 Ayerbe-Chaux afirma: "Don Juan Manuel conscientemente arregla todas las circunstancias de tiempo y lugar para levantar la sospecha de infidelidad en la mente del mercader" (52); "Ese elemento tiempo queda cortado al no apagar la luz para que los ojos confirmen la verdad de las palabras que va a oír el mercader" (53). Se trata, como dice Genette, de la determinación de las causas por los efectos.

6. El mercader se refrena tres veces *para* poder someter a prueba el consejo;

7. La mujer lo llama finalmente "marido et fijo" y le cuenta las nuevas *para que* el mercader, que está a punto de atacarlos, se entere de la verdad;

8. El mercader no se arrebata *para* apreciar (y con él, el conde Lucanor y el lector) cuán acertado era aquel "seso" comprado dos décadas atrás.

Aparentemente, el consejo, que se reitera en los versos finales, se deduce de todo un desarrollo anterior. Según el principio de la *arbitrariedad del relato*, sin embargo, el "seso" es más bien el punto de arranque mismo de la fábula. La *sententia* "Si con rebato grant cosa fizieres / ten que es derecho si te arrepintieres" no es la conclusión del ejemplo, sino que éste es la amplificación de aquélla.[19] Y con esto se llega a un último problema, estudiado en especial por Culler.

LAS DOS LÓGICAS DEL RELATO

Según la lógica del realismo, los hechos constituirían un *substratum* —dice Culler— anterior al *discurso* y tendrían una suerte de existencia independiente de la narración ("Story" 171). Dicho de otra manera, y si se acepta la distinción metodológica previa entre *historia (story, histoire)* y *discurso (discourse, récit)* habría que afirmar

---

[19] Como ya lo afirmó Sturm: "An *exemplum* is, of course, merely the amplification of a proverb, and the two words are the same in many languages" ("Author" 9); véase también Lacarra 74. La misma *sententia*, según advirtió ya Devoto (*Introducción* 436), se halla en el *Libro de los estados*: "Pero tengo que por dos razones non se devo a esto arebatar fasta que sea ende mas çierto: la una es que toda grande cosa que omne aya a fazer o a cometer, ante deve catar todos los contrarios que y pueden acaeçer: porque después que la començare, sil acaesçiere algún contrario, non ha por qué se arepentir, pues ende era aperçebido ante que lo acomençasse" (54). El proverbio 20 de *Proverbios I* dice: "Por rebato et por pereza yerra omne muchas cosas, pues de grand seso es el que se sabe guardar de amas". El rey del ejemplo 1 se comporta de manera análoga a la del mercader: "Et por ende, desque el rrey fue caýdo en esta dubda et sospecha, estava con grant reçelo, pero non se quiso mover en ninguna cosa contra aquel su privado, fasta que desto sopiesse alguna verdat", a diferencia del "arrebatado mozo" del ejemplo 42, según notó Baquero Goyanes 44. Esta moraleja es una constante didáctica en el *Libro de los engaños*: véase en particular el "enxemplo de un rrey e de una su muger" (12-14).

que este último se hace cargo de aquélla y que el *sentido (meaning, sens)* se completaría al final del proceso narrativo: *historia* → *discurso* → *sentido*.[20] Tal sería el modo de ver de algunos estudiosos: "la 'estoria' ... culmina en un dicho proverbial" (Lida de Malkiel, "Tres notas" 105); la *sententia* "condensa" la enseñanza, "resume" la moraleja de la historia, o la "sintetiza", o concentra "il succo del racconto" (Gimeno Casalduero 21 y 24; Blanco Aguinaga et al. 120; Romera Castillo 33, 44, 46 y 48; Várvaro 191); la enseñanza "se desprende del cuento", "se deduce" del ejemplo o "se deriva" de él (Giménez Soler 199; López Estrada 427; Deyermond, *A Literary* 138); la argumentación de la moralidad se apoya en el relato de Patronio (Caldera 31).

De acuerdo con la segunda lógica, que coincide en lo esencial con el principio de Genette, las acciones y los personajes no poseen una realidad "anterior" a la narración, sino que, por el contrario, resultan de las exigencias que el *sentido* le impone al *discurso*. El hecho de que sea un mercader, su prolongado viaje, el no acordarse del embarazo de su mujer, la creencia de ésta en la muerte del marido, el llamar al muchacho "fijo" sólo al concluir el día y posponer la transmisión de la noticia durante varias horas, la decisión del esposo de contener su ira e impaciencia, a pesar de que todas las apariencias apuntaban inequívocamente hacia la infidelidad, la revelación final de la verdad: todas estas acciones y comportamientos no sólo no constituyen una *historia* temporal y ontológicamente "anterior" al *discurso*, y que éste se limitaría a "reflejar", sino que unas y otros están predeterminados de antemano por la finalidad moral del ejemplo:

> Positing the priority of events to the discourse which reports or presents them, narratology establishes a hierarchy which the functioning of narratives often subverts by presenting events not as givens but as the products of discursive forces or requirements. (Culler, "Story" 172)

Es forzoso, pues, invertir los términos: el *sentido*, expresado por los versos finales, antecede al *discurso* y éste, a su vez, moldea la *historia* según las convenciones del género y los fines didascálicos del relato: *sentido* → *discurso* → *historia*. Ya Menéndez Pelayo había

---

[20] Para los conceptos de *historia* y *discurso* véanse Chatman 19-26; Culler, "Story" y Todorov, "Les catégories" 126-27.

notado que el carácter se acomodaba "a la intención de la fábula" (lxxxix) y Wolf había indicado asimismo "la subordinación del todo al fin principal de la enseñanza y del adorno del entendimiento también a este fin enderezado" (105). Según esta segunda lógica, que es incompatible con la primera, "meaning is not the effect of a prior event but its cause", "event is not a cause but an effect of theme", "event is a product of discursive forces rather than a given reported by discourse" (Culler, "Story" 174-75).[21]

"FALLÓ A SU MUGER ET FIJO DURMIENDO EN UNO"

Un examen más atento del hecho de que madre e hijo duerman "en uno" mostrará de nuevo las insuficiencias de una teoría *expresiva* que quiera explicarlo a partir de la psicología del autor o del complejo de Edipo y servirá, al mismo tiempo, para recapitular el análisis aquí emprendido. Frente a una interpretación extrínseca, que inquiera por las causas, una descripción interna y funcional comenzará por interrogarse *para qué* madre e hijo se acuestan juntos y qué papel cumple este episodio en la totalidad del relato. Los principios metodológicos ya utilizados permitirán responder a estas preguntas.

Desde el punto de vista de la *verosimilitud genérica* se puede apreciar la primera modalidad de la repetición de episodios, el efecto de *crescendo*, en la sucesión de situaciones semejantes que conducen el relato hacia su *clímax:* la acogida de la mujer a quien el mercader toma por el nuevo esposo y la cena en común hacen inevitable que tal relación, en apariencia conyugal, deba continuarse en el lecho compartido. El dormir "en uno" sin caer en el incesto no se debería ni a la personalidad del autor y a su "exquisita delicadeza de alma", como quiere Menéndez Pelayo, ni al complejo de Edipo, como lo sugiere Valbuena Prat, sino que debe explicarse

---

[21] Véanse también 178, 180 y 186. Repetidamente Culler reitera la incompatibilidad entre las dos lógicas (175, 177, 181-83 y 187). Para una crítica de estas ideas véase Norris 133-35. Para *El Conde Lucanor*, Tate, "Don Juan Manuel" 551, 553, 556-57 y 561, y Várvaro 190, para quien todos los relatos contienen, más o menos explícitamente, la moraleja final. Sobre el ejemplo 36 González ya advirtió que "la naturaleza de la moralización afecta a la estructura de la narración, que está subordinada a ella" y que "la narración es una ilustración de la moraleja y está determinada por ella" (30 y 31). Por esto no se comprende bien por qué Marsan, en su comentario del ejemplo 36, afirma que "le récit est fait pour lui-même, plutôt que pour son enseignement" (416).

desde la dinámica interna del argumento, que lo orienta, fatalmente podría decirse, en esa dirección. Con terminología de Tomachevski podría decirse que compartir el mismo lecho responde a una "motivación composicional" (se trata de una acción necesaria para el desenlace) y no a una "motivación realista" (282-84). Es decir, las acciones se justifican por su necesidad, no por su verosimilitud (Culler, *Structuralist* 159-60). El desarrollo "en espiral" (Paulme 136 y 149-50) no debe interrumpirse *para que* la tentación de matarlos no ceda, antes bien, siga en aumento y, simultáneamente, *para que* se ponga a prueba el valor del consejo no ya en una situación cualquiera, sino en una de suprema extremosidad, al borde mismo del crimen.

Según el principio de la *lógica de los posibles narrativos*, madre e hijo podrían dormir juntos o separados. Fiel al postulado de la *supervivencia del relato*, en este "momento de riesgo" para la continuación del ejemplo (y para la suerte de los personajes) se opta por la alternativa que asegure la prolongación del proceso narrativo, en este caso la primera, y no *porque* un supuesto complejo afectaría a Don Juan Manuel y/o al hijo del mercader, sino *para que* el desarrollo de la *historia* llegue a su punto culminante y dé lugar, necesariamente, al giro de la intriga. Al acostarse en la misma cama se alcanza el momento más crucial de todos: o encolerizado y enceguecido el mercader sucumbe a la saña y los asesina, o bien le concede al consejo una oportunidad más, la última y la más decisiva, de demostrar su eficacia.

Todo ello se confirmaría gracias a los otros dos postulados: la esposa y el hijo no duermen "en uno" *porque* ..., sino *para que* el consejo del maestro sea sometido al examen más exigente de todos *(arbitrariedad del relato)*. Los personajes, en fin, no son "anteriores" ni "independientes", ni menos todavía personas autónomas dotadas de "psicología", sino efecto y resultado de las restricciones con que el *sentido* somete al *discurso* y éste a la *historia*. [22] La conducta de los tres (dormir juntos, ira del mercader)

---

[22] *El Conde Lucanor* sería un caso más de narración "apsicológica", según la define Todorov: "les personnages sont soumis à l'action", "le mot 'personnage' signifie tout autre chose qu'une cohérence psychologique ou description de caractère" ("Les hommes-récits" 78). La palabra 'caracterización", en este contexto, no sería del todo apropiada: "The word *characterization* is, however, somewhat misleading, since the aim is not delineate character in a psychological sense but to call attention to abstraction, which may manifest themselves in human thought

depende de la finalidad didáctica del ejemplo y del efecto de persuasión que se espera producir en el oyente o lector *(segunda lógica del relato)*.

"En el principio la *sententia*" (Robertson, "Some Medieval" 66 y 71-72: "the doctrinal content of a text, its 'theme' or 'thesis', the idea intended by the author"): tal es una de las máximas fundamentales del cuento manuelino. A ella debe adecuarse toda la narración, a costa, si fuere necesario, de la verosimilitud más elemental. Todas las incongruencias de la *mímesis* adquieren sentido, coherencia y pertinencia en el plano de la *semiosis*. La *sententia* antecede a la fábula con que Patronio no hace sino explicitar una doctrina previa y anterior a su manifestación poética. Las siguientes reflexiones de Greimas a propósito del cuento popular ruso pueden aplicarse a la obra de Don Juan Manuel:

> On voit qu'ainsi compris *le récit ne fait que manifester une idéologie*, c'est-à-dire, les rapports nécessaires existant au niveau de la sémiologie collective, d'une superstructure contraignante, *antérieurement* à sa manifestation dans le récit, et dont le récit n'est qu'une forme de manifestation parmi d'autres formes possibles. Le récit, dans ce sens, n'est qu'une incarnation particulière de certaines structures paradigmatiques qui lui sont antérieures et qui probablement sont redondantes dans le discours social. ("Le conte" 169-70; subrayados de Greimas)

La moraleja, ciertamente, está al final del *discurso*, pero en realidad, y por pertenecer al nivel del *sentido* y, por lo tanto, al del texto en su totalidad, lo precede y lo condiciona en todos sus aspectos.

---

and action" (Robertson, *A Preface* 248). Todorov se refiere a la *Odisea*, el *Decamerón*, *Las mil y una noches*, el *Manuscrit trouvé à Saragosse*, Robertson, a Chaucer, pero las afirmaciones de uno y otro podrían aplicarse a Don Juan Manuel. Véase también Diz: "En las historias, el interés se centra en la acción más que en los personajes; la aguda penetración psicológica observable en el tratamiento de los personajes no impide afirmar que la acción es, como en los cuentos de Boccaccio, el andamiaje sobre el cual se estructuran las narraciones" (39). Véase además Krömer 32 y 34.

CAPÍTULO II

HACIA UNA REVISIÓN DEL REALISMO MEDIEVAL: EJEMPLO 46

Con una narración tan poco verosímil como el ejemplo 36 no resulta demasiado arduo probar hasta qué punto ella depende de una doctrina ética previa y cómo todas las inverosimilitudes allí observadas, y de las que no podían dar cuenta las interpretaciones *miméticas* y *expresivas,* se debían a la necesidad de adaptar las acciones y la conducta de los personajes a los fines didascálicos del relato. Más comprometedor será defender los mismos principios frente a un texto que, como el ejemplo 46, "De lo que conteşçió a un philósopho que por ocasión entró en una calle do moravan malas mugeres", "reflejaría" lo real con una mayor fidelidad y corroboraría la difundida tesis del realismo de *El Conde Lucanor*.[1]

Al igual que con el relato del mercader, aquí también se adoptará como punto de partida la noción de *realismo* entendida como conformidad con la realidad (Todorov, "Introduction" 94; Culler, *Structuralist* 140-41). Las dificultades, inútil advertirlo, surgen de inmediato: con relación a esta última se sabe que existen innumerables modos de percibirla, concebirla y representarla, según los períodos históricos, las escuelas artísticas, las corrientes filosóficas, los autores.

La definición de *realismo* no es menos problemática: el concepto ha llegado a ser tan amplio y relativo, tan vago en su intensión y

---

[1] Para los relatos paralelos véanse Devoto, *Introducción* 452, y la nota 321 en la edición de Ayerbe-Chaux (414-15).

extensión, se ha aplicado a obras tan dispares, se ha dividido en tantas clases, que ha acabado o por tener un significado harto impreciso o, más sencillamente, por no querer decir nada. [2]

Como hipótesis iniciales de trabajo podrían aceptarse dos ideas más o menos generalizadas entre los historiadores de la literatura, sobre todo los de orientación positivista:

1. La realidad se reduce a lo inmediato, lo sensible, lo directamente aprehensible. Ello implica, por lo menos, excluir la distinción entre *visibilia* e *invisibilia Dei* en que se apoya la concepción de lo real propia de la Edad Media:

> Il realismo è anzitutto fiducia verso la realtà: e il Medioevo non credeva affatto a una verità del reale: anzi la negava e ne rinnovava ad ogni occasione il ripudio. Una letteratura realistica si afferma veramente quando si dà valore all'esperienza e alla storia in atto. E, viceversa, la civiltà medievale considerava la vita e i fatti e gli accadimenti comme immagini di rivelazioni extrareali e perfino extraterrene. (Battaglia, "L'esempio" 468) [3]

2. El concepto de *realismo* corresponde, principalmente —si no exclusivamente— a aquél con que suele caracterizarse a la narrativa del siglo XIX. Con dos corolarios:

a. Aceptar que *El Conde Lucanor*, obra del siglo XIV, es también realista:

> Parece [Don Juan Manuel] haberse impuesto la obligación de dar verosimilitud a las acciones que describe y que adjudica a sus entes de ficción. Se ha sometido voluntariamente a aquello que Auerbach ha llamado *realismo mimético*. Realismo mimético

---

[2] De la vasta bibliografía consagrada al tema véanse Wellek; Jakobson, "Du réalisme"; Ducrot y Todorov; Barthes et al.; Medina 7-19 y Lázaro Carreter.

[3] Véanse asimismo Jauss, "The Alterity" 194 y la sección VIII, "Allegorical Poetry as the Poetry of the Invisible" (202-08) y todo el capítulo segundo de *A Preface* de Robertson, "Some Principles of Medieval Aesthetics", que concluye con las siguientes palabras: "To the more cultivated minds of the Middle Ages artistic works were things designed, through their 'numbers', through their figurative devices, or through their very workmanship, to lead the mind toward a beauty which transcends corporal modulations; such works were not merely attractive in themselves, but were intended to lead the mind toward something beyond" (137).

en la descripción de los personajes, en la mayoría de los detalles de sus acciones y en la mayoría de los motivos que los impulsan a actuar como actúan. (Ayerbe-Chaux 31)[4]

La noción de que el libro "copia" la realidad, lejos de ser nueva, tiene ya más de cuatro siglos; Argote la había adelantado en su Introducción "Al curioso lector":

> Y ciertamente que esta fue muy más eficazmente manera de enseñar que la Teórica de los consejos porque cuanto más poderosamente mueven las cosas que las palabras, tanto más fuerza tienen para persuadir los sucesos y hechos representados a lo vivo y como puestos delante de los ojos que no los largos razonamientos y preceptos de filosofía, así que todas estas razones me movieron a publicarlo con brevedad...

b. Por lo tanto, estudiar los ejemplos según tales cánones estéticos, que Jakobson resume de la siguiente manera:

> Qu'est-ce que le réalisme pour le théoricien de l'art? C'est un courant artistique qui s'est posé comme but de reproduire la réalité le plus fidèlement possible et qui aspire au maximum de vraisemblance. Nous déclarons réalistes les œuvres qui nous paraissent vraisemblables, fidèles à la réalité. ("Du réalisme" 99)

Con el fin de centrar el análisis del ejemplo 46, el artículo de Philippe Hamon "Un discours contraint" es, de la abundante bibliografía disponible, uno de los enfoques más apropiados, al menos para los objetivos de este capítulo.[5] Lo primero que debe hacerse es reemplazar la pregunta "¿cómo la literatura copia la realidad?" (uno de los muchos falsos problemas tenazmente planteado, replanteado y, desde luego, nunca resuelto por la crítica literaria) por esta otra: "¿cómo la literatura nos hace creer que copia la realidad"? La respuesta no se encontrará en esta última,

---

[4] "Ello no quiere decir que no hay en él realismo y presentación directa de la realidad; al contrario, es libro cabalmente realista, pero no de un realismo epidérmico, cortical, sino profundo, que cala sin engaños hacia el retrato moral de los protagonistas" (Barcia 34-35). Para una crítica de Auerbach véanse Battaglia, "L'esempio" 468 y su estudio "I tranelli della 'mimesi'".

[5] Para una redistribución del inventario de Hamon véase Brooke-Rose.

sino en el examen de los recursos lingüísticos, retóricos y estilísticos con que se intenta crear dicha "ilusión de lo real" (132). El objeto de estudio se desplaza así de lo extralingüístico a la organización del texto, más precisamente, a la estructuración de sus significados. Para ello Hamon propondrá un inventario de varios procedimientos, algunos de los cuales pueden aplicarse al relato de Don Juan Manuel.

El argumento

1. Hamon (§ 13, 160-61) constata un acortamiento en la distancia entre las unidades narrativas *(funciones)*, rasgo muy típico de los relatos que Barthes llama "fortement fonctionnels", como los cuentos populares ("Introduction" 9), y que Menéndez Pidal notaba en la *Disciplina clericalis*:

> La *Disciplina clericalis* adopta una narración esquemática, atenta sólo a la ingeniosa trabazón de sus incidentes, sin la menor dilación expositiva; le preocupa únicamente la estructura en su más breve y lógica esencialidad; todo lo que no hace falta, sobra. (*España* 25)[6]

Entre las unidades del ejemplo 46 tampoco hay demoras, ni esperas, ni desviaciones, ni repeticiones:

I. a. el filósofo "tomó talante de se desenbargar", "entró en una calleja", "salió de aquel lugar".
   b. "todas las gentes cuydaron que entrara en aquel logar por otro fecho que era muy desvariado de la vida que él solía et devía fazer".
   c. "vinieron a él sus disçípulos", "comencaron a dezir...", "el philósopho... preguntóles...", "Ellos le dixieron...".

---

[6] En *El Conde Lucanor* Diz observó "la abrumadora mayoría de acciones ligadas y la casi total ausencia de acciones no ligadas, lo cual proporciona a estas narraciones una fuerte coherencia interna y una economía que se manifiesta no sólo en el modo de narrar sino en lo que se elige incluir en el relato" (61). Para el "esquematismo" del ejemplo medieval recuérdese otra vez Battaglia, "L'esempio" 478.

II. a. "el philósopho... díxoles... que dende a ocho días les daría ende respuesta".
b. "Et metióse luego en su estudio..."
c. "et conpuso un librete pequenno et muy bueno et muy provechoso".[7]

Cuando las acciones se detengan, ello será o para situarlas en el tiempo y en el espacio o para referirse a los personajes, como en los pasajes que acaban de aducirse —se trata, respectivamente, de las *informations* e *indices* de que habla Barthes ("Introduction" 10)— o como en la descripción de la enfermedad del filósofo o en la alusión a los móviles de la gente para difamarlo. Tales interrupciones, empero, no perturban el desenvolvimiento lineal de la intriga, cuya carencia de *anticipaciones* y *retrospecciones* haría pensar, asimismo, en un "reflejo" del orden cronológico de la *historia* por parte del *discurso* que le sirve de vehículo.[8]

2. Según Hamon (§ 14, 161-62), el texto realista se caracteriza también por una alternancia en el desarrollo del argumento; el ejemplo podría dividirse en las dos *secuencias* ya deslindadas, descendente la primera, ascendente la segunda, según un modelo compartido más o menos por varios estudiosos:

I. a. *dégradation prévisible*   b. *processus de dégradation*   c. *dégradation produite.*
II. a. *amélioration à obtenir*   b. *processus d'amélioration*   c. *amélioration obtenue.*[9]

LOS PERSONAJES

3. La narración realista, sostiene Hamon, siente una especie de "horror al vacío informativo"; rechaza, por lo tanto, la suspen-

---

[7] La segmentación de las acciones corresponde a las dos *secuencias* y a sus *funciones*, de que se tratará poco después.
[8] De allí que el discurso realista parezca "reproducir" la realidad extratextual. Para los conceptos de *anticipaciones* y *retrospecciones* véase Genette, *Figures III* 78-89.
[9] Bremond, "La logique" 62; Paulme 135-36. Para los fines de este análisis quizás baste una *secuencia* de tres momentos; para un modelo más refinado, en cinco fases, véanse Larivaille 386-87 y Todorov, "Les deux" 65-66.

sión y las *elipsis* —definidas como la omisión en el *discurso* de un cierto período de tiempo "transcurrido" en la *historia* (Genette, *Figures III* 139-41)— y tan pronto como se introduce un personaje se enumeran sus rasgos físicos y/o morales: "un muy grand philósopho morava en una villa del rreyno de Marruecos; → et aquel philósopho avía una enfermedad..."; "et do teníe muchos disçípulos, → que aprendían dél..."; "moravan ý las mugeres → que públicamente biven en las villas faziendo danno de sus almas et desonrra de sus cuerpos". Con ellos se ponen de manifiesto las motivaciones "psicológicas" que justificarían *a posteriori* las acciones de los personajes (Hamon § 2, 136): la gente critica al filósofo porque es más común censurar a los virtuosos, por leves que sean sus yerros, que a quienes no lo son; los discípulos se apenan porque creen que el maestro los había engañado y porque era de público conocimiento lo ocurrido en la "calleja"; y el filósofo se pone a escribir su libro porque "ovo muy grand pesar".

4. Los contenidos son redundantes y previsibles (§ 7, 146-49): los personajes presuponen tanto la descripción del medio social y profesional a que pertenecen: el filósofo en su "estudio", las prostitutas en una "calleja", cuanto la mención de sus actividades: el primero tiene "muchos disçípulos, que aprendían dél" y escribe tratados, las segundas "públicamente biven en las villas faziendo danno de sus almas et desonrra de sus cuerpos".

Tales actos manifiestan determinadas funciones sociales (la transmisión del saber, la prostitución) y constituyen atributos más o menos permanentes de los personajes: lo típico de un maestro es tener alumnos y escribir, lo propio de tales mujeres es dañar el alma y deshonrar el cuerpo.

5. El personaje principal debe ser identificado con precisión por medio de varios procedimientos (§ 10, 152-55): *cualitativos*, relacionados con sus rasgos morales: "muy grand philósopho", "mucho ançiano", "omne bueno o de grand guisa", "tan onrrado et tan ançiano"; *cuantitativos:* es el personaje que aparece con más frecuencia en la fábula; *funcionales:* ésta gira en torno de él, como se indica ya en el título mismo de la narración.

El ambiente

6. La estética realista da por admitido que el mundo es accesible a la descripción (§ 15, 162-66): de allí que aspire a la "reproducción" más o menos fidedigna de lo inmediato y contemporáneo. El ejemplo 46 no contiene ningún pasaje propiamente descriptivo —"La ville dont il est question fournit au narrateur des détails qui peuvent trouver place dans une ville marocaine comme dans une ville chrétienne péninsulaire médiévale..." (Marsan 440)— pero aún así las escasas referencias al ambiente en que actúan los personajes pueden estudiarse también según los criterios establecidos por Hamon. Tales alusiones ocupan lugares privilegiados en el *discurso:* la entrada en la "calleja", primer momento de la primera *secuencia* (I. a) desencadena el proceso de *degradación;* al retirarse a su "estudio" (II. b.: pivote de la *secuencia*) comienza el proceso ascendente que ha de culminar con su reivindicación. Las acciones, por su parte, encuadran las referencias a dichos sitios con *signos demarcativos específicos,* en este caso, con verbos de movimiento: "entró", "salió", "metióse".

Finalmente, las descripciones se relacionan semánticamente con el resto del relato, ya que el medio en que se mueven los personajes conlleva ciertos juicios de valor. Así, el despectivo "calleja", más que denotar la anchura o longitud del lugar, sugiere estimaciones social y moralmente negativas, como la prostitución ("faziendo danno de sus almas et desonrra de sus cuerpos") y el pecado ("aquel lugar quel era tan dannoso paral alma et paral cuerpo et para la fama"). [10] En la "calle", en cambio, moran los discípulos, ellos también consagrados al saber.

> En la mayoría de los casos, esos valores emocionales no se presentan fuera de un contexto: de por sí, *hombrecito* no es ni admirativo ni despectivo. Y, sobre todo, son enteramente heterogéneos: no hay *una* función afectiva determinada, sino, incluso, para un mismo diminutivo, muchas y muy diferentes,

---

[10] Para los diminutivos en *El Conde Lucanor* véase Náñez Fernández 142-44; "El sufijo -ejo es elemento diferenciador que marca el desprecio, una cosa tenida en poco o pequeñez de la misma o el no aprecio con que se la distingue..." (143). Para los porcentajes véase 333 y para los acopios de diminutivos, 392, donde se omite "calleja". Para la prostitución en Castilla véase Ratcliffe.

según los contextos: el mismo diminutivo expresa ora cariño o admiración y ora ironía, aversión y desprecio. (Coseriu, *Lecciones* 209; subrayado de Coseriu)

Que estos valores son contextuales (como afirma Coseriu) se comprueba por la oposición que en el ejemplo se establece entre "calle" y "calleja": la primera implicaría una designación "objetiva", neutra, la segunda, una "aminoración subjetiva".

Y el "estudio", por su parte, connota actividades valiosas, que en el contexto del relato se destacan aún más al oponerse a "calleja", como el recogimiento y la meditación (el filósofo permanecerá allí ocho días componiendo su tratado) y sus frutos, la sabiduría, compendiada en el "librete pequenno et muy bueno et muy provechoso".[11]

El léxico

7. Para hacer creer al lector que lo narrado es la "verdad" el relato realista recurre a personajes que autentifiquen el conocimiento transmitido (§ 6, 139-46); *El Conde Lucanor* multiplica estas instancias: "don Johan tovo éste por muy buen exemplo"; Patronio es el consejero sabio y prudente a quien el noble escucha y obedece: "El conde tovo éste por buen exemplo". Dentro de éste, la fuente de información estará garantizada por la ocupación de los personajes: el "librete", por el filósofo; la enfermedad y su diagnóstico, por la autoridad de los médicos: "Et porque esto le mandaron los físicos, fazíelo et fallábase ende bien".

8. A crear esa "ilusión de lo real" contribuye igualmente el empleo de un vocabulario técnico (§ 11, 155-56). Ya María Rosa Lida de Malkiel, refiriéndose a la familiaridad de Don Juan Manuel con la "nomenclatura científica de la época", aduyo varios textos

---

[11] El manuscrito *A* trae "callejuela", el *G*, "callegüela"; el sufijo "-uelo" puede indicar, según Náñez Fernández, "ternura" o "afecto" o bien, como en ese caso, puede adquirir un "matiz peyorativo" (142-43). "En -ete teníamos librete... que posee parecido sentido al que tiene en Juan Ruiz: 'Que pueda de cantares un librete rimar' (I, pág. 14, 12 c), 'e con tanto faré / Punto a mi librete...' (II, pág. 257, 1626 d), es decir cosa a la que se le rebaja su verdadero interés aparentemente cuando en realidad lo que se hace es ponderarlo, sobre todo en el primer caso y en el último, y adquiere cierto tinte captativo en el segundo al rogar a Dios que pueda componer un librete de cantares" (143-44).

("Tres notas" 126, nota 30), en particular la afirmación de que artes y ciencias "an palabras sennaladas por que demuestran lo que quieren dezir" (*Libro del cauallero* 59). El lenguaje técnico hace coincidir la *significación* con la *designación* y —afirma Hamon (147)— tiende a la monosemia y a "recuperar una temática generalmente excluida", como la del cuerpo, con sus implicaciones de vulgaridad, prosaísmo y obscenidad:[12]

> Et por esta enfermedat que avía mandávanle los físicos que cada quel tomasse talante de se desenbargar de aquellas cosas sobejanas, que lo provasse luego, et non lo tardasse; porque quanto aquella materia más se quemasse, más se desecaríe et más enduresçeríe, en guisa quel seríe grand pena et grand danno para la salud del cuerpo.

Además de tales tecnicismos de la ciencia médica, se hallan, en el "librete", los de la exposición filosófica. Allí se examinarán las ideas sobre la "buena" y la "mala ventura" en una prosa que tiende a la máxima claridad: la organización del *discurso* en varias partes y las subdivisiones de cada una de ellas; las distinciones, oposiciones y paralelismos morfológicos, sintácticos y léxicos; el encadenamiento lógico de los incisos y, en fin, la progresión del pensamiento desde las premisas iniciales hasta las conclusiones, todo ello aspira a explicar la doctrina con la mayor precisión y univocidad posibles.

---

[12] En el *Libro de los estados* Don Juan Manuel afirma igualmente que "cada sciençia a de sí palabras sennaladas" (187). "El vocabulario técnico corresponde simplemente a una nomenclatura y como tal no está estructurado a partir de la lengua, sino sobre la base de la realidad extralingüística, de los objetos de la disciplina correspondiente" (Geckeler 215). Para "quemar" y su uso en la ciencia médica véase Corominas, tomo IV, 714-16. "Jusqu'à présent, le réalisme s'est défini beaucoup plus par son contenu que par sa technique (sinon celle des 'petits carnets'); le *réel* a d'abord été le prosaïque, le trivial, le bas; puis, plus largement l'infra-structure supposée de la société, dégagée de ses sublimations et de ses alibis; on ne mettait pas en doute que la littérature ne *copiât* simplement quelque chose; selon le niveau de ce quelque chose, l'œuvre était réaliste ou irréaliste" (Barthes, *Essais* 163; subrayados de Barthes). Sobre la obscenidad en la literatura medieval española véase Whinnom 19-24.

Desde el *sentido* hacia la *historia*

Del análisis precedente se podría concluir que el relato de Patronio, al menos en lo que concierne a su argumento, personajes, ambiente y léxico, satisface ciertos principios del *verosimilismo realista*. Una vez más puede pensarse que la enseñanza, repetida en los versos finales, se deduciría del ejemplo, según una lógica narrativa que haga depender el *sentido* del texto de un *discurso* que "reproduciría" una *historia* ontológicamente "independiente" y temporalmente "anterior" a su actualización lingüística. Pero de acuerdo con la lógica del género didáctico, y tal como se ha visto en el capítulo precedente, el ejemplo y el *discurso* no se encaminan *hacia*, sino, al contrario, se despliegan *desde* la doctrina que los condiciona y determina de antemano.

"El sentido –define Coseriu (*Lecciones* 284)– es el contenido propio de un texto, es decir, lo que el texto expresa más allá (y a través) de la designación y del significado." ¿En qué consiste ese *sentido* y cómo se manifiesta textualmente?

Los estudiosos discrepan en cuanto al problema principal del ejemplo 46 y, por lo tanto, al grupo a que pertenece. Para Macpherson, que aconseja examinar los relatos en el contexto de toda la obra, el del filósofo, junto con el 40, 41, 49, 50 y 51, plantea, sobre todo, la cuestión de las buenas obras ("*Dios*" 31 y 34-35); según Barcia, presenta, como el ejemplo 2, el problema de "atender a la opinión ajena" (33); "Los ejemplos XXXVI y XLVI –afirma Valbuena Prat– enseñan la moraleja –mediante ingeniosos y bien descritos casos– de que no debe fiarse de las apariencias" (182); en opinión de Ricapito se trata del "'qué-dirán' como instrumento de negación y menosvaler", como sucede también en el 3 (100-01); para Romera Castillo el tema es el de la honra (o la fama), al igual que en los ejemplos 10, 13, 16, 23, 37 y 38 (24); en parecer de Rodríguez Puértolas en los ejemplos 2, 5, 13, 25, 26, 27, 28, 32, 36, 46 y 50 "el problema básico no es otro que el de conocer la realidad, imprescindible para un político de la talla de don Juan Manuel" ("Juan Manuel" 55; Blanco Aguinaga et al. 121).

Conviene volver al texto mismo: el conde plantea el problema de cómo "aver buena fama" y cómo proceder para "acrecentarla" y "llevarla adelante" y, al mismo tiempo, "guardarla" de los peligros que la acechan: "et se guardar que ninguno non le pueda travar en ella".[13] Patronio, como es habitual, le aconseja lo que debe y no debe hacerse para mantener la "fama derecha":

> que fagades muy buenas obras a plazer de Dios; esto guardado, después, en lo que pudierdes, a plazer de las gentes, et guardando vuestra onrra et vuestro estado... que por fecho, nin por dicho, nin por semejança, nunca fagades cosa por que las gentes puedan tomar sospecha...

Tal moralidad se enuncia y dilucida en cuatro momentos: el planteamiento del problema por el conde, el "librete" del filósofo, el dictamen del ayo y los versos de Don Johan. El resumen de la página siguiente ayudará, quizás, a apreciar mejor la estructura del texto manuelino y las correspondencias entre dichos niveles narrativos.

¿Hasta qué punto y de qué forma el ejemplo del filósofo depende de todos estos planteamientos y soluciones? Se ha sugerido la posibilidad de que el relato de Patronio no se ajuste a la moraleja:

> Wenn man nicht annehmen will, Johann Emanuel habe, ohne es auszusprechen, mit diesem Beispiele die äusserste Vorsicht in Bewahrung eines guten Namens anempfehlen wollen, da, wie dasselbe zeigt, dieser selbst ohne eigene Schuld verloren werden kann, so muss allerdings Clarus, Spanische Literatur im Mittelalter, Bd. I, S. 385 beistimmen, dass dies Beispiel "auf den vorliegenden Fall wenig passt", denn die Frage war: "en qual manera podre yo mejor acresçentar et levar delante et guardar mi fama?". (Knust 408)

> En el ejemplo XLVI, el Conde Lucanor exalta la fama y pide a su consejero guía para obtenerla; Patronio expone cómo su pérdida no depende del individuo y deja sin satisfacer el pedido del conde. (Lida de Malkiel, *La Idea* 214)

> Le récit lui-même constitue une réponse au Comte Lucanor qui demande à son conseiller comment il faut conserver et augmenter son bon renom: "Ruégovos que me consejedes en cual manera podré mejor acrescentar et levar adelante et guardar la

---

[13] Para el tema de la fama en Don Juan Manuel véanse Lida de Malkiel, *La Idea* 207-20 y de Stéfano, *La Sociedad* 99-106.

PROBLEMA	LIBRETE	CONSEJOS	MORALEJA
Patronio, vos sabedes que una de las cosas del mundo por que omne más deve trabajar es por aver buena fama et por se guardar que ninguno non le pueda travar en ella			
[...] rruégovos que me consejedes en quál manera podré mejor acresçentar et levar adelante	que se guarde omne quanto pudiere de non fazer mal	que fagades muy buenas obras a plazer de Dios	Faz sienpre bien
		rroguedes a Dios que vos enderesçe que fagades tales obras por que la vuestra buena fama se acresçiente et vaya sienpre adelante	
et guardar la mi fama	ésta es desabentura fallada et non buscada, ca él nunca fizo nin buscó cosa por quel deviesse venir aquella desaventura	ca muchas vezes faze omne buenas obras et por algunas malas semejanças que faze, las gentes toman tal sospecha, que enpeçe poco menos paral mundo et paral dicho de las gentes commo si fiziesse la mala obra	et guárdate de sospecha
	nin meterse en sospecha nin en semejança por quel deva venir alguna desaventura o mala fama	que por fecho, nin por dicho, nin por semejança, nunca fagades cosa por que las gentes puedan tomar sospecha	
	pedir merçed et rrogar a Dios que, pues él se guarda quanto puede por quel non venga desaventura nin mala fama, quel guarde Dios que non le venga ninguna desaventura	[roguedes a Dios] que vos guarde de fazer cosa nin de dezir cosa por que la perdades	et sienpre será la tu fama derecha

mi fama'. ... La moralité, enfermée dans le distique final, répond, certes, au souci du Comte Lucanor, lorsqu'il interrogeait Patronio; mais non à l'histoire du philosophe qui, par son ignorance totale des circonstances, ne pouvait éviter la condamnation qui devait frapper son inconduite apparente. (Marsan 440-41)[14]

En todos estos pareceres se pasa por alto que al conde no sólo le interesa obtener y acrecentar su fama, sino también protegerla de los peligros que la amenazan:

> Patronio, vos sabedes que una de las cosas del mundo por que omne más deve trabajar es por aver buena fama ET POR SE GUARDAR QUE NINGUNO NON LE PUEDA TRAVAR EN ELLA. ... rruégovos que me consejedes en quál manera podré mejor acresçentar et levar adelante ET GUARDAR la mi fama.

El relato de Patronio resolverá ambos problemas: para "aver", "mejor acresçentar" y "levar adelante" la buena fama es preciso obrar bien ("Faz sienpre bien", dice la moraleja) y para "guardarla" habrá que cuidarse de las sospechas ("et guárdate de sospecha"). Todo en él, episodios, caracterización, circunstancias espacio-temporales, no obstante la transparencia de su aparente "realismo", dependerá de la tesis que se desea transmitir y que es anterior a su manifestación poética: el ejemplo, una vez más, será una amplificación del dístico final.

Como se acaba de ver, para mantener la "fama derecha" no es suficiente conducirse bien: hay que evitar igualmente las apariencias del mal, por bien intencionados que fueren los propósitos en el obrar. Y ello porque si bien a Dios le bastan las acciones y las intenciones ("mas quanto para Dios et paral alma non aprovecha nin empeçe sinon las obras que el omne faze et a quál entençión son fechas"), en la opinión del prójimo, depositario, en definitiva, de la fama mundana, no siempre coinciden las estimaciones con la verdad: "Et devedes saber que en las cosas que tannen a la fama, que tanto aprovecha o enpeçe lo que las gentes dizen commo lo que es verdat en sí".[15] Tal la tragedia del anciano filósofo: no basta

---

[14] Para otra opinión véase Sturcken: "The story itself is unimpressive and does not really interest Don Juan; he is eager to elucidate the moral point of this unit" (95-96).

[15] Para el carácter social de la fama véase Lida de Malkiel: "No sorprende, pues, la frecuencia con que Don Juan Manuel aduce como móvil de conducta la

ser virtuoso y honrado, hay que parecerlo también a los ojos de los demás.

Para hacer más efectiva la enseñanza, Don Juan Manuel empleará la técnica, muy común en la literatura didáctica, y de la que se aprovecha también en el ejemplo 36, de extremar los conflictos, polarizando al máximo la oposición entre los planos del "ser" y del "parecer": en el ejemplo del mercader, la castidad y amor de la mujer frente a la historia de infidelidad y adulterio imaginada por el marido; en el del filósofo, su vida virtuosa (pero, como las de todos los mortales, aquejada por las inexcusables necesidades de la enfermedad) frente a su aparente visita a "aquel lugar quel era tan dannoso paral alma et paral cuerpo et para la fama". El relato ha de contraponer, en máxima tensión, la inocencia y honradez del maestro con las desafortunadas circunstancias que hacen posible las sospechas de la villa. "Pureza" del filósofo, víctima de "sospechas maliciosas", e "inocencia" e "ignorancia" de los hechos que originan el reproche de los alumnos, todo esto ya fue subrayado por Marín (12).[16] Se trata, justamente, de mostrar que nada de ello basta y que hay que estar prevenido todo el tiempo contra la calumnia y la deshonra, incluso en las circunstancias más insignificantes de la vida cotidiana, como la satisfacción de las necesidades fisiológicas.

En otras palabras, se multiplicarán las "semejanças" para hacer ver mejor la fragilidad de la fama terrena y los peligros que la amenazan y para mostrar, al mismo tiempo, cuán necesario es permanecer alerta para que no sea mancillada ni siquiera cuando las acciones y las intenciones que las motiven sean absolutamente

---

honra no entendida precisamente como gloria caballeresca o cortesana, sino como opinión pública, como juicio valorativo de la sociedad" (*La Idea* 211); la fama "está sujeta a la opinión falible del vulgo, independientemente de la verdad, sólo conocida de Dios" (214), y "no deriva exclusivamente del mérito o demérito del individuo; está puesta en mayor medida en la mirada, el rumor, el aplauso de los circunstantes..." (236). El ejemplo 46 constituye un caso muy ilustrativo del "perspectivismo de la opinión" estudiado por Baquero Goyanes 46-47.

[16] Véase también Marsan 440. La confusión entre el "ser" y el "parecer" puede conducir a situaciones trágicas, como sucede en el ejemplo 42, "De lo que contesçió al diablo con una falsa beguina", que concluye con los siguientes versos, en los que se advierte sobre los peligros de las "semejanças": "Para mientes a las obras et non a la semejança / si cobdiçiares ser guardado de aver mala andança". Recuérdese también el proverbio 24 de *Proverbios I:* "Todas las cosas paresçen bien et son buenas, et paresçen mal et son malas, et paresçen bien et son malas, et paresçen malas et son buenas".

irreprochables. Todo tendrá, por consiguiente, que justificar las habladurías. Si, por el contrario, la difamación fuera fruto de la simple maledicencia o de la envidia, la situación, aunque comprometida, no sería del todo irreparable y en todo caso cabría la posibilidad de que, tarde o temprano, se descubriese la maldad de los acusadores y la falta de culpabilidad de la víctima. Lo verdaderamente grave, en cambio, es la ruina de la honra como resultado de lo que todas las semejanzas fuercen inevitablemente a creer.

En suma, planteo del problema, relato y moraleja no carecen de la unidad que les negaron algunos críticos. Para mostrar cómo tener y aumentar la fama, Patronio recurre a la figura del filósofo honrado y virtuoso que obra según las exigencias de su "estado"; para prevenir al conde acerca de las amenazas a la honra, coloca al personaje en una situación tal que ni su inocencia y honestidad pueden dejarlo al abrigo de la calumnia.

El argumento

1. En un texto realista las unidades narrativas se sucederían unas en pos de otras, según una relación de causalidad. Si, por el contrario, se aceptaran una vez más los principios de la *arbitrariedad del relato* y de la *lógica del discurso didáctico*, según los cuales los fines determinan los medios, los "efectos" se convertirían en "causas" de las que, aparentemente, serían las "verdaderas causas" de la acción. Así, por ejemplo, el filósofo "non lo podía fazer sinon con muy grant dolor et con muy grand pena" no *porque* "avía una enfermedat", sino a la inversa: *para* hacerlo de esa manera (lo cual, a su vez, cumplirá una función ulterior en el relato) es preciso tener tal dolencia y con tales síntomas.

Para citar aun otro caso, según la lógica del realismo, el filósofo se dirige hacia la "calleja" *porque* le "tomó talante de se desenbargar", cuando se trata de todo lo opuesto: las necesidades lo apremiarán precisamente allí y en ese momento *para* obligarlo a entrar en ese sitio, y no en otro, y *para* crear las apariencias que alimenten la imaginación y la censura públicas y, con ellas, el menoscabo de su honra:

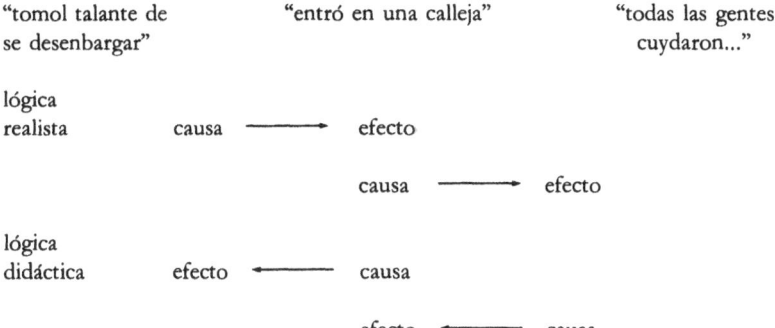

La relación entre los términos se invierte y lo mismo cabría hacerse con los demás incidentes, comprobándose así de qué manera se van creando inexorablemente todas las condiciones que refuercen y prueben el *sentido* que subyace y precede a la fábula: obrar bien no es suficiente, las críticas pueden justificarse en situaciones aparentemente "objetivas", es menester guardarse constantemente de la mala sospecha.

2. La alternancia de *secuencias* ascendentes y descendentes responde no tanto a un encadenamiento causal de las acciones en una realidad extralingüística dada que el texto designaría, sino más bien a la doctrina que antecede al relato. Típico de la literatura didáctica, en efecto, es el castigo de los malhechores y la retribución de los buenos, en este último caso, la rehabilitación del filósofo anciano y honesto, en la segunda *secuencia*, acusado injustamente por un yerro no cometido, en la primera. Tales recompensas (y castigos) implican el restablecimiento de un orden social y moral transitoriamente perturbado por el mal, el pecado, la ignorancia o el error.[17]

Los personajes

3. Dado ese "horor al vacío" de que habla Hamon, la mención de los rasgos físicos y morales de los personajes se debería

---

[17] Para un modelo formal de "toute espèce de récit régi par une exigence moralisatrice forte", como dice Bremond, véase su estudio "Les bons". La *matriz inicial* del modelo se compone de tres *secuencias: dégradation* → *amélioration, mérite* → *récompense, démérite* → *châtiment*.

al deseo de contribuir a crear esa "ilusión de la realidad" y a motivar "psicológicamente" sus acciones. La caracterización, sin embargo, obedece no tanto a "motivaciones realistas" ("psicológicas" y, aquí también, fisiológicas) cuanto a imperativos "composicionales". Recuérdese que las primeras obedecen a las exigencias de la verosimilitud y los segundos, a los requerimientos internos de la fábula. En primer lugar, todas las características de la enfermedad obligan al filósofo a conducirse de tal manera que las sospechas no carezcan de fundamento: debe tardar "muy GRAND tienpo ante que pudiesse seer desenbargado" *para* inducir a la gente a suponer que ha estado con las prostitutas; lo hace "con muy GRANT dolor et con muy GRAND pena" *para* acusar en su rostro el esfuerzo que, a tal edad, exigiría el trato íntimo con dichas mujeres: "After a long and strenuous hour in the alley that has nothing at all to do with the area's principal commercial activity, the aged professor makes his way rather weakly back onto the main thoroughfare; he does not appear to be in very good shape" (Sturcken 96); la materia le causa "GRAND pena et GRAND danno para la salud del cuerpo" *para* obligarlo a "desenbargarse" sin demora ("que lo provasse luego, et non lo tardasse") y, por lo tanto, *para* hacerlo entrar, con mucha prisa y sin poder detenerse en averiguaciones sobre el vecindario, en el primer lugar a su alcance, precisamente en *esa* "calleja" por donde "casualmente" acertaba a pasar justo en *ese* momento y en la que vivía "tal conpanna":

> el ejemplo 46 proporciona espacio para las situaciones que no obedecen a ninguna causalidad manifiesta: el filósofo sabio y de buenas costumbres goza de buena reputación y la pierde por una mala fortuna que él no buscó ni pudo controlar. Y aun así, al explicar luego a sus discípulos la situación, el propio protagonista asigna a lo ocurrido cierta causalidad: a pesar de no haber buscado el accidente que arruinó su fama, no midió ni previó la situación en la que el accidente se produjo. (Diz 43)

Pero, según la *lógica del relato*, más que de causalidad se trataría de una finalidad impuesta por las exigencias del *sentido*. Y si se examinan las motivaciones "psicológicas", las conclusiones serán las mismas: a pesar de su edad y de haber pasado, probablemente, gran parte de su vida (si no toda) en esa villa, con una fama bien establecida y numerosos alumnos (circunstancias ambas que normalmente requieren un tiempo más o menos prolongado), el filósofo ignora la presencia de tales mujeres, lo que quizás pueda sorprender un poco desde la perspectiva del *verosimilismo realista*, pero que, sin embargo, es indispensable para la composición de la fábula: de haberlo sabido —suponiendo, según se supone en las explicaciones *miméticas*, que el personaje *es* (como) una persona— o bien hubiera tomado alguna medida de precaución o bien hubiera evitado tal sitio, con lo cual la *historia* y el *discurso* que la "reflejaría" habrían seguido, claro está, un rumbo incompatible con la tesis previa, el *sentido*, que quería demostrarse: el relato habría abolido el principio de "supervivencia".

La reacción de los pobladores y de los discípulos debe satisfacer también las exigencias del argumento: todas las "semejanças" harán inevitable que el filósofo sea "muy tenido a mal" y esta repulsa pública, a la que se sumará la pena e irritación de los alumnos, ha de cumplir con otra finalidad composicional, a saber, que el maestro experimente "muy grand pesar" y se decida a escribir un tratado sobre la "buena ventura" y la "desabentura". De esta manera, sin fisuras y sin solución de continuidad, el ejemplo quedará integrado dentro de la materia del "librete", que concluye, justamente, con el recuerdo de lo acaecido en la "calleja":

> la otra, es pedir merçed et rrogar a Dios que, pues él se guarda quanto puede por quel non venga desaventura nin mala fama, quel guarde Dios que non le venga ninguna desaventura commo vino a mí el otro día que entré en una calleja por fazer lo que non podía escusar para la salud de mi cuerpo et que era sin pecado e sin ninguna mala fama, et por mi desaventura moravan ý tales conpannas, por que maguer yo era sin culpa, finqué mal enfamado.
>
> Et vos, sennor conde Lucanor,...

El tratado, a su vez, queda incluido en los consejos de Patronio y todo ello, finalmente, en la totalidad de la narración:

	SENTENTIA (Don Johan)	
PROBLEMA (Lucanor)	EJEMPLO LIBRETE (filósofo)	CONSEJOS (Patronio)

4. A la técnica de polarización ya señalada pueden atribuirse también las ocupaciones de los personajes: por un lado el filósofo, sabio, virtuoso, amado y respetado por sus muchos discípulos, dedicado a la reflexión en su "estudio"; por otro, las mujeres pecadoras, dañando sus almas y deshonrando sus cuerpos en la "calleja".

5. Los rasgos morales del filósofo, en fin, están allí para hacer más evidente su aparente caída y subrayar, de paso, la precariedad de la fama, que alcanza a todos los individuos sin distinciones. Del *sentido*, y no de una imitación de la realidad, depende también que sea "muy grand philósopho" (y no un mercader o un labrador, por ejemplo), "mucho ançiano", "tan ançiano" (y no un joven presto a sucumbir ante las tentaciones de la carne), "de grand guisa"[18] (y no de humilde procedencia) y "tan onrrado" (y no un pecador entregado a los vicios del mundo): recuérdese que la *sententia* dictamina que no basta obrar bien, que hay que guardarse asimismo de toda sospecha, porque, siendo la fama tan frágil, nadie está a salvo de la vituperación pública, ni siquiera quienes, como el filósofo, quedarían al abrigo de todo recelo en razón de su ocupación, edad, estamento y virtudes.

El ambiente

6. La determinación espacio-temporal de las acciones se ajusta a los mismos imperativos del *sentido:* provocar las sospechas

---

[18] "Guisa" = "rango" (edición de Ayerbe-Chaux 140, nota 124), "condición", "clase", "rango", "calidad" (Huerta Tejadas 91).

de la gente, el pesar de los discípulos y la destrucción de su renombre. Cuando al filósofo le sobrevenga la necesidad de "desenbargarse", ello le sucederá precisamente en ese lugar y en ese momento *para* crear así las "semejanças" de un proceder pecaminoso.

La relación entre las descripciones y los valores semánticos por ellas connotados sigue la técnica ya aludida de la polarización, que satisface, como también se indicó, fines más bien composicionales que *miméticos*. En el plano de la *designación*, "calleja" y "estudio" pueden denotar referentes de la realidad extralingüística, una villa en el reino de Marruecos; en el plano de la *significación* (el texto en su estructuración interna) la oposición entre ambos dependerá ahora del *sentido:* una y otro ocupan, en cuanto a sus connotaciones, los puntos extremos, si así puede decirse, de un *continuum* semántico.[19] En efecto, la primera apunta a valoraciones absolutamente negativas (¿puede haber algo más bajo en la ética de *El Conde Lucanor* que la deshonra del cuerpo y el daño del alma?) y el segundo, por el contrario, evoca lo más elevado en el ser humano, el ejercicio de la virtud, la inteligencia y la sabiduría, por las que Don Juan Manuel ha manifestado su alta estima desde los comienzos mismos de su carrera literaria: en los prólogos a la *Crónica abreviada* y al *Libro enfenido* —"la más completa exposición de la doctrina medieval del saber que tal vez se encuentre en nuestras letras", según Maravall (268-69)—, donde se halla un pasaje cuya relación con el ejemplo 46 fue ya señalada por Diz (81):

> Et avn a el saber otra mejoria: que beemos muchas vezes que si vn omne que a grant saber le ayuda la ventura, tanto subra con el su saber, que avn que la ventura se buelua, que sienpre fincara el muy bien andante; et avn que la ventura sea contraria, con el su saber se sabra mantener fasta que la ventura se mude. (146)

Se establece así una correlación semántica entre el sitio, el personaje y sus actividades:

"calleja" → prostitutas → perdición de cuerpo y alma
"estudio" → filósofo → sabiduría, virtud

---

[19] Desde el punto de vista lexemático podría afirmarse que "calleja" y "estudio" constituyen una oposición gradual (Coseriu, *Principios* 41 y 215).

correlación que remite, precisamente, al *sentido* del ejemplo: las ocupaciones más meritorias y las conductas más virtuosas son, ciertamente, esenciales para "aver", "mejor acresçentar" y "levar adelante" la buena fama (primera parte del problema planteado por Lucanor), pero no garantizan por sí solas la incorruptibilidad de la honra, porque unas y otras están constantemente amenazadas por toda suerte de peligros (segunda parte del planteamiento del conde), sean las apariencias que induzcan a creer que el obrar obedece a razones no sólo distintas sino aun opuestas a las verdaderas intenciones, sea el azaroso juego de las circunstancias, que pueden poner el bien ganado renombre de alguien, inadvertidamente y a pesar suyo, a merced de seres más ruines:

> Major points stressed by Don Juan are that the philosopher's respected position in society, earned during a lifetime of dedicated service, made him a prime subject for malicious gossip, because people are such that they prefer to hear bad things about good people; that what mattered was who he was, not what they thought he did; and the helplessness of the individual and the irrevocable public destruction of his name, once the scandalmongers eagerly plied their vicious trade. (Sturcken 96)

El léxico

7. En una obra realista, sostiene Hamon, se intenta persuadir al lector de la "verdad" de lo relatado. Ello es aun más necesario en una obra didáctica, cuya *sententia* debe quedar fuera del alcance de las dudas, las controversias o las refutaciones. Una manera de lograrlo consiste en legitimar la doctrina con la autoridad del narrador que la expone y de los personajes que la encarnan en diferentes planos: en el ejemplo 46, Don Johan, que garantiza el valor del ejemplo, Patronio, que lo desarrolla, el conde, que verifica la enseñanza en su propio obrar, y el filósofo, que la reitera en su tratado. La proliferación de unos y otros representa una modalidad típica, y hasta cierto punto indispensable, de este género literario, la de explicar el *sentido* de una manera clara y unívoca.

8. Para que la enseñanza sea más efectiva y se transmita con el mínimo posible de ambigüedad el texto recurrirá en ocasiones al

empleo de un vocabulario monosémino, preciso, técnico. Con relación a la dolencia del filósofo, puede afirmarse que la presencia de elementos vulgares u obscenos, nada tiene que ver con un afán "realista" de describir la naturaleza humana "tal como es". Ni tampoco la enfermedad y los términos con que se la designa constituyen un naturalismo *avant la lettre* sino un procedimiento, como tantos otros de que se vale la literatura didáctica medieval, de ilustrar más eficazmente un problema moral: "Medieval artists did not hesitate to use what we should call 'obscenity' to illustrate a moral point. And what is true of medieval artists is, in this instance, equally true of medieval writers" (Robertson, *A Preface* 20).[20]

Desde el punto de vista del léxico, sin embargo, es más importante el "librete" con que el anciano maestro logra su reivindicación. Las siguientes afirmaciones de Lida de Malkiel, escritas a propósito de las palabras del rey Don Sancho en la tercera parte del *Libro de las armas*, pueden también aplicarse al tratado redactado por el filósofo:

> En contraste con la prosa del siglo XV, prendada del adorno latino, la de don Juan Manuel, prolija a puro deseo de resultar absolutamente inequívoca —didáctica, en suma, y no estética— parece haber tomado como modelo el latín escolástico, todo claridad y sin pretensión de belleza, de la *Summa Theologica*, por ejemplo. ("Tres notas" 126, nota 30; véanse también Romera Castillo 37, 44 y 51, y Abad 10-12).

Todas las "premisas, distingos y consecuencias" a que se refiere la autora, y que se encuentran igualmente en el "librete", no tienen otro fin que el de reducir la pluralidad del *sentido* y asegurar la cohesión semántica y doctrinal del texto: la prosa debe ser "absolutamente inequívoca" como cuadra a una literatura con fines didascálicos.

---

[20] Véase la nota 12 de este capítulo.

DESIGNACIÓN, SIGNIFICACIÓN Y SENTIDO

A partir de la distinción ya aludida entre *designación, significación* y *sentido* se podría replantear sobre nuevas bases el problema del "realismo medieval". Inútil sería insistir sobre la complejidad del tema; convendría, eso sí, anticipar el carácter parcial, y hasta provisorio, de las siguientes conclusiones, que no aspiran, ni mucho menos, a resolverlo.

Los partidarios del *realismo mimético*, implícita o explícitamente, suelen concebir el vínculo entre lenguaje y realidad, sobre todo, o solamente, en términos de *designación:* "La *designación* es la referencia a la 'realidad', o sea, la relación en cada caso determinada entre una expresión lingüística y un 'estado de cosas' 'real', entre signo y 'cosa' denotada" (Coseriu, *Lecciones* 283; véase Barthes, "L'effet").

Muchos estudios sobre *El Conde Lucanor* se ocupan únicamente de la relación "palabra"-"cosa" y, en consecuencia, tienden a descuidar los otros dos planos textuales y a identificar, o confundir, el significado del signo lingüístico con su referente.

En una crítica de tales presupuestos podría apoyarse un reexamen de las dos hipótesis y sus corolarios indicadas al principio de este capítulo. Con respecto a la primera, que reduce la relación lenguaje-realidad a la denotación de seres y procesos directamente perceptibles, debe señalarse, primero, la exclusión de un orden inteligible, más allá del mundo fenoménico, y, luego, en cuanto a la descripción y explicación de las obras, el descuido del plano de la connotación, en que se manifiesta, justamente, la doctrina, o (como afirma Barthes) la ideología de los textos: "*l'idéologie* serait en somme la *forme* (au sens hjelmslevien) des signifiés de connotation, cependant que la *rhétorique* serait la forme des connotateurs" ("Eléments" 131).[21] En ayuda de estas consideraciones podría aducirse también la tesis de Lázaro Carreter de que el realismo no "consiste en los referentes", sino en la "exactitud de los significados" (130), tesis que, cualesquiera que fueren sus méritos, posee la ventaja de replantear el problema en otro nivel, el de la *significación*.

---

[21] Según Jauss, la "poesía de lo invisible" "might well constitute the most unique characteristic of the alterity of the Middle Ages" ("The Alterity" 194). Recuérdese la nota 3 de este capítulo.

Y a riesgo de incurrir en repeticiones ociosas (en la crítica literaria, como en la literatura didáctica, la redundancia no siempre es inútil o superflua) hay que insistir en que el lenguaje no "refleja" el mundo, antes bien, lo somete a un proceso de (re)estructuración en el que las palabras (o los signos lingüísticos) ni se limitan a designar a sus referentes, ni menos aun a sustituirlos (Hamon, "Un discours" 123-25). De allí que, en realidad, debiera empezarse por indagar las relaciones de *significación* entre los contenidos del texto, en otras palabras, la organización de su léxico: "Las relaciones de 'significación' son las relaciones entre los significados de los signos lingüísticos. ... En principio, sólo las relaciones de significación son estructurables; las relaciones de designación no lo son" (Coseriu, *Principios* 130-31).

No es éste el momento de emprender un estudio exhaustivo del vocabulario del ejemplo 46. Baste indicar, muy sumariamente, que el relato de Patronio se funda en el principio de las oposiciones y correlaciones binarias; con una advertencia, sin embargo: en rigor, no se trata de términos, fuerzas o valores opuestos, pero situados "en un mismo nivel", sino de componentes de una jerarquía, en relación de "superior" e "inferior" (ubicados, respectivamente, en las columnas izquierda y derecha), y ello en todos los planos, como los muestra el siguiente resumen:[22]

PLANO	TÉRMINOS DE LAS OPOSICIONES	
ontológico	ser	parecer
moral	virtud	vicio
	"fama derecha"	sospecha
	"buena ventura"	"desaventura"
	verdaderas intenciones	falsas intenciones
	recompensa	castigo
narrativo		
argumento	*secuencia* ascendente	*secuencia* descendente
personajes	filósofo, discípulos	prostitutas, pobladores
localización	"estudio", "calle"	"calleja"

---

[22] Para una crítica del "dualismo medieval" y de la concepción de contrarios cuya interacción se resolvería en una síntesis, véase Robertson, *A Preface* 3-51. Ya Diz afirmó que "el universo medieval es una construcción jerarquizada y nunca un diseño de opuestos excluyentes" (163).

Pero también el planteamiento del problema por el noble, el "librete" del filósofo (y para ello téngase en cuenta lo afirmado por Lida de Malkiel sobre la prosa manuelina) y los consejos de Patronio articulan la *significación* en una serie de oposiciones, con lo cual se corrobora una vez más la íntima trabazón que une todo el texto, tanto en la coherencia interna de sus partes cuanto en las relaciones entre ellas:

problema	"aver, acresçentar et levar adelante la fama"	"guardar que ninguno non le pueda travar en ella"
"librete"	"buena ventura"	"desaventura"
	"fallada"	"buscada"
	"fallada"	"non buscada"
	"fazer bien"	"fazer mal"
	"bien"	"mal"
	"pro"	"danno"
	"aver bien"	"aver mal"
	"obras buenas"	"obras malas"
	"buena fama"	"mala fama"
	"sin culpa"	"mal enfamado"
consejos	"a plazer de Dios"	"a plazer de las gentes"
	"buena fama que ayades"	"mala fama postrimera"
	"buenas obras"	"las contrarias"
	"buenas obras"	"malas semejanças"
	"fizieron bien un tienpo"	"después non lo levaron adelante"
	"que la buena fama se acresçiente et vaya sienpre adelante"	"que [non] la perdades"
	"aprovecha"	"enpeçe"
	"lo que es verdat en sí"	"lo que las gentes dizen"

Con respecto a la segunda hipótesis, superfluo sería enumerar los peligros que entrañaría el erigir el realismo del siglo pasado en norma artística más o menos universal (Jakobson, "Du réalisme" 99; Jauss, "Literary" 39). Y no sólo por lo que tendría de abusivo y anacrónico y por los errores metodológicos a que conduciría, sino también porque ello implicaría considerar a la literatura medieval como un estado embrionario (y a los autores, como "precursores") de una estética que, en virtud de un ilusorio e inexistente "progreso", no habría de producir sus frutos más maduros hasta el siglo XIX. De tales prejuicios no han podido liberarse algunos críticos; vale la pena detenerse un instante en este problema, por tratarse de un error que vicia muchos de los juicios y valoraciones sobre *El Conde Lucanor* y sobre la literatura medieval en general:

Tanto en el *Libro de los estados* como en el final del *Conde Lucanor* se perciben atisbos de nuevas técnicas en el arte de narrar. ... Desde luego, estas tentativas son primitivas, pero indican técnicas que volverán a aparecer siglos más tarde. (Scholberg, "Juan Manuel" 460)

Pero es que él en su ficción se siente rey y señor y es ésta la actitud que se destaca a medida que se analizan sus cuentos revelando ya en germen modos y maneras que cristalizarán en joyas de plenitud en el Renacimiento. (Ayerbe-Chaux 94)

Existe en sus narraciones cierta conciencia del desarrollo dramático que revela en el escritor una rica sensibilidad hacia nuevas formas y géneros que llegarían a florecer en los siglos siguientes. (Ayerbe-Chaux 160; véanse también 82 y 86)

Si bien es cierto que la novela en España, tal como se la considera hoy día, no aparece hasta principios del Renacimiento, es evidente que en la narrativa del príncipe Don Juan Manuel –primer escritor castellano que se preocupa de que su obra tenga características literarias individuales, o sea, donde existe ya una "voluntad de estilo"– se encuentran lo que podríamos llamar las primicias de la novelística moderna. (Galbis 25)

Don Juan Manuel, por otra parte, no utiliza la técnica del *exemplum* químicamente pura; por lo que podemos afirmar que nuestro autor usa una forma narrativa de transición hacia la ficción en libertad, característica del cuento culto, que encontraría su máximo representante en Boccaccio y Cervantes luego. (Romera Castillo 32)[23]

Tentativas primitivas, atisbos, gérmenes, primicias, transición hacia nuevas formas, técnicas y géneros... El error de la crítica manuelina consiste en considerar *El Conde Lucanor* no por lo que "fue", sino por lo que la literatura "llegó a ser", una vez aceptada la falsa premisa de una "evolución" del género hacia formas "más desarrolladas":

---

[23] Aunque escritas con otro propósito, ténganse presentes las palabras de Kinkade en el sentido de que convertir a Don Juan Manuel en "precursor del renacimiento en España" constituye "una imagen atrayente mas no factible" ("Sancho" 1040).

> Le danger, cependant, est de tomber dans une vision finaliste et évolutionniste d'un courant littéraire conquérant petit à petit des traits définitoires qui ont en réalité implicitement conditionné l'analyse elle-même, et dont l'archétype coïncide quasi fatalement avec l'école réaliste du XIXe siècle; cette vision, fondée sur le concept implicite de *progrès,* risque alors de déboucher sur une attitude normative et cyclique. (Hamon, "Un discours" 128; subrayado de Hamon)

Y en forma aun más radical en otro estudio de Jauss ("Theory" 109). A todo lo cual cabría añadir, y la afirmación es paradójica sólo en apariencia, que se podrá entender mucho mejor el arte de Don Juan Manuel y, en general, toda la literatura y la cultura medievales, cuando se las examine en su (muchas veces radical) alteridad y no en su supuesta "modernidad".

En conclusión, la noción de *realismo,* tal como se ha aplicado a *El Conde Lucanor,* exigiría una profunda revisión, en vista del análisis del ejemplo 36 (y de otros que también podrían estudiarse con el mismo enfoque) y de los resultados de este segundo capítulo.[24] En efecto, después de haberles concedido prácticamente todo a las explicaciones *miméticas:* la definición de *realismo,* la concepción de la realidad, los procedimientos narrativos y lingüísticos con que se la imitaría, y de haber estudiado el ejemplo 46 a la luz de los rasgos propios de la producción literaria del siglo XIX, indicados por Hamon y aceptados más o menos implícitamente por muchos medievalistas,[25] forzoso es llegar a las mismas conclusiones impuestas por el análisis de un ejemplo tan inverosímil como el del "mercadero que fue a conprar sesos". El del "philósopho que por ocasión entró en una calle do moravan malas mugeres" se estructura según un principio de oposiciones y correlaciones léxicas que no sólo trascienden los *denotata* (acciones, personajes,

---

[24] Así, por ejemplo, el 29, "De lo que contesçió a un rraposo que se fizo el muerto", cuyas inverosimilitudes, sobre las que ya Lecoy había llamado la atención, están condicionadas por la moraleja y por la necesidad de "insistir a cada viraje de la anécdota en la lección que se va sacar", según lo probó Ayerbe-Chaux (66-69). Véase la nota 3 del capítulo primero. A esta necesidad obedecían las inverosimilitudes del ejemplo 36 y también las "verosimilitudes" del 46.

[25] Léanse, por citar un solo caso, los estudios dedicados a la literatura medieval francesa en *L'Esprit Créateur* 5 (1965): "Realism in the Literature of the Twelfth Century".

ambiente), sino también los significados mismos y remiten, en última instancia, a un *sentido* que los precede. Se suele pensar que la realidad extralingüística, por así decirse, "está (o viene) primero" y que el proceso de creación artística comenzaría por un acto de *designación*. Frente a la afirmación: "en el principio la realidad", hay que insistir: "en el principio el texto"; frente al postulado: "en el principio la *designación*", "en el principio el *sentido*"; la literatura didáctica parte de una *sententia* de la que han de depender la estructuración de la *significación* en el *discurso* y la presentación y tratamiento de los hechos, personajes y circunstancias espacio-temporales de la *historia*.

CAPÍTULO III

LA (RE)ESTRUCTURACIÓN DE LA REALIDAD
HISTÓRICA: EJEMPLO 37

La revisión del concepto de "realismo medieval" hasta aquí intentada se apoyaba, en gran parte, en la distinción establecida por Coseriu de tres planos o "tipos de contenido lingüístico": la *designación*, la *significación* y el *sentido*.[1] Ha llegado ahora el momento de ir más allá del esbozo de la teoría y de aplicarla con algún pormenor al examen de otro ejemplo, el 37, "De la respuesta que dio una vez el conde Ferrant González a sus vassallos", relato que, por referirse a un acontecer que se supone (o se presenta como) "real", o histórico, sirve muy bien para replantear con cierta amplitud, entre otros, dos problemas que se implican mutuamente y que fueron de algún modo anticipados en los capítulos anteriores: la referencialidad del discurso ejemplar y la concepción de la lengua como medio semiótico que no tanto "refleja" el mundo extralingüístico con mayor o menor exactitud, cuanto lo somete a un activo proceso de (re)estructuración.

DESIGNACIÓN

En la crítica manuelina partidaria del *realismo mimético* la tendencia predominante a privilegiar la *designación* (la relación entre

---

[1] Para la distinción entre *designación, significación* y *sentido*, además de las indicaciones del capítulo segundo, véanse, también de Coseriu, *Principios* 130-33, *Gramática* 135-36; *Lingüística* 25-34 y, para una fundamentación filosófica, sus estudios "El hombre y su lenguaje" y "El lenguaje y la comprensión de la existencia del hombre actual", recogidos en *El hombre* 13-65, especialmente 37-45 y 53-54. Véase también Geckeler 93-94.

signo lingüístico y "cosa" denotada) ha llevado a más de un estudioso a cuestionar ante todo la historicidad de la anécdota del ejemplo 37. Y así, se han observado ciertas inexactitudes: Fernán González participó en la batalla de Hacinas, en el año 934, pero la invasión de Almanzor a los reinos cristianos se produjo mucho más tarde, después de la muerte del conde castellano ocurrida en el año 970 (Márquez-Sterling 63 y 116; pero véase Linani 76). Ni tampoco parece haber tenido lugar inmediatamente después una incursión procedente de Navarra: "For two or three days after the battle of Hacinas, Fernán González and his troops pursued retreating Moslems through Clunia and pushed them toward Osma where King Ramiro was waiting to destroy the last bewildered soldiers of Abd-er-Rahman" (Márquez-Sterling 66).

Ya María Rosa Lida de Malkiel había notado que "ni el *Poema de Fernán González* ni la *Primera crónica general* traen tal anécdota ni hablan de una invasión navarra que siguiese inmediatamente a la batalla de Hacinas" (*La Idea* 217); para explicarlas propondrá dos hipótesis: o bien que la anécdota pertenezca a la "leyenda primitiva de Fernán González", contra lo cual aduce el hecho de hallarse solamente en *El Conde Lucanor,* o bien que Don Juan Manuel, como en otros casos similares por ella señalados, haya adaptado a "un concreto y familiar marco español un cuento de origen independiente" (*La Idea* 217); y en otra ocasión afirmará que "la aparente exactitud histórica de los datos que encuadra la respuesta ingeniosa del héroe–, son totalmente imaginarios" ("Tres notas" 106). Y lo mismo a propósito del otro ejemplo de Fernán González, el 16:

> También puede valer como indicio de que las dos anécdotas, la del Exemplo XVI y la del XXXVII, no pertenecían a la leyenda primitiva y fueron elaboradas posteriormente por autores (el del *Poema,* don Juan Manuel) que no gozaron de gran difusión popular, el hecho de que no se hayan perpetuado en el Romancero, a pesar de su notable donaire y corte dramático. (*La Idea* 217)

Todo ello demuestra una vez más el afán innovador que aparta a Don Juan Manuel de las fuentes a su disposición: "luego, la pormenorizada ubicación del Exemplo XXXVII habla más bien en contra de su carácter de anécdota genuina, y en favor de que sea reelaboración de un relato independiente" (*La Idea* 217). Y tampoco Devoto encuentra ninguna evidencia que apoye la historicidad de este episodio (*Introducción* 437). En conclusión:

> Don Juan Manuel es maestro tan consumado en el arte de crear un concreto ambiente histórico sin el fárrago de una descripción naturalista que varios críticos, por demás aficionados a cierto ingenuo biografismo, se han empeñado contra toda evidencia histórica, en atribuir valor documental a lo que no es sino una ficción literaria realizada con delicada perfección. ("Tres notas" 106)

A las tentaciones de ese "ingenuo biografismo" no han podido sustraerse Giménez Soler (202-03) y Darbord (59-60) en sus comentarios sobre el ejemplo 37. Y es que la ficción y la realidad no siempre se pueden deslindar con toda nitidez, como también lo observó otro crítico: "Juan Manuel has thus deftly created an anecdote with which to admonish lazy Castilian youth, since the line separating historical truth from fictional anecdote only requires a short line to disappear" (Sturcken 89).

Y que Don Juan Manuel procede "con entera libertad" (como diría la estudiosa argentina) ha sido corroborado nuevamente por Ayerbe-Chaux: "Aunque se menciona la batalla de Façinas todo el ejemplo es creación absoluta de la imaginación del autor... Esto revela claramente que don Juan Manuel se mueve en su mundo ficcional con una independencia completa y absoluta" (91), de acuerdo con una tendencia general en todo el libro:

> La libertad creadora de don Juan Manuel se manifiesta aún más claramente en aquellos ejemplos en que aparecen personajes históricos. En ellos se revela una intención precisa de inventar y de crear algo original y de adjudicarlo, por una u otra razón, a un personaje conocido o de ubicar el cuento en una circunstancia histórica, elevando así personaje y circunstancias al mundo poético de la ficción. (71)[2]

---

[2] Y lo mismo afirma a propósito del ejemplo 16: "La manera como don Juan Manuel ha cambiado el episodio y aducido el refrán que quintaesencia la idea, ha elevado al Conde Fernán González al mundo poético de la ficción".

He aquí, en resumen, el estado actual de la cuestión. Pero la comprobación de tal originalidad en la elaboración de sus narraciones y de la falta de veracidad histórica de que ellas adolecen, con ser fundamental para la comprensión del arte de Don Juan Manuel, no basta, sin embargo, para dar cuenta de la estructura interna del ejemplo, que será la encargada de poner de manifiesto el *sentido* del relato. El estudio de las fuentes, cuya importancia no se niega aquí, presta preferente atención a las relaciones intertextuales con los relatos paralelos y no a la organización intratextual de los significados. A ello agréguese que el "modelo mimético" suele restringirse al nivel de la *designación:*

> What I have called a "crude mimetic model" of language arises from the notion that there is an unchanging unambiguous Reality "out there", antecedent to our attempts to put it into words, simply waiting for language to identify and name it. This model has, of course, been tried now for some time and has proven unworkable. Men collectively and individually *construct* their world out of the symbol-systems that they use to define and relate phenomena. An individual word or verbal proposition is not true or false, real or fictional, *absolutely*, but always relative to the rules of the system of discourse in which it is embedded, or by which we decide to interpret it. (Crosman, "Reference" 89; subrayados de Crosman)

Y si se aceptan estas premisas, ya no podrán admitirse sin discusión varias de las hipótesis en que se basa tal modelo, adoptado más o menos expresamente por tantos críticos de *El Conde Lucanor:* que el lenguaje es, ante todo, de naturaleza denotativa, que en él prevalece la *función referencial* (en el sentido de Jakobson), que "reproduce" la realidad, que el significado puede identificarse con la(s) "cosa(s)" denotada(s), etc.

Significación

Para describir y explicar en qué consiste esa "construcción" del mundo a que se refiere Crosman deberá dejarse de lado, al menos por un momento, la realidad extratextual y su denotación, y tornar la mirada hacia el *discurso* mismo, concebido, para los fines del análisis, como una *estructura,* o sea, como una "totalidad (relativamente) autosuficiente", o como "la forma de las relaciones internas de un objeto o dominio cualquiera" (Coseriu, *Lecciones* 162). Y para ello habrá que pasar al segundo plano, el de la *significación,* que Coseriu define como el de "las relaciones entre los significados de los signos lingüísticos":

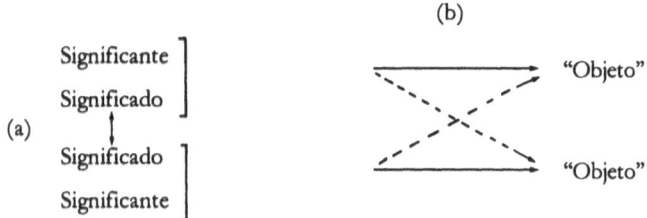

(a): relaciones de *significación*
(b): relaciones de *designación* (Coseriu, *Principios* 130-31; véase Geckeler 95).

Para ser más precisos, tendrá que examinarse de qué manera se configura el vocabulario del ejemplo (la "forma del contenido", según la terminología de Hjelmslev), y para ello el modelo de los *campos léxicos,* estudiados y descriptos en el contexto de la semántica estructural, es, probablemente, el más adecuado de que se dispone hasta ahora (Coseriu, *Principios* 39-40; Geckeler 211-14).

ASOCIACIONES SINTAGMÁTICAS

Si el *discurso* se contentara nada más que con designar, con mayor o menor "objetividad", un(os) determinado(s) referente(s) que, simplemente, "está(n) allí" ("out there"), sólo cabría ocuparse de sus *asociaciones sintagmáticas* y sin necesidad de pasar a un segundo plano de organización de los significados, manifestada a través de las *asociaciones paradigmáticas* que se establecen entre éstos. Según los presupuestos de un ingenuo realismo, en la temporalidad del relato manuelino los hechos, sencillamente, se desplegarían en la misma sucesión cronológica con que efectivamente se habrían (o pudieron haberse) producido en la realidad. Y así, una primera aproximación a la fábula permitiría segmentarla de la siguiente manera:

1. —Sennor conde —dixo Patronio—, quando el conde Ferrant González vençió al rrey Almançor en Façinas, murieron ý muchos de los suyos; et él et todos los más que fincaron vivos fueron muy mal feridos; et ante que uviassen a guaresçer, sopo quel entrava el rrey de Navarra por la tierra, et mandó a los suyos que enderesçassen a lidiar con los navarros.

2. Et todos los suyos dixiéronle que tenían muy cansados los cavallos, et aun los cuerpos; et aunque por esto non lo dexassen, que lo devían dexar porque él et todos los suyos estavan muy mal feridos, et que esperasse fasta que fuessen guaridos él et ellos.

3. Quando el conde vio que todos yvan por aquel camino, sintióse más de la onrra que non del cuerpo. Díxoles:

—Amigos, por las feridas non lo dexemos, ca estas feridas nuevas que agora nos darán, nos farán que olvidemos las que nos dieron en la otra batalla.

4. Desque los suyos vieron que se non dolía de su cuerpo por defender su tierra et su onrra, fueron con él.

5. Et vençió la lid et fue muy bien andante.

Pero estas cinco fases no se presentan en una serie de acontecimientos aislados y yuxtapuestos, sino que, por el contrario, configuran una *secuencia elemental* que podría formalizarse del siguiente modo, de acuerdo con el modelo triádico de Bremond ("Le message" 21; "La logique" 60-61): [3]

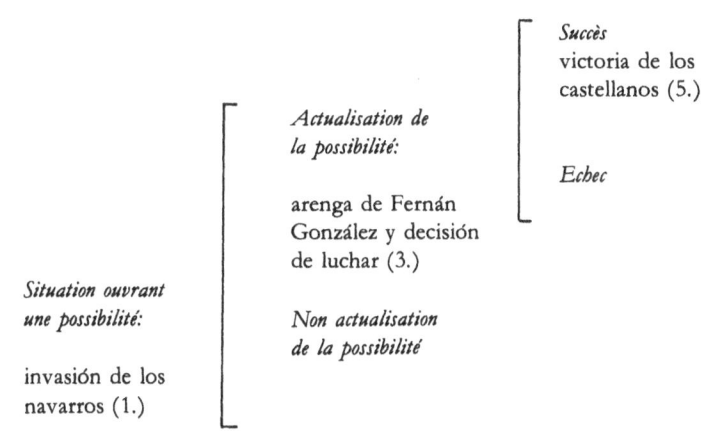

---

[3] Para Diz, la narración más simple se compone de "tres categorías básicas": "una situación inicial, un cambio o conjunto de cambios, que llamaré 'transformación', y una situación final" (40).

En una descripción más exhaustiva, en cinco momentos, como lo propone Larivaille (386-87), se comprenderían mejor todavía las vicisitudes de la fábula y, como se verá luego, la distribución de sus significados:[4] entre la invasión y la exhortación del conde se actualiza una de las posibles alternativas a que da lugar la situación inicial: no hacer frente a la agresión navarra (2.); y entre la tercera y la última *función* se intercala otra más, efecto de las palabras de Fernán González y causa del éxito de sus fuerzas (4.). En suma, el argumento del ejemplo podría sintetizarse en las siguientes *proposiciones:*[5]

    1. Invasión de los navarros → 2. Posibilidad de postergar la batalla → 3. Arenga de Fernán González y decisión de luchar → 4. Combate → 5. Victoria de los castellanos.

ASOCIACIONES PARADIGMÁTICAS

Pero el cuento de Patronio no se rige por uno solo de los dos principios del relato indicados por Todorov, el de la "sucesión", sino también obedece al de la "transformación" e inversión de los contenidos ("Les deux" 65-66), según lo hará ver el siguiente esquema y las dos lecturas a que da lugar: la "horizontal" (1., 2., 3., 4., y 5.) sigue el desarrollo *sintagmático* del ejemplo; la "vertical" (1. vs 5.; 2. vs 4.; 3.) pone de manifiesto las oposiciones y correlaciones *paradigmáticas* de los significados:[6]

1. Invasión de los navarros	2. Posibilidad de postergar la batalla	3. Arenga de Fernán González y decisión de luchar
	4. Combate	
5. Victoria de los castellanos		

---

    [4] "Situación inicial, fuerza desencadenante, conflicto o desarrollo, clímax y desenlace" (Diz 6, nota 5).
    [5] La definición de *función* procede de Propp: "Par fonction, nous entendons l'action d'un personnage, définie du point de vue de sa signification dans le déroulement de l'intrigue" (31); la de *proposición* pertenece a Todorov, *Grammaire* 19: "unité syntaxique de base".
    [6] La distinción entre estas dos lecturas fue propuesta por Levi-Strauss en su estudio sobre el mito.

En el tercer momento, eje (o *pivot*) de toda la *secuencia* (y cuya importancia viene subrayada de antemano por el título mismo de todo el relato: "De la respuesta..."), el discurso del conde, que rechazará las razones aducidas para posponer el enfrentamiento con los navarros, dará lugar a la peripecia de la fábula: convencido por sus argumentos, el ejército librará el combate y triunfará sobre el invasor. Las dos últimas *funciones* (combate y victoria) dependen, por consiguiente, de la resolución previa del conflicto de pareceres entre la segunda y la tercera (no luchar vs luchar).

Si en la "sentençia" se abrevia la enseñanza de todo el relato, como se ha visto a propósito de los ejemplos del mercader y del filósofo, cabría esperar igualmente que en los versos finales del 37 se expresara esta primera oposición: "Aquesto tenet çierto que es verdat provada / que ONRRA et GRAND VIÇIO non an una morada".

De esta oposición el marco y el cuento del consejero constituirán dos expansiones de creciente amplitud, dando lugar a la formación de otros tantos *campos léxicos:*

> Un campo léxico es, desde el punto de vista estructural, un paradigma léxico que resulta de la repartición de un contenido léxico continuo entre diferentes unidades dadas en la lengua como palabras y que se oponen de manera inmediata unas a otras, por medio de rasgos distintivos mínimos. (Coseriu, *Principios* 146)

Tales unidades reciben el nombre de *lexemas:* "unidad de contenido léxico expresada en el sistema lingüístico" (Coseriu, *Principios* 171).[7] Y el *valor* léxico común de cada *campo* coincide en este caso con (o se expresa a través de) los dos términos enfrentados en la moraleja, "grand viçio" y "onrra". Y a partir de ellos, los *lexemas* se irán repartiendo en dos sistemas, según el esquema de la página siguiente, en que se subrayan las unidades más pertinentes para el análisis del ejemplo: la lectura "vertical" (1. vs 2.; 3. vs 4., etc.) permite apreciar las oposiciones DENTRO de cada *campo* ("feridos" vs "cansados"; "guaresçer" vs "dexar"/"esperasse", etc.); la lectura "horizontal" (1. vs 5.; 2. vs 6., etc.)

---

[7] Para el *campo léxico* véanse otras definiciones similares en 135, 170 y 210, y en Geckeler 231-32 y 295-96. Para el *lexema*, *Principios* 146 y Geckeler 232, 256 y 297.

	I GRAND VIÇIO (ejército)		II ONRRA (Fernán González)		
Archilexema	Marco	Ejemplo	Ejemplo	Marco	Archilexema
A pusillanimitas	1.	muy mal FERIDOS	estas FERIDAS NUEVAS que agora nos darán, nos farán que OLVIDEMOS las que nos dieron en la otra batalla	et fazet en guisa que el peligro et la LAZERIA NUEVA vos faga OLVIDAR lo passado	5. C fortitudo
	2. muy CANSADO et muy lazdrado et pobre	muy CANSADOS los cavallos, et aun los CUERPOS	SE NON DOLIA de su CUERPO		6.
	3.	uviassen a GUARESÇER fasta que fuessen GUARIDOS él y ellos	mandó a los suyos que ENDERESÇASSEN a lidiar con los navarros		7.
B postergar	4. uviasse a FOLGAR et DESCANSAR que FOLGASSE algún tienpo et después que faría lo que se le guisasse.	lo devían DEXAR et que ESPERASSE	por las FERIDAS NON LO DEXEMOS	nunca vos sintades por LAZERIA, nin por trabajo, nin por peligro	8. D no postergar

manifiesta las oposiciones ENTRE los *campos* ("feridos" vs "feridas nuevas"; "cansados" vs "se non dolía", etc.), que son las más importantes para dilucidar la *significación* y el *sentido* del relato. Adviértase que el diálogo entre Lucanor y Patronio presentará una "forma del contenido" isomorfa a la del ejemplo que encuadra y a la de la "sentençia" que los incluye, en una serie de planos de progresiva generalidad: ejemplo → marco → versos finales.

Por lo que concierne al relato del ayo, entre los *lexemas* y la oposición de la moraleja se interponen niveles intermedios de agrupación: 1. y 2. comprenden un *(micro)campo léxico* que, como todo *campo*, también estará representado por un *archilexema*, es decir, por "una unidad semántica que equivale al contenido unitario de todo un campo léxico" (Coseriu, *Principios* 146 y 171; Geckeler 142 y 297-98). En este caso, ese "significado global" o "base semántica común" se actualizaría en el *archilexema pusillanimitas* (= debilidad, temor, cobardía, falta de fortaleza); y el mismo procedimiento podría aplicarse al resto de ambos paradigmas: cada uno de los pares 3. y 4., 5. y 6., y 7. y 8. tiene un solo contenido archilexemático: "postergar", *fortitudo* (= esfuerzo, valentía) y "no postergar", respectivamente.

Y si se aceptara el principio de la jerarquización según el cual "los campos admiten varios niveles de estructuración, en el sentido de que un campo de un nivel determinado puede quedar incluido como unidad en un campo de nivel superior" (Coseriu, *Principios* 135 y 210), A y B, C y D podrían considerarse como unidades de los *(macro)campos* I y II, cuyos *(macro)archilexemas* respectivos son, según queda dicho, "grand viçio" y "onrra", según la siguiente distribución piramidal:

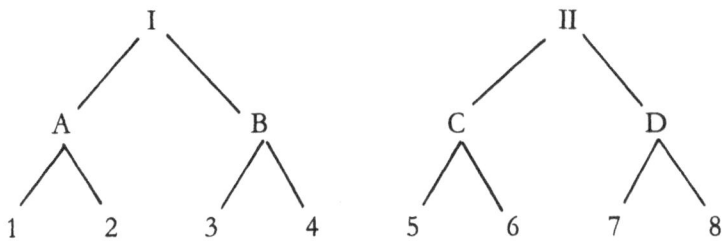

Pero a partir del plano lexemático (o sea, del *discurso* en su manifestación textual) no sólo cabe "ascender" a un orden más elevado y general de articulación de los significados, sino también "descender" a uno inferior, en el que las unidades, en una fase ulterior del análisis semántico, puedan descomponerse en sus rasgos pertinentes, o "diferencias mínimas de contenido léxico (rasgos distintivos lexemáticos)" (Coseriu, *Principios* 135 y 171; Geckeler 299-300). Para el estudio del ejemplo 37 es más importante establecer las oposiciones entre los miembros de los dos *campos* que entre dichos miembros en el interior de los paradigmas de que forman parte. Y para esto quizás baste indicar por ahora que esa oposición entre las unidades de ambos sistemas (1. vs 5.; 2. vs 6., etc.) se realiza de acuerdo con el principio de inversión de los rasgos distintivos: desde la perspectiva de Fernán González todos los *lexemas* que describen la actitud de los castellanos poseen un *sema* común que les confiere un valor "negativo" y contrario a la ética feudal. En la réplica y en el proceder del conde se asiste a una inversión sistemática de los contenidos, gracias a la presencia, en todos los *lexemas* que lo designan, de, por lo menos, un rasgo distintivo contrario, de signo "positivo": a las heridas como impedimento para continuar luchando se les opondrá una valorización estimativa "nuevas (y 'más') heridas" (1. vs 5.); al desfallecimiento y cansancio, la resistencia física y el desdén de las fatigas corporales (2. vs 6.); a la curación de los heridos, el inevitable aumento de víctimas y muertes en la inminente batalla (3. vs 7.); al deseo de aguardar un tiempo prudencial, la impaciencia por entrar en combate (4. vs 8.).

Antes de continuar, conviene insistir en un aspecto del binarismo medieval, ya adelantado en el capítulo anterior: todos los esquemas con que en éste se resume la organización del vocabulario del ejemplo 37 podrían crear la errónea impresión de que los términos de las oposiciones, cualesquiera que fueren los niveles en que se sitúen, poseerían igual "valor" por aparecer en un mismo plano; pero la narración manuelina no es éticamente neutral, y no puede serlo, porque de lo contrario postularía un relativismo incompatible con sus fines didascálicos. La perspectiva doctrinal dominante (la del conde castellano, que se identifica con la de Patronio y con la del *narrador extradiegético* = Don Juan Manuel) establece una jerarquía axiológica, de acuerdo con la concepción medieval (según lo ha mostrado Robertson) que no se funda en un "dualismo" y en una síntesis de "contrarios" que los "superaría" (véase la nota 22 del capítulo segundo).

Pero el contraste más decisivo dentro del ejemplo de Patronio se presenta en el nivel archilexemático, entre "sintióse más de la ONRRA que non del cuerpo" (marco: "defendimiento... de vuestra ONRRA") y la aparente ausencia de su contrario, GRAND VIÇIO, que sólo se actualiza en la moraleja, es decir, en un plano narrativo superior; con terminología de la lingüística estructural, podría afirmarse que en esta zona de la *significación* se presenta una "laguna" (Geckeler 158-70); pero todas estas "casillas vacías" no implican aquí una falta de contenido, puesto que la ausencia de información puede también ser significante: en efecto, el no haber aludido para nada a la honra y a la tierra y el haberse limitado a consideraciones de estrategia militar revelan en el ejército castellano un despego, al menos pasajero, por ciertos valores estamentales que Fernán González reivindicará vigorosamente con sus palabras y con su conducta: la *fortitudo* en sus acciones, frente a la adversidad del continuo batallar, y la *sapientia* de su decisión, corroborada por la subsecuente victoria. El propósito de su arenga no es otro que el de infundir, o reavivar, en sus súbditos la conciencia de tales virtudes, esenciales en el código moral de los "defensores".[8]

Todas estas *asociaciones sintagmáticas* y *paradigmáticas*, que la descripción debe forzosamente deslindar y tratar por separado, coexisten en el texto simultáneamente, claro es, según el postulado de la "historización de las estructuras paradigmáticas" enunciado por Greimas ("Le conte" 173-75): en la temporalidad del *discurso* se va manifestando sucesivamente esta transformación de contenidos, que convierte las oposiciones léxicas, *paradigmáticas*, como, por ejemplo,

invasión de los navarros	posibilidad de postergar la batalla
victoria de los castellanos	combate

---

[8] Para la solidaridad entre *sapientia* y *fortitudo* recuérdese el proverbio 37 de *Proverbios I:* "Cuydan que el seso et el esfuerço que son dessemejantes, et ellos son una cosa". Para este tema véanse, entre otros, Curtius 167-82; Schafler; Hart 64-68 y Menéndez Pidal, *La Chanson* 314-17, 319-21, 323 y 328.

	"lo devían dexar
"muy mal feridos"	et que esperasse"
"estas feridas nuevas"	"por las feridas non lo dexemos"

en *implicaciones* y *solidaridades sintagmáticas:* "invasión" > "victoria", etcétera.

Sentido

La *designación* y la *significación* no agotan, empero, las posibilidades del análisis; ellas remiten a un *sentido* último o, más bien dicho, se generan a partir de un *sentido* primero. Determinar ese *sentido* exige, entre otras tareas previas, la delimitación de los *campos léxicos*, justamente uno de los problemas más arduos de la descripción del contenido: ¿es posible establecer rigurosamente los límites internos y externos de los paradigmas? Así, para dar una idea de las dificultades con que se puede tropezar, sería legítimo preguntarse, por ejemplo, si "dexar" y "esperasse" son sinónimos, y por lo tanto considerarlos como una sola unidad lexemática (como aquí se ha hecho), o si se trata de dos miembros distintos, en cuyo caso habría que identificar el *sema* o *semas* que permitiría(n) deslindarlos.[9]

Estas operaciones, menos ociosas de lo que a primera vista podrían parecer y en las cuales, honesto es admitirlo, no puede evitarse una cierta dosis de arbitrariedad, son aun más indispensables a la hora de indicar las fronteras entre los *campos*. Si, como queda dicho, el *sentido* se expresa "más allá", pero "a través", de los otros dos niveles, para saber en qué consiste ese "excedente" semántico se requiere precisar "hasta dónde" se extiende la *significación* y "desde dónde" comienza a manifestarse ese *sentido* que al mismo tiempo la rebasa, la incluye, la fundamenta y la precede. Como criterio práctico podría adoptarse el procedimiento ya sugerido por Coseriu: el límite externo se fijará allí donde un paradigma entero se convierta en miembro de otro de orden

---

[9] Para el problema de la sinonimia véase Geckeler 283-88 y para el de las delimitaciones, 170-77.

superior (*Principios* 40; Geckeler 307-09); el *campo* "grand viçio", en su totalidad, pasará a formar parte de uno más amplio y en cuyo interior se opondrá al resto de las unidades que lo componen; y lo mismo sucederá con "onrra", que, junto a las demás unidades, y a las que se opone, se integrará en un segundo sistema más vasto. La "base semántica común" a uno y otro *(macro)campo léxico* estará representada por los *archilexemas* "vicios" y "virtudes". Las relaciones jerárquicas entre los paradigmas y la inclusión de unos en otros podría resumirse en el cuadro de la página siguiente. [10]

El análisis textual del ejemplo debería detenerse aquí; pero adviértase cómo, desde el plano *sémico* y pasando por varios estratos superpuestos de organización del contenido, el relato manuelino, de *campo* en *campo* y sin solución de continuidad, se integra finalmente en el contexto doctrinal (o "ideológico") de la aristocracia caballeresca. Poco a poco, de nivel en nivel, se llega a ese "más allá" del *sentido* a que se refiere Coseriu y al que constantemente apuntan la *designación* y la *significación*.

Esta problemática fundamental comprende no solamente al ejemplo 37 sino también a todo *El Conde Lucanor*, a la obra de Don Juan Manuel en su conjunto y al estamento al que pertenecía. [11] No cabe decidir aquí si los consejos de Patronio alcanzan a todos los miembros de la sociedad sin distinciones, como lo sugieren Sturm ("Author" 3) y Ayerbe-Chaux (126-27), o si sus enseñanzas se dirigen preferentemente a "defensores" como Lucanor, según

---

[10] Para "vicio" ténganse presentes dos acepciones, una más general, y que se opone a "virtud", y otra más restringida y de frecuente empleo en la literatura medieval. Para esta última véanse las notas 163 y 228 de la edición de Ayerbe-Chaux: "*viçios:* deleites, comodidades"; "*viçiosos:* cómodos, regalados", y los textos paralelos aducidos en ambos casos. Esta segunda acepción corresponde a la *otiositas*, cuya virtud contraria es la *fortitudo* (véase Wenzel, *The Sin* 164-87). A la falta de fortaleza puede atribuirse la *pusillanimitas* de los vasallos del conde (véase Wenzel 185). Los otros vicios y virtudes del esquema (ira, prudencia, etc.) se agregan sólo a modo de ilustración. Que el *sentido* precede a la *significación* se confirmaría con una premisa metodológica ya adelantada por Trier y mencionada por Geckeler: "Si el espacio articulado y estructurado de los contenidos lingüísticos constituye para nosotros lo propio de una lengua, se llega al campo, desde arriba, dividiendo, no, desde abajo, sumando. Investigamos el campo en su articulación a partir de campos mayores, superiores" (123).

[11] Según Lida de Malkiel, "a la noción de 'honra y estado', a la necesidad de 'guardar su estado' y 'llevar su honra adelante' supedita don Juan Manuel toda su preceptiva moral" ("Tres notas" 122). En el *Libro de los estados* se expresa una idea análoga a la de la moraleja del ejemplo 37: "Et que onra et biçio non en una morada biven" (186).

ÉTICA ESTAMENTAL

VICIOS				VIRTUDES			
GRAND VIÇIO		IRA	TRAICIÓN	ONRRA		PRUDENCIA	LEALTAD
PUSILLANIMITAS	POSTERGAR			FORTITUDO	NO POSTERGAR		
"feridos"	"guarescer" "guaridos"	—	—	"feridas nuevas"	"endereçassen"	—	—
"cansados"	"dexar" "esperasse"	—	—	"se non dolía"	"non dexemos"	—	—

sostienen Caldera (86), Macpherson (*"Dios"* 37), Burke (264), Taylor y Diz (29 y 79). Pero sea cual fuere la solución, lo cierto es que el problema planteado por él en el marco, el cuento a que da lugar y la "sentençia" con que concluyen procuran responder al mismo interrogante que tantas ocasiones se ha señalado como central en la producción manuelina: ¿cómo guardar el "estado"?

En conclusión, el análisis de los *campos léxicos* en el ejemplo 37 permite apreciar más de cerca, y con una base textual más firme, de qué forma y cómo a través de la estructuración del vocabulario se va construyendo el *sentido* del relato y qué presuposiciones doctrinales le dan origen. Una de ellas ya ha sido señalada: la concepción medieval de los vicios y virtudes;[12] de otra habría que ocuparse en un estudio especial: el carácter ejemplar de la historia en *El Conde Lucanor,* que convierte a figuras como la de Fernán González en modelos de conducta a imitar: "El conde tovo éste por buen exemplo et buen consejo, et fízolo assí, et fallóse ende bien".[13]

---

[12] Véanse especialmente Bloomfield; Wenzel, "The Seven" y Morreale.

[13] "The two tales which involve the Count Fernán González (*Exemplos* 16 and 37) insist on the need to resist weakness and tiredness, to keep going in the service of God: Fernán González is presented in each as a model of courage and tirelessness, and Juan Manuel's admiration for these qualities is manifest" (Macpherson, *"Dios"* 36).

CAPÍTULO IV

LA FUNCIÓN DEL MARCO: EJEMPLO 41

La tesis de que la *sententia* del ejemplo se encuentra en el diálogo entre Lucanor y Patronio y en los versos finales de Don Johan supone, claro es, una revaloración implícita del papel desempeñado por el marco en la totalidad de la narración y exige, por ello, un análisis más detenido del que hasta ahora ha recibido en los capítulos precedentes. El relato manuelino no se reduce solamente, como en la práctica se admite en más de un estudio, a la fábula del ayo, sino que resulta de la interacción dinámica de ésta con el coloquio que le da origen y cuyo *sentido* el cuento se encargará de desarrollar en forma narrativa –afirmación, no por trivial, menos necesaria, según se verá a lo largo de este capítulo.

A esta razón, de por sí suficiente para justificar una sección especial dedicada al marco, puede añadirse, además, la de constituir un rasgo esencial y definitorio de la *novella:*

> The use of a cornice or frame tale – a narrative situation that plausibly motivates the relation of and lends structural unity to a series of otherwise diverse and unrelated stories – is probably the artistic characteristic that at first glance most blatantly distinguishes the novella collection from its modern counterpart, the book of short stories. (Clements y Gibaldi 36)

Ningún trabajo sobre *El Conde Lucanor,* pues, podría prescindir del estudio de las propiedades y funciones del marco. Y, desde luego, ellas no han escapado a la atención de los críticos, pero aunque ya se cuente con numerosas observaciones válidas y certeras, dispersas en libros y artículos, y, sobre todo, con los indispensables trabajos de Várvaro y Burke, queda lugar todavía para nuevas reflexiones a partir de otros fundamentos teóricos y metodológicos.

En este capítulo, en torno del ejemplo 41, "De lo que contesçió a un moro que fue rrey de Córdova", y de los comentarios a que ha dado lugar, se ha de replantear nuevamente el problema de la estructura de los relatos de *El Conde Lucanor* (¿ejemplo?, ¿marco + ejemplo?) y de la función del diálogo entre el noble y su consejero: más allá de las generalidades, ¿en qué consiste el papel que le cabe en el conjunto de toda la narración y cómo se puede describir con mayor exactitud de qué modo el cuento de Patronio depende del contexto en que se inscribe?

Para que el lector pueda juzgar mejor lo que a propósito de dicha problemática ha de afirmarse en este capítulo (y en los siguientes) sería de bastante utilidad trazar un bosquejo rápido, y, sin duda, incompleto, del estado actual de la cuestión.

VALOR LITERARIO DEL MARCO

Acerca de su elaboración artística se han indicado ya su verosimilitud —en la sociedad de entonces la existencia de consejeros como Patronio constituía un fenómeno muy común (Sturm, "Author" 8), su ambiente cortesano— manifestado en las fórmulas de tratamiento con que el conde y su ayo se dirigen uno al otro (Caldera 67), su originalidad:

> Lo mismo pasa en este caso, al examinar el marco narrativo del *Libro del conde Lucanor,* que, a primera vista, parece tan simple, tan superficial, pero que, contemplado sobre el fondo de las variantes del género, deja relucir su propia sutileza y originalidad. (Ayerbe-Chaux, edición 20 = "El libro" 8)

Y hasta se han adelantado hipótesis sobre el origen de sus nombres (de Riquer; Tate, "*El Conde*").

Pero en cuanto a su valor literario, y ya desde los *Orígenes de la novela,* se viene insistiendo en su doble inferioridad estética: según Menéndez Pelayo, el marco "es infinitamente más artístico en Boccaccio que en Don Juan Manuel" (lxxxv); según Várvaro, carece de "sustancia narrativa": los personajes están individualizados vaga y superficialmente y no se crea en torno de ellos un ambiente o "atmósfera" (187 y 190). Y esta doble inferioridad, frente al empleo que de él hacen otros autores coetáneos (Boccaccio, Chaucer) y a los ejemplos por él encuadrados, constituye una de las principales causas de la aún insuficiente atención que se le ha prestado hasta la fecha:

> Sabemos que don Juan Manuel tomó prestado el marco narrativo del *Libro del caballero et del escudero*, lo mismo que el del *Libro de los estados*. Hasta ahora, que yo sepa, no se ha explorado la procedencia de este marco narrativo, quizá por considerarlo tan pobremente artístico. (Ayerbe-Chaux, edición 18 = "El libro" 6)

A pesar de su "pobreza artística" vale la pena intentar un nuevo estudio del marco, cuya justificación no se apoyará en argumentos "estéticos" (en ocasiones subjetivos y anacrónicos), sino en dos de las razones aducidas por los críticos: su carácter distintivo con relación a la narrativa moderna y su importancia "estructural", a pesar de su aparente "debilidad":

> La debolezza letteraria della cornice è dunque essenziale alla struttura dell'opera e chi la considerasse, da un punto di vista esclusivamente artistico, una parte non riuscita, dimostrerebbe di fraintendere il libro intero e l'impianto ad esso dato da don Juan Manuel. La cornice va misurata in termini non estetici ma strutturali e sotto questo aspetto essa è perfettamente adeguata al compito che l'autore le ha assegnato. (Várvaro 191)

Interrogarse, pues, sobre la unidad de marco y ejemplo implica tratar de responder, por lo menos, a dos preguntas que se presuponen mutuamente: ¿cuál es la relación entre ambos?, ¿qué función cumple el primero en el conjunto de cada relato?

RELACIÓN ENTRE MARCO Y EJEMPLO

La "unidad estructural" dependerá, en definitiva, de cómo se considere lo que podría denominarse el grado de "apertura" (o de "cierre") del marco: Sturm ("Author" 7), Orduna ("El *exemplo*" 138) y López Estrada han aludido ya a su "flexibilidad"; este último afirma que el marco "resulta mucho más abierto y flexible que el de otros libros de cuentos" (427).

Las opiniones de los estudiosos podrían distribuirse en tres grupos: los que postulan una solidaridad indisoluble entre marco y relato, los que admiten una (relativa) autonomía entre ambos, y los que defienden la independencia total del ejemplo.

La íntima trabazón entre uno y otro se manifiesta en sus relaciones de "paralelismo" y "enclave"; paralelismo entre las acciones, los personajes y los procedimientos narrativos, como lo comprueba, por citar un solo caso, Romera Castillo en el ejemplo 13 (48 y 14-16); enclave del ejemplo, que constituiría, según el mismo crítico, la segunda *secuencia*, precedida de la primera (planteamiento del problema y petición del consejo) y seguida de la tercera (formulación de la *sentençia* por parte de Patronio y de Don Johan). El relato del ayo, por su posición central en la composición, se convierte así en el "eje" narrativo —una de las varias metáforas cuyos alcances metodológicos habrá que dilucidar más tarde.

Solidaridad estructural ya subrayada, por lo demás, por Várvaro y Caldera:

> La cornice del *Conde Lucanor* in tutti i suoi elementi non è dunque facoltativo contorno a racconti in se stessi compiuti ma parte integrante dell'opera, ai cui presupposti più intimi essa perfettamente aderisce. (195)

> Fra i termini di queste coppie si stabilisce una relazione mutua, che non é più antitetica, ma, per l'appunto, dialettica e funzionale. La cornice e l'esempio godono certo di una vitale autonomia, eppure, a differenza di quanto accade nelle opere precedenti, corre fra di essi una fittissima trama di richiami e rispondenze che li rende reciprocamente necessari. La stesse considerazioni valgono per le altre coppie, le quali tutte, o quasi tutte, sono indissolubilmente vincolate al rapporto cornice-esempio, che sta alla base dell'intera struttura. (68)

Más aún, el marco es, como señaló Diz, un "ejemplo positivo": "Este personaje pide consejo a su consejero, pone en práctica el consejo recibido y termina bien. Lucanor es, en efecto, el protagonista de cincuenta y un ejemplos, todos positivos" (173).

Pero, según Romera Castillo (45), marco y ejemplo pueden funcionar también "autónomamente" y de allí a afirmar su completa independencia no hay sino un muy corto trecho: según López Estrada, "cada uno de ellos puede considerarse independiente del marco que los contiene a todos; cada pieza es la manifestación acabada de una narración breve en la prosa literaria medieval de ficción" (426-27); en opinión de Orduna, "el relato-ejemplo no es ya un elemento más —lateral o accesorio— dentro de la exposición didáctica, sino el portador mismo de la doctrina y núcleo de la exposición ..." ("El *exemplo*" 137; véase también 139 y 140). Y la misma metáfora en Diz, aunque en forma más mitigada: "me limito a enfocar aquí el núcleo de los ejemplos, aunque el marco y, especialmente, el comentario de Patronio y los versos finales influyen, claro está, en el modo de ver las historias" (39).

Y, en fin, Pabst, a propósito de Cervantes, pero aludiendo de pasada a Don Juan Manuel, llegará incluso a sugerir:

> Tan sólo mediante esta "nota a pie de página", que recuerda a las sentencias finales de los "exemplos" del infante don Juan Manuel, recibe la novela *[La española inglesa]* el carácter de "ejemplo". Es —para emplear una comparación tomada de la "Estética" de Benedetto Croce— como si un escultor, después de haber terminado la estatua de una mujer hermosa, colocase al lado un cartel con la inscripción "Misericordia" o "Bondad"; una especie de alegoría "post festum", que nada modifica en la obra de arte misma, "una expresión *añadida* exteriormente a otra expresión". (218; subrayado de Pabst)

Funciones del marco

Estructuralmente, el marco asegura la integración de todos los ejemplos de la primera parte, o de las cinco secciones que componen el libro, y además de presentar los relatos, los acompaña con comentarios y explicaciones (Várvaro 187; Orduna, "El *exemplo*" 138; Sturm, "Author" 7; Clements y Gibaldi 41). Desde el punto de vista didáctico, su misión consiste en probar una idea y en estrechar el contacto entre obra y lector: el marco ayuda a determinar la percepción del *receptor* y su actitud hacia los cuentos, y, en oposición al ejemplo, que se daría en una "lejanía", establece una relación inmediata y directa con el destinatario; en fin, lo induce a asociarse a la fábula y lo conduce a aplicar la lección a su propia circunstancia (Clements y Gibaldi 42; Caldera 43; Sturm, "Author" 7 y "*El Conde*" 165).

Esencial para todo ello es la función mediadora de Don Johan entre la ficción del relato y la problemática del lector, y la de Patronio, entre la realidad del conde y la del ejemplo:

> Questo problema non viene ad essere, così, una pura occasione degli insegnamenti del consigliere ma determina strettamente la figura di Patronio, che fa in sostanza da cerniera fra la realtà del conte e quella della novella. E una funzione identica ha alla fine l'inatteso intervento di don Johan, che a sua volta si fa mediatore fra la fittizia realtà del piano del conte Lucanor e la quotidiana problematica del piano dei lettori. Atraverso questo doppio intervento si stabilisce quasi una continuità dai personaggi al lettore, naturalmente non sul piano narrativo ma su quello didattico. (Várvaro 190)

La función de ambas "bisagras" o "goznes" (otra metáfora digna de notarse) es, como se ve, la de mantener en el plano didascálico una continuidad entre todas las instancias narrativas y el *receptor*. Y para que éste pueda identificarse con el ejemplo es preciso que la lección "extraída" de un caso particular sea aplicable a un número indefinido de circunstancias análogas; lo didáctico (afirma Várvaro) exige una progresiva generalización de la enseñanza a través de un proceso de abstracción gradual: situación del ejemplo → situación del conde → situación del lector. Universalizar la moraleja es, en definitiva, la función más específica del marco (191 y 193).[1]

A partir de esta problemática (que aquí se ha resumido en sus líneas más esenciales) se puede intentar una nueva lectura e interpretación del ejemplo 41.

El EJEMPLO 41 ANTE LA CRÍTICA

Según María Rosa Lida de Malkiel, el ejemplo gira en torno del ideal caballeresco y de los deberes propios de la realeza:

---

[1] Véanse igualmente Lida de Malkiel, "Tres notas" 119 y Devoto, *Introducción* 340 para la función de Don Juan Manuel = Don Johan al concluir cada ejemplo.

> En tal situación, es imposible señalar con certeza el aporte personal de don Juan Manuel a la perfección artística de su *Exemplo XLI*, pero no creo inoportuno señalar alguna preocupación y alguna técnica muy peculiares de don Juan Manuel. Ante todo, el ideal caballeresco consistente en aumentar el poderío y ganar fama póstuma, sentido como deber del príncipe. ("Tres notas" 109-110)

Del mismo modo, Ayerbe-Chaux nota cómo Don Juan Manuel se propone "subrayar más bien la grandeza del ideal caballeresco" y "enaltecer la importancia de lo caballeresco sobre lo meramente artístico" (123 y 124).[2]

Macpherson lo estudia en relación con los ejemplos 40, 46, 49, 50 y 51 y observa que hacia el final de *El Conde Lucanor* se acentúa el problema de las "buenas obras": "The message here is clear. Good works must be performed, and they must be performed in keeping with one's estate. One's reputation will suffer if one fails to do good works, and conversely will be enhanced by the good works which one does" (*"Dios"* 35).

Macpherson señala también que en esa parte de la obra manuelina se hallan estrechamente relacionados varios temas, de los que el ejemplo 41 se hará eco, todos esenciales para comprender el sentido doctrinal del libro: la fama y la honra, las buenas intenciones, el servicio de Dios y la guerra contra los moros, la salvación del alma.

Todos ellos identifican certeramente el asunto central del texto: el ideal caballeresco, el poderío, la fama, pero Lida de Malkiel no menciona para nada cómo, según Don Juan Manuel, se debe cumplir con dicho ideal, y Ayerbe-Chaux lo considera superior al artístico. Es decir, fuera de las indagaciones de ambos queda el averiguar cómo llevarlo adelante y en qué virtudes estamentales se funda. Más aún, Ayerbe-Chaux, al afirmar que se exalta la "importancia de lo caballeresco sobre lo meramente artístico", sugeriría que lo opuesto al ideal ético de los "defensores" es el cultivo del

---

[2] El ejemplo 41, según Lida de Malkiel, lo mismo que el proverbio, sería de procedencia árabe y constituye, como otros, una "benévola idealización" de ese mundo, envuelto "en un fascinante halo de molicie refinada y suntuosa ("Tres notas" 97, 105 y 122-23).

arte y no el vicio de que serían víctimas Lucanor y el rey moro, la *otiositas* o pereza.

Y si, en suma, tales interpretaciones descuidan igualmente lo que hace posible ese ideal y los peligros que lo amenazan, ello sucede porque esta problemática (de la que dependerá toda la elaboración del ejemplo) se ignora por hallarse en el marco. Véase, en primer lugar, cómo se transforma la personalidad del monarca:

> Para acentuar el contraste entre semejante ideal y la conducta de al-Haquem, don Juan Manuel tuvo a bien olvidar que, aunque pacífico, al-Haquem no era un rey holgazán y que el "estar en su casa viçioso" no era para "comer e folgar", sino para proseguir una quieta y asidua vida de estudio, famosa por su inmensa lectura y acopio de innumerables libros. (Lida de Malkiel, "Tres notas" 110; véase Devoto, *Introducción* 439)

Que se trata de una reelaboración literaria fue luego indicado también por Sturcken: "... he constructed the basic fabric of the tale out of his imagination, endowing it with that aura of reality that is his special talent" (92), ya notado a propósito del ejemplo 37 por Lida de Malkiel ("Tres notas" 106).

> A minor point is made, here and elsewhere, that Don Juan in telling al-Hakam's story, found it convenient to omit references to the Caliph's scholarly activity. It is difficult to see why, even if he knew of this activity, he would have incorporated it into his fictional narrative; this tale, so neatly proportioned, would have lost its impact. (Sturcken 142, nota 26)[3]

---

[3] Véase cómo la historiografía alfonsina presenta al califa: "Et a aquell Alhacam llamaronle por otro nombre *almuztançirbille*, que quiere tanto dezir en el castellano como 'omne que se deffende con Dios', et semeiaualo que aquel rey Alhacam se defendie con Dios: ca fallo el reyno de Cordoua muy bien parado et toda la tierra assessegada et muy en paz, et teniela el padre muy bien castigada et sin todo bollicio, et mantouola el fijo en aquella manera que la mantenie el padre pues que el llego. Et est ol duro, segund cuenta la estoria, en toda su uida quanta el regno, et nin ouo mester de fazer batallas, nin por que husar de fecho de armas" (*Primera Crónica General* 425 a 19). Es curioso notar la semblanza que la misma crónica hace de Alhaquem I, cuyos rasgos podrían corresponder también a los de Alhaquem II: "Et pues que ell ouo el sennorio del regno, metio femencia en seer sabio et accucioso en toda su fazienda; e segund cuenta la estoria, fue omne auenturado en todos sus fechos" (347 b 15).

En realidad, no es tan difícil comprender por qué Don Juan Manuel, conociera o no la verdadera personalidad del monarca, ha debido transformarla, como tampoco lo es explicar la omisión a toda actividad intelectual por parte de éste: no porque el cuento habría perdido su "impacto", sino porque así se lo exigían las imposiciones narrativas del marco sobre el ejemplo. En efecto, si Don Juan Manuel estaba al tanto de la realidad histórica, el olvido a que se refiere Lida de Malkiel tuvo que ser deliberado: el rey debe, forzosamente, presentarse como víctima de la pereza para mantener así el paralelismo y similitud con la situación planteada en el marco. El añadimiento del "forado" en el albogón representa una innovación que, como la de "capiellos et pihuelas" por parte del noble, no es sino el producto de la ociosidad. Una vez planteado el problema por el conde y elegido el personaje del ejemplo, al narrador no le queda otra alternativa que ajustar la figura del rey a la de Lucanor, por infortunada que tal selección pueda parecer y por censurable que sea la distorsión de la realidad histórica a que ello dé lugar.

El Alhaquim del ejemplo descuida sus deberes, ocupado solamente en "comer et folgar et estar en su casa viçioso". Y, justamente, la reforma del albogón se le ocurrirá un día, como tantos otros, de pereza y molicie:

> Et acaesçió que, estando un día folgando, que tannían antél un estrumento de que mucho se pagan los moros, que á nonbre albogón. El rrey paró mientes et entendió que non fazía tan buen son commo era menester, et tomó el albogón et annadió en él un forado a la parte de yuso en derecho de los otros forados, et dende adelante faze el albogón muy meior son que fasta entonçe fazía.[4]

Y, como el rey, también el conde está a punto de olvidar sus obligaciones:

> —Patronio, vos sabedes que yo só grand caçador et he fecho muchas caças nuevas que nunca fizo otro omne. Et aun he fecho et annadido en los capiellos et pihuelas algunas cosas muy provechosas que nunca fueron fechas. Et agora, los que quieren

---

[4] Para el albogón véase Devoto, *Introducción* 440.

> dezir mal de mí, fablan en manera de escarnio, et quando loan al Çid Rroy Díaz o al conde Ferrant González de quantas lides vençieron o al sancto et bien aventurado rrey don Ferrando de quantas buenas conquistas fizo, loan a mí diziendo que fiz muy buen fecho porque annadí aquello en los capiellos et en las pihuelas. Et porque yo entiendo que este alabamiento más se me torna en denuesto que en alabamiento, ruégovos que me consejedes en qué manera faré por que non me escarnezcan por la buena obra que fiz.

A la innovación del orificio en el instrumento musical le seguirá el añadimiento de la mezquita cordobesa:

> La acción del rey, no comprendida por el vulgo, es precisamente una pequeñez, pero una pequeñez que refina la armonía y mejora la música. Ese "añadimiento del rey Alhaquem", aunque artístico y poético, se transforma en algo más grande e importante, no en la esfera de las armas o las leyes, sino nuevamente en el arte, en la bella mezquita de Córdoba. (Ayerbe-Chaux 123)

Habría, según Ayerbe-Chaux, una progresión en la esfera del arte: añadimiento en el "albogón" → añadimiento en la mezquita. Pero este perfeccionamiento, estudiado en el contexto de todo el relato (marco + ejemplo), pasará a formar parte de una ecuación de cuatro términos. En otras palabras, excluido el diálogo entre Lucanor y Patronio, el cuento de ese último daría lugar solamente, en la temporalidad lineal del *discurso*, a una sucesión *sintagmática* "forado" → "mezquita". Pero, a partir del marco, se establece además una correlación *paradigmática* que pondrá de manifiesto la doctrina de toda la narración:

$$\frac{\text{"capiellos"}\;\text{"pihuelas"}}{\text{"forado"}} = \frac{\text{"fechos grandes et buenos et nobles"}}{\text{"mezquita"}}$$

La oposición que se plantea desde el marco no será entre lo caballeresco y lo artístico, sino entre la pereza del rey (que "come", "fuelga" y está "viçioso") y la de Lucanor (dedicado a sus actividades cinegéticas) por un lado, y, por otro, las virtudes que los buenos monarcas y caballeros deben poseer, de acuerdo con su "estado", para acrecentar el reino y la fama, según recomienda Patronio en los consejos finales:

> Et vos, sennor conde, si tomades pesar o cuydades que vos loan por escarnesçer del annadimiento que fiziestes en los capiellos et en las pihuelas et en las otras cosas de caça que vos fiziestes, guisad de fazer algunos fechos grandes et buenos et nobles, quales pertenesçen de fazer a los grandes omnes. Et por fuerça las gentes avrán de loar los vuestros buenos fechos, assí commo loan agora por escarnio el annadimiento que feziestes en las cosas de la caça.

A ambos añadimientos se contrapondrán, respectivamente, el de la mezquita, sometiéndose a los deberes propios del gobernante —"Al contrario, emprende el 'añadimiento' de la mezquita en cumplimiento de los dos requisitos formulados al comienzo: acrecentar el reino y ganar fama en vida y en muerte" (Lida de Malkiel, "Tres notas" 110)—, y el de los "grandes fechos" y las "buenas fazannas de las buenas obras" que el conde debería emprender, de acuerdo con las obligaciones estipuladas por la ética estamental y a imitación de los modelos históricos propuestos por él mismo: el Cid, Fernán González, Fernando III.

Desde el marco, pues, hay que explicar la oposición "forado" vs "mezquita": el acabamiento de esta última no se valora desde un punto de vista estético, según el cual constituiría un progreso en la esfera del arte, sino a la luz de una doctrina de gobierno que exige de los "buenos rreyes" la realización de empresas "grandes", "buenas" y "nobles". Y a partir de esta homologación, "fechos grandes" = "mezquita", se deben (re)interpretar "forado" y "capiellos et pihuelas", que, de acuerdo con una determinada norma ético-política, se presentan como hechos ni "grandes", ni "buenos", ni "nobles", al margen y con prescindencia del valor que tales añadimientos pudieran haber tenido en el orden musical y cinegético, respectivamente.

El texto mismo, y no el crítico, propone una lectura estructural de la narración manuelina: los cuatro integrantes de la correlación no deberían estudiarse cada uno por separado (según lo haría un enfoque atomista), sino como términos de una estructura léxico-semántica que se determinan y delimitan recíprocamente, pero, adviértase bien, a partir de "fechos grandes", con que Patronio, DESDE el marco, resume (e impone) su teoría del buen gobierno.

Texto, contexto y metatexto

Todo cuanto aquí se lleva dicho confirma que un texto literario, como es ya sabido, puede dar lugar a varias lecturas divergentes; pero este hecho, tan natural que hasta parecería trivial mencionarlo, se convierte en uno de los problemas más arduos con que debe enfrentarse todo autor de obras didácticas: ¿cómo reducir el número de interpretaciones diferentes, incompatibles o simplemente erróneas e inadmisibles? Don Juan Manuel, buen conocedor de los modos tradicionales de la transmisión medieval, poseía una aguda conciencia del problema, como lo manifiesta el haber depositado una copia autorizada de su obra en el monasterio de Peñafiel:

> Et porque don Johan vio et sabe que en los libros contesçe muchos yerros en los trasladar porque las letras semejan unas a otras, cuydando por la una letra que es otra, en escreviéndolo, múdase toda la razón et por aventura confóndese; et los que después fallan aquello escripto, ponen la culpa al que fizo el libro. Et porque don Johan se reçeló desto, rruega a los que leyeren qualquier libro que fuere trasladado del que él conpuso, o de los libros que él fizo, que si fallaren alguna palabra mal puesta, que non pongan la culpa a él fasta que vean el libro mismo que don Johan fizo, que es emendado en muchos logares de su letra.[5]

Pero la variedad de lecturas obedece a otras razones también; y, en primer lugar, al carácter "diferido" y "defectivo" de la comunicación literaria, debido a la presencia de sólo dos de los seis componentes postulados por Jakobson, el *mensaje* y el *receptor:*

> De plus, il convient de garder présent à l'esprit que le texte littéraire et souvent un texte écrit. En tant que communication

---

[5] Para este pasaje del *Primer prólogo general* (53-54) véanse los comentarios de Alberto Blecua, *La transmisión* 7, y de Menéndez Pidal, "Notas" 152.

> *différée* (pas de *feed-back*, de réajustements automatiques, d'auto-régulation) il constitue donc une communication *différente* de la communication orale quotidienne et personnalisée, une communication par définition non réversible, décontextualisée, hermétique et ambiguë, et que l'on peut définir comme un carrefour d'absences et de malentendus (absence de l'émetteur et du contexte d'émission pour le récepteur, absence symétrique du récepteur et du contexte de réception pour l'émetteur, etc.). (Hamon, "Texte" 264; subrayados de Hamon)[6]

El relato didáctico, probablemente más que ningún otro, tolera mal todo equívoco que pueda comprometer la claridad de la doctrina y la utilidad de la enseñanza. Una manera, si no de eliminar completamente los malentendidos, al menos de reducirlos, consiste en crear condiciones en cierto modo similares a las del diálogo, y de allí la presencia de un *emisor* y de un *receptor* (Patronio, Lucanor), cuya interacción, si bien escrita, trata de asemejarse a una comunicación contextualizada, que aspira a la eliminación de toda ambigüedad:

> El contexto que Don Juan Manuel elige para sus historias no sólo incluye un narrador, un oyente y el planteo de una situación sino también una lectura o interpretación de cada cuento, sintetizada en los versos finales "en que se pone la sentençia del ensiemplo", y anticipada en las reflexiones de Patronio que hacen explícita la analogía entre la situación planteada por el conde y la del protagonista de la historia que se acaba de narrar. (Diz 35-36)

Antes de proseguir, y a riesgo de repetir argumentos ya aducidos en capítulos anteriores, sería necesario hacer un alto y volver al problema de las explicaciones *expresivas*. Como puede suponerse, el marco no escapó tampoco al escrutinio de quienes, con mayor o menor vigor, defienden el autobiografismo de *El Conde Lucanor,* comenzando por Giménez Soler:

> Estos recuerdos del famoso conde castellano [en los ejemplos 16 y 37] traídos al relato con relación a sí mismo y a otros que en

---

[6] Para la necesidad de la lengua escrita de crear sus propios contextos, o "entornos", véase también Coseriu, *Teoría* 320-21.

conversaciones debía mencionar motivaron seguramente que lo motejasen por sus inventos en la caza; y que por ellos lo comparasen al Cid y a Fernán González, los cuales motejamientos intentó destruir en el Exemplo XLI *De lo que contesçio a un rrey de Cordova quel dizian Alhaquem*. (203)

Y aunque Sturcken ya había prevenido contra este modo de ver las cosas:

> Some may be tempted to see behind these lines a petulant and short-tempered Juan Manuel overreacting to rumors of things said about him, or even misinterpreting remarks reaching him secondhand, but the point that he is making in this *exemplo*, that one must live a public life that places himself above all trifling criticism, overrides such contentions. (92)

ello no ha impedido que, a la zaga de Giménez Soler, otros estudiosos hayan pensado que la pareja Lucanor-Patronio sería una manifestación o "proyección" de la compleja personalidad del propio autor:

> En perfecta correspondencia con esta proyección biográfica (y como no sucedía en la *Disciplina*), la dualidad Lucanor-Patronio es una dualidad que responde en función narrativa a la individualidad de don Juan Manuel. (Antonio Prieto 390)

> Si el más conocido biógrafo de don Juan Manuel, A. Giménez Soler, pudo ver en el escritor a un hombre *contradictorio* y hasta *antagónico*, no puede sorprender demasiado la configuración literaria que este modo de ser alcanza en la dualidad y aun oposición Patronio-Lucanor. Con todo, esa posible oposición no llega a funcionar como tal, ya que la fe del conde en su ayo es tan grande como para no permitirle nunca dudar de los consejos que Patronio le da, aceptándolos y poniéndolos en obra con excelentes resultados. (Baquero Goyanes 33; subrayados de Baquero Goyanes)

Y, por lo que concierne al marco del ejemplo 41 en particular, Devoto y Orduna se inclinan también en favor de la tesis autobiográfica:

Es muy probable que sólo se trate de una precaución novelada contra el prestigio menor que sus mejoras en materia de caza –de las que se jacta en su libro pertinente– aportaban al príncipe. (*Introducción* 439-40)

Esta susceptibilidad de DJM ante el juicio de la gente y el deseo de justificarse aparecen ya en el *LCaza* ... También se preocupa de justificar el estilo llano y declarado que usa en *Lest* ... así como de haber hecho la guerra a su rey....

El enx. XLI del *Cluc* va dirigido a los que se burlan del Conde Lucanor porque perfeccionó las pihuelas y los capillos de las aves de caza; para ellos cuenta enseguida Patronio el exenplo de Al-Hakam II, mostrando cómo las grandes hazañas acallarán las voces burlonas, y la fama de la obra cumplida perpetuará el nombre del caballero. ("La autobiografía" 258)

Pero a propósito de "capiellos y pihuelas", al parecer, no se ha dicho todavía la última palabra: "Il est cependant surprenant –afirma Menjot– qu'il ne se vante pas de cette invention dans son *Libro de la Caza*, ce qui pourrait faire douter qu'il l'ait faite" (210, nota 27). Este carácter ficticio de los añadimientos de Lucanor sería paralelo al de la personalidad del Alhaquim del ejemplo, a menos que Don Juan Manuel los haya inventado con posterioridad a la redacción del *Libro de la caza* (¿1325?).

Es decir, que frente a una explicación externa y autobiográfica del marco, habría que reivindicar nuevamente la prioridad del texto y prestar mayor atención a las ineludibles exigencias a que el autor debía someterse en virtud de las convenciones del género impuestas por la tradición didáctica. Todo esto, por supuesto, no niega ni que en la época hayan abundado consejeros como Patronio, ni que la personalidad de Don Juan Manuel haya sido "contradictoria" y "antagónica", pero si se quiere dar cuenta de la organización de *El Conde Lucanor*, importará mucho más intentar, por lo menos a manera de hipótesis, una explicación del diálogo y de su función estructural a partir de la "textualidad" misma del discurso manuelino.

Para ello, una distinción muy pertinente, propuesta por Hamon, entre *texto, contexto* y *metatexto*, puede servir como primer paso para dilucidar finalmente el *sentido* del ejemplo 41:

> De plus, en tant que texte fixé (par la philologie) et reproductible (dans les limites prévues par la loi) il n'est pas réajustable (à la différence du mythe), et touche un public parfois diffus (non totalement prévisible) et hétérogène. Ces deux facteurs (public hétérogène, et communication différée) imposent donc sans doute au texte écrit, plus qu'à d'autres, d'avoir à assurer un "minimum de lisibilité" (même si la lisibilité n'est pas le but unique et prioritaire de l'émetteur) en palliant son ambigüité fondamentale par un surcodage compensatoire, en incorporant au message même une série de signaux, de structures équationnelles ou relationnelles, de procédés ou d'opérateurs stylistiques désambiguïsants de nature diverse, bref en construisant de concert texte, contexte et métatexte, en combinant glose sur soi (mode autonyme) et glose sur le code de la langue (mode métalinguistique). (Hamon, "Texte" 264-65)

Desde este ángulo, podría decirse que una de las misiones del marco es la de proveer al *texto* del ejemplo de su correspondiente *contexto* —y no de servir simplemente como exteriorización del "complejo" carácter de Don Juan Manuel.

La conducta de Alhaquim, negación de las cualidades que se reputaban indispensables en un buen príncipe, se juzga según una norma ético-política de la que se hacen eco los personajes del ejemplo, a través de sus críticas al califa:

> Et como quier que aquello era bien fecho para en aquella cosa, porque no era tan grand fecho commo convinía de fazer a rrey, las gentes, en manera de escarnio, començaron a loar aquel fecho et dizían quando loavan a alguno: "V. a. he de ziat Alhaquim", que quiere dezir: "Este es el annadimiento del rrey Alhaquim".

censuras que provocan una transformación en el obrar del monarca ("... puso en su coraçón de fazer otro annadimiento de que por fuerça oviessen las gentes a loar el su fecho."), que lo llevará a completar la mezquita cordobesa ("... annadió en ella aquel rrey toda la labor que ý menguava et acabóla."), haciendo que los denuestos se conviertan en alabanza: "Et fue después muy loado. Et el loamiento que fasta estonçe le fazían escarniçiéndolo fincó después por loor".

Pero lo que tales vituperios expresaban de un modo más o menos implícito, será doctrina más claramente formulada por Patronio al comienzo de su relato. Obsérvese cómo sus palabras van encauzando la exposición según pautas nítidas y rigurosas, articuladas en torno de la oposición básica "reyes" vs "buenos reyes" y de las distinciones a que ella da origen:

> –Sennor conde –dixo Patronio–, en Córdova ovo un rrey que avía nonbre Alhaquim.

Como quier que MANTENÍA assaz bien su rreyno,	non se trabajava de fazer otra COSA ONRRADA nin de GRAND FAMA de las que suelen et deven fazer los BUENOS RREYES,
ca non tan solamente son los RREYES tenudos de GUARDAR sus rreynos,	mas los que BUENOS quieren seer, conviene que tales obras fagan por que con derecho ACRESÇIENTEN sus rreynos et fagan en guisa que en su vida sean MUY LOADOS de las gentes, et después de su muerte finquen BUENAS FAZANNAS de las BUENAS OBRAS que ellos ovieren fechas.
Et este REY non se trabajava desto, sinon de COMER et FOLGAR et estar en su casa VIÇIOSO.[7]	

La división del texto en dos columnas permite ver cómo el significado de los *lexemas* viene impuesto por el contexto: "mantener" y "guardar" el reino no son suficientes, hay que "acresçentarlo"; "comer", "folgar" y estar "viçioso" no constituyen ni "cosa onrrada" y de "grand fama" ni "buenas obras" por las que Alhaquim merezca ser "muy loado" en vida y recordado por sus "buenas fazannas" después de la muerte.

---

[7] Como en ocasiones anteriores, el texto manuelino es susceptible de dos lecturas: la "horizontal" corresponde al desarrollo *sintagmático* del *discurso;* la "vertical" permite ver las oposiciones *paradigmáticas* entre "rreyes" y "buenos rreyes"; se han subrayado los *lexemas* más pertinentes para comprender cómo el vocabulario se estructura en esos dos *campos léxicos*. "Patronio comienza su relato pintando al rey holgazán y trazando de rechazo las obligaciones caballerescas de un buen rey" (Lida de Malkiel, *La Idea* 217).

Como ya se señaló, este tipo de explicación estructural proviene del texto mismo, y no sólo en este pasaje, sino también en otro ya citado: el agregarle un "forado" "era bien fecho" para el instrumento considerado en sí mismo, pero los súbditos y Patronio, dejando de lado una valoración "atomista" del añadimiento ("para en aquella cosa"), lo han de juzgar en el contexto de una teoría de los deberes propios de un buen gobernante: "non era tan grand fecho commo convinía de fazer a rrey".

Pero además del *contexto*, se puede apreciar en las palabras de Patronio cómo el discurso manuelino acude a un segundo procedimiento de desambiguación, el *metatexto (mode metalinguistique)*, equiparable a la función que Jakobson había denominado *metalingüística:*

> Whenever the addresser and/or the addressee need to check up whether they use the same code, speech is focused upon the CODE and thus performs a METALINGUAL (or glossing) function. ... Then, by replacing the questionable sign ["buenos rreyes"] with another sign or a whole group of signs from the same or another linguistic code, the encoder [Patronio] of the message [ejemplo] seeks to make it more accessible to the decoder [Lucanor, lector]. ("Metalanguage" 86; véase también "Closing" 356)

La definición de "buen rrey", por medio de otros signos pertenecientes al mismo sistema, puede desencadenar un proceso de "semiosis ilimitada", en virtud de la cual cada uno de los *lexemas* ("acresçienten", "loados", "fazannas", etc.) daría lugar a sucesivas definiciones, y éstas a otras más, y así sin detenerse, en una regresión indefinida.[8] Piénsese que la narración en su totalidad, *contexto*-marco + *metatexto*-función metalingüística + *texto*-ejemplo, puede, a su vez, considerarse globalmente como un *texto* que será leído a la luz de otros *contextos* —el público imprevisible y heterogéneo de Hamon: los lectores "reales" de *El Conde Lucanor*, como Azorín— e interpretado, o "decodificado", según otros *metatextos* —las definiciones de "buen rey", "acresçienten", etc. de esos mismos *receptores*. Se inauguraría así una serie abierta y teóricamente interminable, porque la *semiosis*, en verdad, es ilimitada.

---

[8] Para el problema de la *unlimited semiosis* (o *infinite semantic recursivity*, o *infinite regression*) véase Eco, *A Theory* 68-72.

La única manera de impedir este continuo desplazamiento de los significados y de asegurar el "mínimo de legibilidad" a que se refiere el crítico francés parecería consistir en un gesto autoritario del narrador que se anticipe a las posibles definiciones de "buen rrey" que el conde pudiera ya tener (¿por qué, por ejemplo, a un "buen rrey" no le basta con mantener "assaz bien su rreyno"?) y defina, imperativamente, los términos según los cuales ha de juzgarse la vida del califa y los deberes caballerescos de monarcas como Alhaquim y "defensores" como Lucanor: "La relación de Patronio y Lucanor, como la de padre e hijo o la de maestro y discípulo, se funda en nociones de autoridad y de poder" (Diz 28). Patronio actúa como un "interpretante", de acuerdo con la semiótica de Peirce, que Diz tiene en cuenta para describir la relación entre el consejero y el noble:

> Patronio es un hombre-relato, agotado en el acto de producir historias; y es por eso, también, un hombre-interpretante, cuya identidad reside en su incesante actividad de traducción, de producción de significados. Porque leer esos signos —sean los de los libros "sotiles" o los de la realidad— es proponer una interpretación cuyo sentido se hace visible en la superficie de una "semejança" especular. (14)

El hecho de que al ayo le esté reservada esta función se deriva de las relaciones entre los tres planos deslindados por Hamon: el *metatexto* (definición de "buen rrey") "fija" el *sentido* del *texto* (ejemplo) DESDE el *contexto* (marco): dicha definición, en efecto, no procede de un personaje del cuento sino del relator, que, por definición, se sitúa en un nivel narrativo jerárquicamente superior, según el principio de Rimmon-Kenan: "Narration is always at a higher narrative level than the story it narrates" (*Narrative* 92).

Todo lo cual, en conclusión, prueba, una vez más, que el marco, lejos de ser accesorio, periférico, marginal, lateral, en una palabra: prescindible, constituye, por el contrario, la condición, posibilidad y fundamento mismo de la narración de Patronio. La misión de ese marco es la de "cerrar" el *texto* hasta donde ello sea posible; la de la *función metalingüística*, inmovilizar la incesante e inquietante profusión de los significados y "fijar" el *sentido*, que, como ya se ha visto en capítulos anteriores, se manifiesta "a través" y "más allá" de la *designación* de la realidad histórica (aquí distorsionada, justamente, por imperativos de ese *sentido*) y de las oposiciones y correlaciones *paradigmáticas* de la *significación:* "capiellos" y "pihuelas" = "forado" vs "fechos grandes" = "mezquita".

Y en apoyo de todas estas consideraciones podría citarse por extenso a Burke, para quien la "estructura subyacente" del cuento se halla en el marco:

> The framed structure of a work such as the *Conde Lucanor* reflects this non-linear, non sequential conception of reality very well. But it is necessary to understand that there the frame is much more than the simple situation, the conversation between Lucanor and Patronio, which allows the stories to take place. The frame is ultimately the *raison d'être* for the composition of the work in the first instance –the meaning which the author both intentionally, and to some degree unintentionally, wished to convey. Once this frame is perceived, the modern reader should bear in mind as he proceeds through the *exempla* that this frame is always present. There is the meaning of the story at hand. There is also simultaneously the implication of the framing meaning and situation. (264)

Este *sentido* del ejemplo 41 es el mismo del 37; como allí, el texto manuelino se encara con un problema (*el* problema) esencial en la ética de *El Conde Lucanor:* ¿cómo guardar el "estado"? Y, al igual que en el relato de Fernán González, en el de Alhaquim el consejero va más allá de las admoniciones didácticas y de las generalidades, para plantear la cuestión en sus términos más precisos: entre la *otiositas* del conde (= rey de Córdoba) (ser "grand caçador") y el cumplimiento de sus deberes: "guisad de fazer algunos fechos grandes et buenos et nobles, quales pertenesçen de fazer a los grandes omnes". A la pereza se le opone el "esfuerço", encarnado ejemplarmente por el Cid, Fernán González y Fernando III, cuyas "buenas fazannas" gozaban, ciertamente, de una estima muy superior al añadimiento de "algunas cosas muy provechosas que nunca fueron fechas" de Lucanor.[9]

---

[9] Las palabras del consejero plantean dos problemas más, que aquí sólo cabe apuntar: la ejemplaridad de la historia: Don Juan Manuel "se sintió atraído por la nueva concepción histórica de la 'Historia menos atajante' del 'Seguimiento del Toledano', con su énfasis en la importancia ejemplar de ciertos hechos y razones particulares, a través de los cuales unos individuos –naturalmente, ricos hombres

El "marco" como metáfora

El examen aquí intentado de las interpretaciones del ejemplo 41 se ha basado en un rechazo del concepto de "marco", tal como se lo suele emplear en los estudios "tradicionales" sobre *El Conde Lucanor*. Por descuidar el diálogo entre el noble y su ayo, Lida de Malkiel, Macpherson y Ayerbe-Chaux proponen interpretaciones incompletas y, si se extrema el rigor, en algún caso equivocadas. Convendría concluir ahora con algunas observaciones a propósito de la noción de "marco", que el análisis de este capítulo podría respaldar y corroborar.

La palabra y el concepto provienen, sin duda, del dominio pictórico. Si se releyera la *Meditación del marco* de Ortega y Gasset, se encontrarían algunos planteamientos cuya curiosa semejanza con los de la crítica manuelina no estaría de más estudiar y ciertos problemas no resueltos por el filósofo español e idénticos a los que años después se hallarán en los trabajos sobre la obra de Don Juan Manuel.

En primer lugar, una ambivalencia a la que Ortega no pudo sustraerse, repetida luego por los estudiosos de *El Conde Lucanor*: después de afirmar que la relación entre marco y cuadro "es esencial y no fortuita" (= "unidad estructural" entre diálogo y ejemplo) sostendrá, una página más tarde, que "el marco no atrae sobre sí la mirada" (como sucede en tantos análisis del libro manuelino) y que sólo se lo ve en casa del ebanista, sin cuadro, justamente cuando no ejerce su función (309 y 310).

El marco, afirma Ortega, es un "aislador" entre la irrealidad del cuadro y la realidad externa: sirve, pues, ya de "frontera" (y en esto es comparable a una "ventana"), ya de "trampolín" a la "isla estética", la pintura (311). Y a esta dualidad "interior-irrealidad/exterior-realidad" también han pagado tributo los críticos de Don Juan Manuel:

---

o infanzones– establecen normas de conducta modélicas. La transformación de algunos sucesos similares a los contados en el 'Seguimiento del Toledano' (y en que intervienen los mismos personajes) en 'exemplos' del *Libro de Patronio* no nos deja lugar para dudarlo" (Catalán 50); la naturaleza y función de la caza en la obra manuelina: para este problema véase luego el capítulo octavo, nota 13.

> Se dunque dividiamo l'esempio [1] in parte narrativa e parte didattica notiamo che la prima non rimane rigorosamente limitata in se stessa, perché i suoi termini si riproducono, più indeterminati, all'ESTERNO, nella accenata vicenda personale del conte Lucanor che dà occasione al racconto. Identicamente la parte didattica si rifrange in tre momenti. Uno, quello del *privado* e del *sabio cativo* è del tutto INTERNO al racconto, il secondo, quello di Patronio e del conte, è ESTERNO al racconto ma ancora INTERNO all'*enxiemplo* e ripetendosi due volte lo apre e lo chiude, il terzo, quello di don Johan, affiora solo alla fine ed è addirittura ESTERNO all'esempio vero e proprio, secondo la ben nota tendenza, caratteristicamente spagnola, a fare interferire il piano dell'autore con quello dell'opera. (Várvaro 189)

> La relación *interior/exterior* organiza también, aunque de manera más compleja, los espacios narrativos del libro primero del *Conde Lucanor*. El diálogo entre Lucanor y Patronio, que motiva la narración de las historias, es formalmente espacio exterior, el marco dentro del cual se insertan los relatos. Al mismo tiempo, Patronio y Lucanor dibujan con sus palabras una dimensión –interior con respecto a las historias– sobre la que los planteos de Lucanor proporcionan indicios significativos. (Diz 21)

El problema fundamental radica en la naturaleza metafórica de todos estos términos: *marco, frame, cornice, cadre;* pasarla por alto lleva a desconocer las consecuencias metodológicas que de ello se derivan. A propósito de otra metáfora, la de "estructura", sostiene Derrida:

> Cette géométrie n'est que métaphorique, dira-t-on. Certes. Mais la métaphore n'est jamais innocente. Elle oriente la recherche et fixe les résultats. Quand le modèle spatial est découvert, quand il fonctionne, la réflexion critique se repose en lui. En fait et même si elle ne l'avoue pas. ("Force" 30)

Como afirma Coseriu, "también las metáforas tienen su porqué y reflejan una determinada ideología" (*Lecciones* 48), y lo mismo cabría decir del marco. Este modelo, también espacial ("interno/externo", "interior/exterior"), ha funcionado, al parecer, sin mayores inconvenientes y la crítica, sin haberlo cuestionado con el rigor y la frecuencia necesaria, "se repose en lui", incluso cuando no lo "confiesa", contenta con los "resultados" obtenidos. De allí que, para comprender mejor las interpretaciones del ejemplo 41 y las limitaciones de que adolecen, sería preciso detenerse en el análisis del (meta)lenguage cirítico y examinar, antes que nada, en qué medida la naturaleza en última instancia retórica del concepto ha "orientado" también las investigaciones manuelinas. Dicho de otro modo, habría que averiguar hasta qué punto los resultados dependen, en definitiva, de una metáfora.[10] Y es que, aunque la metáfora sea un "elemento inseparable de todo discurso", como sostiene Abrams, no por ello debería descuidarse el poder a veces excesivo que ejerce sobre la teoría que la emplea:

> While many expository analogues, as conventional opinion proposes, are casual and illustrative, some few seem recurrent and, not illustrative, but *constitutive:* they yield the ground plan and essential structural elements of a literary theory, or of any theory. By the same token, they select and mold those "facts" which a theory comprehends. For facts are *facta,* things made as much as things found, and made in part by the analogies through which we look at the world as through a lens. (31; subrayados de Abrams)

Como se ha repetido tantas veces, el diálogo entre Patronio y Lucanor constituye la situación "externa" que dará ocasión a la narración del ejemplo, "eje" o "núcleo" de todo el *discurso* y única parte dotada de "valor literario"; el marco, por situarse en la "periferia", por servir de "aislador", de "frontera", de "trampolín" o de "bisagra", está condenado, silenciosa pero inexorablemente, a una condición de marginalidad o lateralidad que acaba por tornarlo en prescindible y hasta superfluo. A propósito de la estructura del *exemplum* en Jacques de Vitry, Bremond distingue dos partes: "un noyau central, de type narratif, qui relate le plus souvent un événement singulier, l'aventure arrivée un jour à quelqu'un.", y "à la périphérie, c'est-à-dire avant ou après l'anecdote, introductif ou conclusif, un texte normatif que nous désignerons comme la *leçon* de l'anecdote" (*L'"exemplum"* 113). La mayoría de los críticos de *El Conde Lucanor* postula la misma separación entre "núcleo central" y "periferia" y procede a la inversa del lector medieval:

---

[10] Para la problemática del marco según Derrida véase "Le parergon" y la discusión en Culler, *On Deconstruction* 192-99.

> Es lícito distinguir las obras de doctrina moral, en que el *ejemplo* no es más que una gala retórica, de los libros que otorgan al cuento el lugar central. D. Juan Manuel, en el prólogo del *Libro de Patronio* se integra en la primera categoría: "Et porque cada omne aprende mejor aquello de que más se paga ...". El lector moderno, por su parte, repara pocas veces en los prólogos, en la didáctica, en las sentencias morales, en ese minucioso edificio de cinco partes. Recuerda, en cambio, las historietas y cuentos, por su variedad, su gracia y asimismo porque viven, latentes, en nuestro patrimonio cultural. (Darbord 51)

Ya dijo Ortega que, una vez quitado el marco, desaparece el límite entre la realidad y la irrealidad: despojada de su marco, la ficción de Alhaquim se referiría directamente, y deformándola, a una situación extralingüística, histórica; pero desde el marco que le sirve de *contexto*, con esa ficción se plantea y se resuelve un problema doctrinal: ese diálogo, no el ejemplo de Patronio, es el *locus del sentido* de todo el relato. Pero a esta conclusión sólo podrá llegarse si se presta atención al consejo de Culler: "to postpone as long as possible the moment of reference, the rush from words to world, and to concentrate on patterns of relation within texts and between them" ("Issues" 12).

La crítica que, a falta de mejor denominación, se suele llamar "tradicional" no ha prestado a la relación entre marco y ejemplo la debida atención, es decir, lo más a menudo no ha ido más allá de las afirmaciones generales y programáticas, del tipo: "Juan Manuel's *Conde Lucanor* must be approached as much through the form and structure of the narrative and the relationship of frame to *exempla* as through the social, psychological, or moral implications of the wise words of Patronio" (Sturm, "*El Conde*" 168). En ese aspecto, los análisis de Diz de los ejemplos 4, 7 y 20 son contribuciones valiosas e indispensables para comprender los procesos y convenciones que hacen posible y determinan el *sentido* de esos relatos (40 y 83-99).

Lo propio de una crítica semiótica es el examen de tales procesos, pero, contra lo que sugeriría Culler, ella no es un fin en sí mismo, sino el primer paso, preliminar e indispensable, de una interpretación rigurosa, fundada en el texto mismo, en este caso, en la unidad indisoluble entre marco y ejemplo.

En conclusión: de marginal y periférico, el marco se convertiría, para decirlo con las metáforas que designan al cuento de Patronio, en el "núcleo" y "eje" de todo el relato. La función del marco-"centro" es la de operar el "cierre" semántico: *closure, clôture*. En una estructura finita (señala Derrida) se produce un juego (*jeu*) infinito de significaciones ("La structure" 423; véase Romera Castillo 39); al centro-"marco" le corresponde contrarrestar esa fuerza centrífuga, detener ese "juego", "centrar" el relato en torno de una idea directriz:

> Rolf Soellner has pointed out that the English word frame did not acquire its modern meaning of a border case in which something is set until fairly late. Previously the word meant an underlying structure that shaped an idea or object and was thus a concept which reflect the Aristotelian notion, propagated by medieval scholasticism, that reality is matter given form and configuration by a spiritual design. (Burke 264)[11]

Se trata, en una palabra, de evitar la dispersión semántica, de controlar la interpretación y de imponer, en la medida de lo posible, una sola lectura "correcta": el relato ejemplar rechaza, por incompatible con su naturaleza y función, la indeterminación del *sentido*, que los versos finales se encargarán de repetir:

> Si algún bien fizieres
> que tan grande non fuere,
> faz grande si pudieres
> ca el bien nunca muere.[12]

---

[11] Para la "radical apertura" del *Libro de buen amor*, véase Bandera, quien sostiene que esta obra suscita "un sistema abierto de significaciones" que carece de "un fundamento definitivo", de un "punto de referencia' (56), de un "centro fijo" (60).

[12] Para las variantes textuales véase Alberto Blecua, *La transmisión* 84.

CAPÍTULO V

ÉTICA ESTAMENTAL Y REELABORACIÓN DE LAS FUENTES: EJEMPLO 23

El estudio del relato de Alhaquim permitió verificar el principio, varias veces invocado en lo que va de este libro, de que los significados de la narración manuelina se irradian a partir de un "centro" semántico situado en el diálogo entre el noble y su consejero. La lectura del ejemplo 23, "De lo que faze la formiga para su mantenimiento", lo ha de confirmar nuevamente, pero este capítulo se propondrá precisar no sólo de qué modo el cuento del ayo se estructura a partir de ese coloquio, sino también cómo desde el planteo inicial de Lucanor y los consejos de Patronio se opera la recepción de sus precedentes ciertos y probables y cómo se los transforma para adaptarlos a las exigencias impuestas por ese *sentido* previo, según el postulado "en el principio la *sententia*", propuesto en el primer capítulo.

Aunque en algún caso se haya afirmado una disociación entre narración y moraleja final,[1] el examen del ejemplo 23 corroborará la siguiente aserción de Burke, y que este capítulo no hará sino desarrollar:

> Thus the frame, which carries these meanings, in the basic sense of the term framing, encloses and demarks the *exempla* of

---

[1] A propósito del ejemplo 4, Lida de Malkiel opinó que cuento y refrán "no guardan asociación interna" y que la enseñanza "se compendia por mero azar en un refrán que existe previamente con total independencia del relato" ("Tres notas" 105). Para un parecer opuesto véanse Devoto: "el ejemplo y su moraleja se corresponden exactamente" (*Introducción* 369), y especialmente Diz, quien resuelve satisfactoriamente la aparente contradicción (40).

the work. It also is present in the individual *exemplum* as a factor which informs its meaning and links it to those elements which control the overall significance of the book. (Burke 272)

Pero en esta oportunidad, el análisis de la organización sincrónica marco → ejemplo se complementará con el estudio de la tradición diacrónica: marco → ejemplo → fuentes. Las flechas indican la dirección a seguir: la fábula no se explicará aquí a partir de sus predecesores, sino, a la inversa, el marco permitirá comprender, primero, la disposición interna del cuento mismo y, segundo, las reelaboraciones a que se someten los textos paralelos.

¿IMPERFECCIÓN FORMAL?

Cuando Ayerbe-Chaux lo compara con la *Historia Natural* de Plinio comprueba "una vez más la libertad e independencia con que Don Juan Manuel trabaja su fuente" (54). Por su parte, Diz, además de mostrar en forma más detenida cómo se reescribe el pasaje correspondiente de Plinio, emprenderá la lectura del ejemplo no sólo desde el autor latino, sino teniendo en cuenta, asimismo, el diálogo que lo encuadra. Su análisis constituye una valiosa contribución para la comprensión de esta fábula, especialmente, pero no sólo, por llamar la atención sobre algunos aspectos del pensamiento de Don Juan Manuel, indispensables para entender el *sentido* de su relato: el "estatismo que caracteriza la concepción de Don Juan Manuel con respecto al orden del mundo y de la sociedad humana", "la equivalencia entre espacio natural o propio, identidad y estado", el puesto de la nobleza en el orbe medieval y sus relaciones con los otros estamentos, etc.[2]

Junto a tales afirmaciones, se encuentran otras igualmente aprovechables, incluso desde una perspectiva diferente como la del presente capítulo, y también ciertas puntualizaciones con las que cabría disentir. En efecto, en cuanto a la estructuración del ejemplo, Diz suscita agudamente varias cuestiones que quizás po-

---

[2] "El espacio vital: el caso de las hormigas trabajadoras" (Diz 111-20); las citas corresponden a las páginas 111, 118 y 120.

drían resolverse más satisfactoriamente con un enfoque distinto del suyo.

Ha visto con toda claridad el tenor del planteo formulado por el noble y lo apropiada que constituye la elección de las hormigas como modelo de conducta a imitar, y, una vez frente al ejemplo, advierte:

> sólo un tercio del relato de las hormigas guarda relación con el planteo que Lucanor le ha hecho a Patronio y con el mensaje de los versos finales. Patronio establece la analogía entre la situación del conde y las hormigas trabajadoras y aconseja a Lucanor que las imite. Lo que corresponde estrictamente a este consejo ocupa las seis primeras y las siete últimas del texto, donde el consejero alaba el trabajo incesante de las hormigas. (112)[3]

Desde la línea 23 hasta la 45 Patronio se entrega a una "elucubración científica" –según diría Ayerbe-Chaux (55)– que nada, o muy poco, tendría que ver con el asunto tratado. Existiría, pues, un doble desequilibrio, entre el marco y el ejemplo, y aun dentro de éste mismo. ¿Por qué Patronio, cuyas dotes narrativas tanto se pondera, habría de perder aquí la "dirección" y el "control de lo narrado"? ¿Por qué, como sostiene Diz, tendría que demorarse en un rasgo de la conducta de las hormigas cuya explicación va a refutar y reemplazar luego por otra? (113).

Que probablemente no se trate de una imperfección lo probarían las palabras con que Patronio introduce y cierra su relato (líneas 17-22 y 53-67) y muy en especial la afirmación de que la hormiga "á tal entendimiento et faze tanto por se mantener" (líneas 54-55), donde encomia sus principales cualidades: su amor al trabajo y su inteligencia que les permite anticiparse a la amenaza representada por el crecimiento de las semillas.

Toda la narración no haría otra cosa que desarrollar ambas ideas, incluso en aquella parte (líneas 23-45) que, a primera vista, constituiría una digresión innecesaria, tanto más censurable por

---

[3] Las seis primeras líneas de la edición de Blecua (Madrid: Castalia, 1971), empleada por Diz, corresponden a las líneas 17-22 de la de Ayerbe-Chaux; las siete últimas, a las 45-52. En adelante, los números enviarán a esta segunda edición.

ocupar "el mayor sector de espacio textual y el centro del relato en posición y en interés" (Diz 113). Así, la primera interpretación del proceder de las hormigas (líneas 23-32) "no tiene sentido", como ya observó Diz; y no lo tiene, no tanto porque podría ir en contra de los datos de lo real (según una actitud "científica", la de Plinio, que Don Juan Manuel, de todos modos, no compartía), sino más bien porque, considerada en el *contexto* que le provee el marco, se encontraría en evidente oposición al "entendimiento" superior que Patronio comienza por reconocerles. Porque, en efecto, ¿cómo sería posible que seres dotados de sabiduría y previsión habrían de condenarse voluntaria e inútilmente a la "luenga lavor" de sacar los granos para enjugarlos después de cada lluvia, y por añadidura en invierno, cuando "non faze tantas vegadas sol que lo pudiessen enxugar"?

Se trataría de una digresión aparente, cuya función y pertinencia sólo podrán apreciarse en el conjunto de la fábula y cuyo objeto será el de confirmar, por medio del absurdo, el discernimiento de las hormigas, sobre el que precisamente se va a insistir inmediatamente después. Y, por las mismas razones, esta segunda sección del relato (líneas 33-45) tampoco sería superflua, por elogiarse allí, con prolija redundancia, además del "entendimiento", el apego y afición que ellas sienten por sus faenas.

Reléase de nuevo todo el texto y se verá que éste forma una expansión de dichas cualidades que el conde deberá tratar de imitar. Como en los textos examinados en los capítulos anteriores, el cuento de Patronio no se estructurará a partir de la *designación* de la realidad, más o menos controvertida desde un punto de vista "científico", sino de la distribución de los *lexemas* en dos *campos léxicos*, representados por los *archilexemas* "entendimiento" y "trabajo".[4]

Una vez más, la lectura "vertical" permite ver cómo ambos *paradigmas* léxicos se van manifestando a través del desenvolvimiento lineal, *sintagmático*, del *discurso*. En primer lugar, Patronio comienza por refutar la afirmación popular de que el propósito de sacar el grano obedece a la necesidad de secarlo, lo cual sería manifiestamente incompatible con la naturaleza sapiente de las

---

[4] Al copiarse el ejemplo se sigue la numeración de Ayerbe-Chaux y, para facilitar igualmente la lectura, se subrayan los *lexemas* y sintagmas que actualizan más directamente los contenidos *sémicos* de los *archilexemas* respectivos.

ENTENDIMIENTO

—Sennor conde Lucanor, ya vos vedes quán pequenna cosa
es la formiga, et según rrazón, devía aver APERCEBIMIENTO,

Et la primera agua que viene, sácanlo fuera; et las gentes
dizen que lo sacan a enxugar et non saben lo / que dizen, ca
non es assí la verdat; ca bien sabedes vos que quando las
formigas sacan la primera vez el pan fuera de sus formigueros,
que entosçe es la primera agua et comiença el invierno, et pues
si ellas, cada que lloviesse, oviessen de sacar el pan para lo
enxugar, LUEN / GA LAVOR ternían, et demás que non podrían
aver sol para lo enxugar, ca EN EL INVIERNO NON FAZE TANTAS
VEGADAS SOL QUE LO PUDIESSEN ENXUGAR.

Et desque lo tienen ya en salvo, CUYDAN QUE TIENEN YA
RRECABDO para su vida para esse anno. Et quando viene la
lluvia et se moja el pan, comiença de nasçer; et ellas VEEN que
si el pan nasçe en los for / migueros, que en lugar de se
governar dello, quel su pan mismo las mataría, et serían ellas
ocasión de su danno. Et estonçe sácanlo fuera et COMEN AQUEL
CORAÇÓN que á en cada grano de que sale la simiente, et
DEXAN TODO EL GRANO ENTERO. Et después, por lluvia que
faga, / non puede nasçer, et goviérnanse dél todo el anno.

Et esto fazen RRESÇELANDO que les cunplirá aquello que tienen;

TRABAJO

pero fallaredes que CADA ANNO, al / tienpo que los omnes
cogen el pan, salen ellas de sus formigueros et van a las eras
et TRAEN QUANTO PAN PUEDEN para su mantenimiento, et
métenlo en sus casas.

Mas la verdat por que ellas lo sacan la primera vez que llueve
es ésta: ellas METEN QUANTO PAN PUEDEN AVER / en sus casas,
et non catan por él, sinon por TRAER QUANTO PUEDEN.

Et aún fallaredes que, MAGUER QUE TENGAN QUANTO PAN LES
CUNPLE, que cada que buen tienpo faze, NON DEXAN DE
ACARREAR quales quier ervezuelas que fallen.

et / mientre an tienpo, NON QUIEREN ESTAR DE VALDE NIN
PERDER EL TIENPO QUE DIOS LES DA, pues se pueden APROVE-
CHAR dél.

hormigas; en segundo término, encarece la capacidad de adelantarse a los riesgos inminentes y el empleo de una técnica muy eficaz para su prevención: atacar el peligro frontalmente, en su origen mismo, el corazón de los granos, pero dejándolos intactos para poder alimentarse de ellos.

Por lo que se refiere a su laboriosidad, ésta se describe según varias modalidades: la asiduidad y continuidad de sus ocupaciones, el desdén de toda ociosidad y el esfuerzo persistente y sin interrupciones, el no considerarse nunca bien abastecidas, la acumulación de todo el grano que les sea posible. Esta cohesión interna del texto desmentiría los defectos formales que le atribuye Diz y, además, dejaría a salvo la capacidad narrativa de Patronio y esa pericia suya en el dominio del relato: el ayo, también en el ejemplo 23, se muestra como "un narrador que sabe muy bien de dónde parte y hacia dónde quiere dirigir su historia" (Diz 113).

Los bestiarios

Hasta ahora no hay razones para dudar de que el ejemplo de las hormigas provenga "casi con toda seguridad" –dice Ayerbe-Chaux (54)– de la *Historia Natural,* probablemente a través de fuentes árabes y judías, según piensa Devoto (*Introducción* 408-09).[5] Y, en efecto, varios paralelos con el relato de Patronio confirman tal filiación: su pequeñez ("ac si quis conparet onera corporibus earum, fateatur nullis portione vires esse maiores"), su capacidad de previsión ("et his reipublicae ratio, memoria, cura"), su industriosidad ("iam in opere qui labor, quae sedulitas!").[6] Pero también el cuento manuelino introduce ciertas transformaciones, según puede verse gracias al análisis de Diz, quien, al cotejar ambos textos, comprueba que de los tres rasgos de Plinio (roer las semillas para impedir su germinación, dividir los granos más grandes para meterlos en el hormiguero, y sacar las semillas

---

[5] "Keller, y tras él Thompson, catalogan dos veces el motivo central de este ejemplo (J. 711. 5, el hecho de guardar seco el grano; y Q. 86. 1, la recompensa de tal procedimiento, que es tener comida durante el invierno). El motivo remonta, en último término (y quizás a través de fuentes judías y árabes) ... a Plinio..." (Devoto, *Introducción* 408-09).

[6] Pliny 499-500; traducción en Ayerbe-Chaux 271.

mojadas para enjugarlas) el ejemplo de Patronio suprime el segundo e invierte el orden de los otros dos: "las hormigas sacan el grano *no* para secarlo porque está mojado *sino* para roer las semillas que, de lo contrario, seguirían creciendo y acabarían por matarlas" (Diz 114; subrayados de Diz).

De la *Historia Natural,* y quizás también de los eslabones intermedios que se habrían interpuesto entre ella y *El Conde Lucanor,* provendría este afán de observación "científica", que lleva a Patronio a examinar críticamente la creencia más divulgada, para refutarla primero, apoyándose en datos igualmente empíricos (frecuencia de las lluvias y pocos días de sol durante el invierno), y reemplazarla luego por otra más conforme con lo que cree ser la realidad de los hechos.

Pero de Plinio, ciertamente, no derivaría la "moralización", y esta circunstancia sugiere volver la mirada hacia otros textos en busca de una posible explicación. Entre los estudiosos del ejemplo 23 no parece haberse investigado la posibilidad de que Don Juan Manuel se sirviera de otras fuentes escritas u orales, y por este motivo lo que ha de afirmarse en las páginas siguientes poseerá un carácter hipotético y los antecedentes que van a proponerse se ofrecerán al examen de la crítica a título de conjeturas sujetas a revisión.

Podría empezarse por un detalle del relato de Patronio que merece cierta atención aunque a primera vista parezca (o lo sea) insignificante: ya se ha visto que las hormigas, al igual que en el texto de Plinio, comen el corazón de los granos, procedimiento que en parte coincide también con el del *Physiologus* medieval: en las versiones latinas más difundidas, las hormigas impiden la germinación ocasionada por las lluvias del invierno, aunque no royendo los granos, sino dividiéndolos en dos, técnica que, según la *Historia Natural,* se empleaba con muy otros fines, permitir la introducción de los más grandes en el hormiguero. En las páginas siguientes se agrupan los textos pertinentes para facilitar su comparación (*Physiologus* B 22-25; *Physiologus* Y 112-13 [= *El Fisiólogo* 51-52]; *Theobaldi* 40-43; *The Medieval Castilian* 52).[7]

---

[7] Entre otros estudios véanse los de McCulloch 81-84; Henkel 190-91 y la introducción de Guglielmi a la edición en español (7-37).

Ejemplo 23	sácanlo fuera; et las gentes dizen que lo sacan a enxugar et non saben lo que dizen, ca no es assí la verdat.		
	Et estonçe sácanlo fuera et →	comen aquel coraçón que á en cada grano de que sale la simiente, et dexan todo el grano entero.	Et después, por lluvia que faga, non puede nasçer, et goviérnanse del todo el anno.
Historia Natural	madefacta imbre proferunt atque siccant. (sacan a secar los que se han empapado con la lluvia)	semina adrosa condunt → (roen cada grano antes de meterlo en el hormiguero)	ne rursus in frugem exeant e terra, (por miedo de que eche tallo bajo tierra)
Physiologus Latinus B	maiora ad introitum diuidunt, (también dividen aquellos granos que son demasiado grandes a la entrada de sus agujeros)		
	quando recondit grana in spelunca sua, diuidit illa per medium,	↑	ne hieme madefacta semina illata infundat.

Physiologus Latinus Y	quando recondit grana in cubili suo, diuidit ea in duo, (cuando esconde los granos en su madriguera, los parte en dos,)	→ ne forte hiemps conprehendat ea, et infundente pluvia germinent grana, et fame pereat. (no sea que, llegado el invierno y cayendo la lluvia, germinen los granos y perezca ella de hambre)
Theobaldus	Granum, quod legit, prudens formica biperti:	→ Sed ne de pluviis aspersum germinet udis / aut ea ne pereat, esse quod hinc nequeat,
Tesoro	parten los granos por medio,	→ por que non puedan nasçer con la humidat del invierno.

Pueden observarse asimismo otras dos concordancias entre el ejemplo y los bestiarios: las referencias al invierno *(Physiologus Y, B, Tesoro)* y a la lluvia *(Physiologus Y, Theobaldo);* Plinio no menciona al primero, y a la segunda se la alude en un contexto un tanto diferente: mientras que en *Physiologus Y, Theobaldo* y *El Conde Lucanor* ella produce la germinación de los granos, en la *Historia Natural* se limitaría a empaparlos, dejándose sin explicar la causa de su crecimiento, ¿quizás por sobreentenderse, como parece sugerirlo la versión del *Tesoro,* que es la humedad de la tierra?

Estas semejanzas harían pensar en una posible concurrencia de dos tradiciones en la fábula de Patronio, las de Plinio y de los bestiarios. Pero sobre la suerte de estos últimos en España queda todavía mucho por hacer. Se dispone hasta ahora de la tesis doctoral de Néstor A. Lugones, al parecer todavía inédita (166-77); de un artículo de Demetrio Gazdaru; de una sección en otra tesis doctoral, de André S. Michalski, aunque en ningún caso señale la fuente que los autores pudieron haber tenido a la vista (216-24), ni emprenda, como lo hace Lugones, un cotejo de los textos españoles con sus precedentes; y de artículos dedicados a un animal en particular.[8]

Por lo que concierne a Don Juan Manuel en especial, es llamativo que Lugones no se haya ocupado de él (como tampoco lo hace Gazdaru al rastrear las influencias del *Physiologus* en la literatura medieval) y en el capítulo que le consagra a la hormiga el único pasaje aducido pertenece al milagro 16 de Berceo y al simbolismo del trigo y de la avena, que corresponde al último de los tres motivos del bestiario latino.

Por todo ello, las precauciones siempre serán pocas al intentar determinarse si, y en qué medida, *El Conde Lucanor* ha sido influido directamente por el *Physiologus Latinus* o sus versiones romances. En la introducción a su edición del *Tesoro* de Brunetto Latini (ms. B del siglo XV), Baldwin conjetura al pasar que Don Juan Manuel pudo haber conocido alguno: "the extensive animal and bird lists in chapters 40 and 41 of the *Libro del caballero y escudero* of Don Juan Manuel obviously derive ultimately from a Bestiary, but probably not directly" (vii, nota 1; véase López Estrada 520), pero, debido a

---

[8] En los estudios de Lugones y Gazdaru se hallará bibliografía adicional sobre los bestiarios en España.

la exigüidad de datos, precisar las posibles avenidas por las que este tipo de obras habrá llegado a su conocimiento tendrá forzosamente un carácter conjetural. Se pueden adelantar, no obstante, algunas hipótesis.

De particular interés para Don Juan Manuel es un artículo de Solalinde, en que sostiene que las descripciones de animales de la Primera Parte, libro XX, capítulos 9 a 33 de la *General Estoria* probarían que "hubo de circular por Castilla algún *Physiologus*" (252), que los redactores habrían utilizado también el libro VIII de la *Historia* de Plinio y que los cuatro versos latinos sobre la relación entre los animales y los elementos, incluidos en el capítulo 31 (y en el que se afirma: "Onde dize el Fisiologo ..."), provendrían de una versión derivada de la redacción en verso atribuida a Theobaldo o de una redaccción en prosa que los incluiría.

Si, como cree Solalinde, los redactores alfonsinos tuvieron presente un bestiario, y dada la familiaridad de Don Juan Manuel con la producción de su tío, es verosímil suponer que llegaría a su noticia alguna versión del *Physiologus*, ya indirecta, ya directamente en las bibliotecas regias, de cuyo fácil acceso habría disfrutado por su condición familiar y política.

Por otro lado, la existencia de varios manuscritos del *Tesoro* de Latini probaría que algún interés por los bestiarios debió haber habido en Castilla. Del siglo XIII Faulhaber registra uno del *Livres dou trésor*, y del siglo XIV, otro también en francés y dos de la traducción española: el de la Biblioterca del Escorial y el de la Biblioteca Capitular de Sevilla, hecha bajo los auspicios de Sancho IV.[9] Es muy probable que Don Juan Manuel haya conocido esta traducción llevada a cabo por orden de su propio primo. En este aspecto de su creación sería así deudor de la producción intelectual del reinado de Sancho IV (1284-1295), a cuya iniciativa, conviene recordarlo, se debió también la edición del *Lucidario*, obra en la que, según piensa Kinkade, se pueden rastrear huellas de los bestiarios, y que, a su vez, pudo haber influido en la producción

---

[9] Faulhaber 151-300. Los manuscritos mencionados llevan los números 238, 239, 241 (pero véase Baldwin xxi) y 246, respectivamente. La edición de Baldwin se basa en el manuscrito 685 de la Biblioteca Nacional de Madrid (número 242). Véase *La Corónica*, 14 (1985): 100-01. Sobre la presencia de Latini en España véase Bolton Holloway.

manuelina.[10] Pero la relación entre los bestiarios y el *Lucidario* no estaría aún resuelta: Lugones la rechaza (43-44).

PROVERBIOS

Llama la atención que tampoco los críticos del ejemplo 23 hayan reparado en dos pasajes del libro de *Proverbios,* cuyas coincidencias con el texto manuelino son manifiestas:

PEQUEÑEZ

30:24	Quatuor sunt minima terrae	18	quán pequenna cosa es la formiga
30:25	formicae, populus infirmus	53	la formiga, que es tan mesquina cosa

SABIDURÍA

6:6	Vade ad formicam, o piger, et considera vias eius, et disce sapientiam.	54	á tal entendimiento
30:24	et ipsa sunt sapientiora sapientibus		

PREVISIÓN

6:8	Parat in aestate cibum sibi, et congregat in messe quod comedat.	19	cada anno, al tienpo que los omnes cogen el pan, salen ellas de sus formigueros et van a las eras et traen quanto pan pueden para su mantenimiento, et métenlo en sus casas.
30:25	qui praeparat in messe cibum sibi		

Comparten ambos textos el proponer a las hormigas como modelo de los pecados que se deben rehuir (pereza, ociosidad) y de las cualidades a imitar (sabiduría, previsión).

---

[10] "Al trazar paralelos entre la producción literaria de Juan Manuel y el *Tesoro* de Brunetto Latini, no queremos hacer más que sugerir posibilidades, subrayando el hecho de que Don Juan pudiera muy bien haber realizado sus estudios de la retórica clásica en forma más conveniente y provechosa acudiendo a una traducción castellana de *Li Livres dou trésor* en vez de consultar individualmente cada una de las obras en latín de las que es el *Tesoro* compendio y resumen" (Kinkade, "Sancho" 1048). Sobre la relación entre el *Tesoro* y el *Lucidario* véanse 1041-42 y su introducción a *Los "Lucidarios"* 36; sobre la importancia de estos últimos para comprender la obra de Don Juan Manuel véase esta introducción 37 y la nota 17 del capítulo octavo.

La predicación

Pero aunque la deuda de *El Conde Lucanor* con los bestiarios quede sujeta a verificación y aunque se continúe pensando que Don Juan Manuel sólo sigue a Plinio, de lo que no cabe dudar es que el ejemplo 23 comparte con aquéllos (y con *Proverbios*) un rasgo ausente en el autor latino, puesto que su descripción objetiva del mundo animal se convertiría ahora en modelo de conducta para los seres humanos. El cuento manuelino pertenece cronológica e intelectualmente a la segunda de las etapas señaladas por Lugones: se abandona la interpretación tipológica del *Physiologus* y los bestiarios (según la cual, por ejemplo, la división de los granos corresponde, en el Antiguo Testamento, a la separación del "sentido espiritual" del "carnal"), pero sin llegarse todavía a un cientificismo interesado únicamente en las propiedades del reino animal. En esta segunda fase, que comienza en el siglo XIII, se lo interpreta, como en *El Conde Lucanor,* con una "intención marcadamente moralizante" (Lugones 5; véase Gazdaru 260).

Se abre así una tercera avenida que podría conducir a una explicación más apropiada del ejemplo 23. Proponer normas de comportamiento a partir del mundo animal era un procedimiento pedagógico muy propagado en la predicación medieval. De los datos reunidos por Bloomfield (79) se puede resumir la cuestión, harto concisamente, de la siguiente manera: el *Physiologus* unifica el material medieval procedente de Plinio y de otros autores, pero se lo comienza a aprovechar también con fines de instrucción moral. Ya no interesará tanto la correspondencia, o falta de ella, con los datos empíricos de la realidad, ni el carácter más o menos fabuloso de algunas especies, sino la homologación entre animales y vicios o virtudes.

Por su parte, en el capítulo dedicado a las fuentes y tipos de *exempla,* junto a los cuentos de animales, Welter (100-01) colocó las descripciones de la historia natural sobre las propiedades de animales, plantas, piedras y cuerpos celestes, descripciones tomadas de los antiguos y de los Padres y escritores eclesiásticos que les añadían una moralización, como sucederá después en el *Physiologus Latinus* y en el *Bestiaire* francés de Philippe de Thaon (1135).

La presencia de los bestiarios, en fin, se advierte también en la cultura monástica, que en varias de sus manifestaciones, y no las menos importantes, no pudo sustraerse a la atracción e influencia del *Physiologus,* sobre todo en la orden cisterciense; en la escultura, en el libro, en la literatura:

> L'observation des animaux et de leurs mœurs dénote parfois un certain sens de l'observation. Encore les allégories du *Bestiaire* viennent-elles souvent se superposer aux choses vues. Dans la nature, tout est symbolique. Les symboles viennent soit de la tradition biblique et patristique, soit de la tradition classique. Mais tous ont une résonance morale. (Leclercq, *Initiation* 127)[11]

Los autores monásticos emplearon asiduamente el simbolismo animal: Gregorio Penco ha recogido y comentado una gran variedad de pasajes, de los cuales vale la pena recordar los siguientes referidos a la hormiga, "esempio classico di previdenza":

> S. Girolamo, *Vita Malchi,* 7, in *P.L.* 23, 59-60 narra che codesto eremita, vedendo un "formicarum gregem", prese a "taedere captivitatis et monasterii cellulas quaerere ac formicarum illarum desiderare similitudinem, ubi laboratur in medium, cumque nihil cuiusquam proprium sit, omnium omnia sunt". "Erubesce, o christiane, et absconde te a facie Salvatoris tui, quoniam insipientior iumentis et formicis hodie factus esse comprobaris. Vade enim ad formicam, et considera semitas eius ...": Anon., *Sermo XVIII ad fratres in eremo,* in *P.L.* 40, 1263; con il medesimo esempio e testo dei *Prov.* esorta il suo abbate un monaco inglese del sec. XIII: J. Leclercq, *Lettre d'un moine à son abbé,* in *Studi Medievali,* 3ª serie, I (1960), p. 700. Anche Pietro di Celle, *De discipl. claustrali, Prol.,* in *P.L.* 202, 1097, si definisce "formica tenuissima". (18, nota 79)

Todos estos elementos confluyen en el sermón popular; considerar el reino de los animales como "espejo" de las costumbres humanas se convirtió en un medio muy eficaz empleado por las órdenes mendicantes para la edificación de los fieles: "It is not the life of animals in nature, but rather the *naturae et mores hominum* which are discovered in a new way in the mirror of the simple as well as literary forms of medieval animal poetry" (Jauss, "The

---

[11] Sobre la influencia de los bestiarios en la escultura y en la iluminación de manuscritos véanse Leclercq, *Initiation* 122-23 y Gazdaru 261.

Alterity" 199). Los predicadores no sólo encontraron en los bestiarios y en los frutos de la cultura monástica abundantes materiales para la composición de sus sermones, sino también hallaron en la autoridad de la Biblia el respaldo necesario para el frecuente empleo del simbolismo animal.

Debe recordarse también que los teorizadores de la predicación, como lo hace Alanus de Insulis al final de los capítulos primero y segundo de la *Summa de arte praedicatoria*, recomendaron el uso de *exempla*, muchos de ellos con animales como personajes. El mismo Alanus habría recurrido a los bestiarios para la redacción del *De planctu naturae ad Deum*, y tal vez los haya tenido en cuenta, junto con *Proverbios*, al escribir el capítulo séptimo, "Contra acediam", de la *Summa*. Allí opondrá la desidia de los humanos al cuidado con que cuerpos celestes y animales atienden a sus obligaciones:

> O homo, quid est quod caeterae creaturae deputatis sibi officiis indulgent, sol annum cursum perficit, luna menstruis vicissitudinibus discurrit, et caeterae stellae officia sibi deputata exercent, bruta animalia ad suae naturae exercitia non torpent, tu solus, desidia soporatus, a tuo officio devias, imaginem Dei in te deformas, vivens morieris et moriens vivis?

Y, como era de esperar, recurrirá en seguida al ejemplo de la hormiga, a quien describirá en forma semejante a la de la Biblia (y a la de *El Conde Lucanor*), con su pequeñez e insignificancia, su laboriosidad, su previsión y solicitud durante el verano:

> Saltem te ad erubescentiam moveat minimi et dejecti animalis industria, id est formicae cautela, quae in aestate magna sollicitudine grana colligit quibus vivat cum hiemis austeritas ingruerit. (*PL* col. 127 = *The Art* 45)[12]

Reparar en este autor no es del todo inoportuno, y no sólo por el lugar preeminente que ocupa en la historia de la predicación medieval, sino también porque manuscritos de la *Summa* circularon

---

[12] Acerca de los bestiarios en Alanus véase Penco 19, y sobre el *De planctu*, Welter 67, nota 3.

en España: uno de ellos data del siglo XIII y otro, de los siglos XIV-XV (Faulhaber, números 127 y 216, respectivamente). [13]

Y aunque no se disponga tampoco de investigaciones exhaustivas en este aspecto de la espiritualidad medieval española, no habría por qué rechazar el influjo de los bestiarios en la predicación, ya defendido, por lo demás, por varios estudiosos (Lomax, "The Lateran" 303; Asensio 236; Gazdaru 260; Deyermond, "The Sermon" 136). Tal práctica se halla bien atestiguada, por ejemplo, en Inglaterra y en Francia, y todo hace suponer que la situación en España no debió de haber sido muy diferente: ni faltarían manuales que, siguiendo a Alanus, o tomándolo directamente de la Biblia y/o de los bestiarios, hayan acudido al ejemplo de las hormigas para denunciar la pereza y la ociosidad, ni tampoco predicadores que de buen grado los incluyeran en sus amonestaciones (Owst 195-209; Longère 194-95; Bataillon 199).

Cuando se trata de Don Juan Manuel en particular, se pisa terreno más firme, por corresponder su producción a un período en que se desarrollaron simultáneamente el sermón popular y las literaturas vernáculas. [14] Autores preocupados por los fines docentes de sus obras no habrían ignorado los cuentos de animales y las moralizaciones de que eran objeto durante los sermones dominicales, siguiendo en esto la práctica de los bestiarios, aunque no de todos (el *Tesoro*, por ejemplo), y menos que nadie Don Juan Manuel, cuya estrecha vinculación con la orden dominica lo familiarizaba con las técnicas de la predicación popular y ponía a su alcance ejemplarios que recogían materiales de procedencia y asunto diverso. [15]

---

[13] Sobre el lugar e importancia de Alanus en la historia de la predicación véanse Murphy 303-09 y Longère 73, 88, 190 y 197.

[14] "Since the period of the medieval popular sermon coincides with that of vernacular literature, a strong mutual influence is to be expected. Such an influence is documented by Owst for Middle English Literature, and investigation of the medieval Spanish field now reveals much the same picture" (Deyermond, "The Sermon" 127-28).

[15] "Such collections are well known – the *Disciplina Clericalis*, the *Speculum laicorum*, etc., and many copies exist of these Latin works in Spanish libraries, and were clearly used by preachers and didactic writers such as Juan Manuel; even before they underwent a further translation into Spanish" (Lomax, "The Lateran" 303; véase Krömer 29-30). En su propia familia, Juan de Aragón, cuñado de Don Juan Manuel, pronunció ciento cincuenta sermones en un período de quince años (Deyermond, 'The Sermon" 129). Para la relación entre Don Juan Manuel y la orden dominica véase Lida de Malkiel, "Tres notas" 92-103.

Y para acotar más los términos del problema puede recordarse el ejemplo 13, caso muy ilustrativo de esta convergencia entre ejemplarios para uso de los frailes predicadores, cuentos de animales y narración manuelina, como lo ponen de manifiesto el análisis y las conclusiones de Ayerbe-Chaux: "La versión que seguramente siguieron los ejemplarios de los predicadores, en los cuales muy probablemente se inspiró Don Juan Manuel, se halla en Odo de Cheriton" (63).

La recepción de la fábula

La historia natural y la observación directa del mundo físico; la Biblia y la literatura monástica; los bestiarios latinos y romances y los cuentos de animales; las *artes praedicandi,* los ejemplarios y el sermón popular: elementos de casi todas estas tradiciones se hallarían, de un modo u otro, presentes en el ejemplo 23, sea por vía indirecta, sea por filiación directa y que puede tenerse por segura.

La afirmación de Michael, a propósito del *Libro de buen amor,* de que el cuento popular no necesita poseer una lección y que, incluso, es capaz de varias diferentes, puede aplicarse también a la fábula de las hormigas (181). Para determinar en cada oportunidad la naturaleza de la doctrina por ella impartida habría que estudiar el proceso de su recepción multisecular, y, por lo que concierne al relato manuelino, la convergencia de varias tradiciones plantearía, además, la necesidad de averiguar si, y cómo, se opera la unificación de todas ellas y desde qué punto de vista se la intenta.

Las vicisitudes de esta fábula mostrarían que la conducta de las hormigas ha sido invocada en apoyo de enseñanzas de índole diversa y ello se debe a que cada nueva reelaboración de la misma materia tradicional ha dependido de una perspectiva diferente, entre las cuales podrían distinguirse, muy sumariamente y a riesgo de incurrir en inevitables simplificaciones, las siguientes:

1. Científica, interesada en la descripción del reino animal: Plinio.

2. Ética y sapiencial, dirigida a la edificación del género humano, sin distinciones: *Proverbios.*

3. Escatológica, en espera de la consumación de los siglos y de la salvación el día del Juicio Final: *Physiologus Latinus B:*

> Secunda natura est: quando recondit grana in spelunca sua, diuidit illa per medium ne hieme madefacta semina illata infundat. Et tu, homo dei, scripturam ueteris testamenti diuide in duas partes, id est secundum historiam et secundum spiritalem intellectum; diuide ueritatem a figura, separa spiritalia a corporalibus, transcende a littera occidente ad spiritum uiuificantem, ne littera germinante in die hiemis, id est in die iudicii, fame pereas. (23)

y Alanus de Insulis:

> Sic in praesenti vita, fructus bonorum operum deberes acquirere, ut adveniente die hiemali, id est in die judicii habeas fructum bonorum operum, qui te reficiant in aeternum. (col. 127) (véase también castigos e documentos 217)

4. Monástica, preocupada por las virtudes propias de la vida claustral:

> Videres singulos tanquam formicas impigras ad speluncam suam, ab oratorio ...

> Minuscula animalia, ut apicula et formica, docent nos sapientiam. (Penco 28, nota 155)[16]

5. Caballeresca, la de Don Juan Manuel, relacionada con las cualidades que a los "defensores" les permitan guardar y mantener el "estado". Que su perspectiva es la de la ética estamental se confirma al compararse el ejemplo 23 con el siguiente pasaje del capítulo 40 del *Libro del cauallero et del escudero,* en que el simbolismo moral cede el lugar a la observación de la realidad "tal como es", al menos desde el punto de vista de los caballeros en tiempo de guerra:

---

[16] "The ethical characters of the animal figures must thus be interpreted from the perspective of historically changing motifs of human self-interpretation" (Jauss, "The Alterity" 201).

> Et otrosi ay otra manera de bestias que son muy enojosas, et sennalada mente a los caualleros quando acaeçen que andan armados en las guerras, asi commo los piojos et las pulgas, [et] las çinifes et las FORMIGAS et sus semeiantes. (89) [17]

A diferencia de tal parecer, la discusión de la vida de las hormigas al principio del ejemplo 23, que a primera lectura podría tenerse por "científica", está subordinada, en realidad, al plano moral, que, por así decirse, se le superpone y le confiere un *sentido* diferente.

Esta rápida y muy esquemática historia de la recepción pone de manifiesto la "apertura" de la fábula, es decir, la posibilidad de que sea leída e interpretada de varias maneras, según los *contextos* en que se la haya integrado y las operaciones hermenéuticas de que haya sido objeto. Pero al cuento didáctico hay que "cerrarlo", hacerlo portador de *una* enseñanza y "fijarle" *un sentido*, para lo cual será necesario detener ese "juego de las significaciones" a que se aludió al final del capítulo anterior.

El marco poseerá una fuerza unificadora que se va a ejercer tanto en el plano sincrónico, como principio de cohesión semántica y de estructuración de los significados (según se vio al principio de este capítulo), cuanto en la sucesión diacrónica, en la medida en que, como ya lo habrá anticipado el lector más desprevenido, es allí donde también se hará explícito ese "horizonte de recepción" desde el cual Patronio (= Don Juan Manuel) leerá, interpretará y se apropiará del relato de las hormigas.

---

[17] A estas cinco perspectivas cabe agregarse otra más, la de crítica social en una obra posterior a la de Don Juan Manuel, *El libro de los gatos:* "Enxiemplo de lo que acaesçio a lla formiga con los puercos: La formiga coje e lieva los granos del trigo desque viva en el invierno; e algunas vezes acaesçe que desque lo allegado, vienen los puercos e comenjelo, estruyengelo todo. Ansi es de muchos ombres en este mundo que muchas vegadas non catan al sinon allegar rriquezas e algos. E a las vegadas acaesçe que vienen los ladrones, o los merinos, o sus señores, o parientes, o otros algunos que son más poderosos que non ellos, e gelo comen o destruyen todo, ansi que avra a dexar sus rriquezas a mal su grado" (119). Recuérdese también el ejemplo de los dos palomos y el trigo en el *Calila e Digna* (289-90) y en el *Libro de los engaños* (40-41), pero en ambos casos la moraleja enseñará, como en el relato del mercader, a no obrar apresuradamente.

La fábula de las hormigas y su relación con otros tres ejemplos

Esta recepción del material tradicional desde la óptica estamental de los "defensores" tiene lugar también en otras narraciones. Para concluir, valdría la pena ampliar el radio de observación hacia algunos otros textos que comparten con el de las hormigas una problemática similar. Los paralelos que van a indicarse harán ver la importancia que en *El Conde Lucanor* posee la dilucidación de ciertas cuestiones éticas esenciales para comprender el pensamiento feudal.

Diz notó que el ejemplo 23 comparte una misma "base conceptual" con el 6, "De lo que contesçió a la golondrina con las otras aves", y con dos sentencias de los libros segundo y cuarto de la obra (114, nota 36). Sin perjuicio de ello, se pueden establecer otros nexos no menos significativos: desde el punto de vista del problema inicial suscitado por el conde y de los consejos de Patronio existe un estrecho parentesco con los ejemplos 16: "De lo que dixo una vez el conde Ferrant González a Nunno Laýnez", 33: "De lo que contesçió a los muy buenos falcones garçeros, et sennaladamente a un muy buen falcón sacre que era del infante don Manuel" (que será analizado en el último capítulo), y 37: "De la respuesta que dio una vez el conde Ferrant González a sus vassallos" (ya estudiado en el capítulo tercero):

16 —Patronio, bien entendedes que yo no soy ya muy mançebo, et sabedes que passé muchos trabajos fasta aquí.

Et bien vos digo que querría de aquí adelante folgar et caçar et escusar los trabajos et afanes.

23 —Patronio, loado Dios, yo so assaz rico,

et algunos conséjanme que, pues lo puedo fazer, que non tome otro cuydado, sinon tomar plazer et comer et bever et folgar;

que assaz he para mi vida, et aún que dexe a mis fijos bien eredados.

33 —Patronio, a mi contesçió de aver muchas vezes contiendas con muchos omnes; et después que la contienda es passada, algunos conséjanme que fuelgue et esté en paz, et algunos conséjanme que comiençe guerra et contienda con los moros.

37 Una vegada, vinía el conde de una hueste muy cansado et muy lazdrado et pobre, llegól mandado muy apressurado de otro fecho que se movía de nuevo; et ante que uviasse folgar et descansar, et los más de su gente consejáronle que folgasse algún tienpo et después que faría lo que se le guisasse.

En los dos primeros casos, el conde o quienes lo aconsejan piensan que una vida dedicada al placer y a la ociosidad (descansar, cazar, comer, beber) se justificaría o por su edad un tanto avanzada, o por las vicisitudes de su agitada existencia, o por las riquezas acumuladas para él y su familia; en los dos últimos, el reposo y la paz a que (algunos de) sus hombres lo exhortan responde a la necesidad de encontrar algún alivio en las fatigas del continuo batallar.

Como puede verse, en los cuatro relatos el conde se halla frente a una misma alternativa, la más crucial que se le puede presentar: "escusar los trabajos et afanes" propios de su "estado" o cumplir con los deberes, por penosos que fueren, que éste le imponga. Por supuesto, y al igual que en el ejemplo 23, en las otras tres ocasiones Patronio se inclinará decididamente por la segunda opción, para lo cual Lucanor deberá hacer caso omiso de los inconvenientes de la vejez, de las tentaciones de la holganza y de la opulencia, de las estrecheces de la guerra. Podría decirse que en dichos consejos se resume, en lo esencial, el código moral caballeresco: frente a las incitaciones de la ociosidad y contra la propensión a comer siempre de lo ganado, o de estarse "sin ningún grand mester", entregado al vicio, el ayo le va puntualizando en cada caso, con prolijidad e insistencia, las obligaciones propias de su rango en la sociedad feudal: el cuidado de la fama, la defensa de la honra y del "estado", el servicio de Dios en la guerra, el "no comer el pan de valde".

Nótese, para concluir que tales normas se encarnan ejemplarmente en una figura del pasado castellano (Fernán González) o en el mundo animal (la hormiga, el halcón). Ni la Historia ni la Naturaleza tienen una existencia *per se:* para la mente medieval se refieren a un orden superior de la realidad que las trasciende, las rescata de su contingencia y caducidad y les otorga un valor simbólico y moral permanente y de validez universal.

CAPÍTULO VI

EL RELATO REDUNDANTE: EJEMPLO 24

En capítulos anteriores, y especialmente en los dos últimos, se ha visto cómo el discurso didáctico procura reducir en lo posible la concurrencia de lecturas contrapuestas que podrían entorpecer la recta comprensión de la enseñanza deseada por el narrador. Para ello, como *locus* del *sentido*, el marco hace explícito lo que en el relato de Patronio, por hallarse a veces aludido o insinuado solamente, podría permitir interpretaciones discrepantes: la doctrina del buen "defensor", implícita en las críticas de los súbditos de Alhaquim, en el ejemplo 41, o las virtudes estamentales a que apunta, por vía indirecta, alegórica, el esfuerzo y la perseverancia de las hormigas, en el 23.

El paralelismo entre el diálogo del conde y su consejero y el cuento con que este último resuelve el problema inicial confiere al relato didascálico un grado de redundancia más o menos elevado, según los casos; y no podría ser de otra manera, ya que la repetición de los mismos contenidos aspira a asegurar por parte del *narratario* (Lucanor) y del *receptor* (el lector "real") la decodificación correcta del *mensaje* y la cabal comprensión del *sentido* de que aquél se hace portador.

En la elaboración de una *poética* del relato ejemplar, por provisoria que fuere, como la que se intenta en este libro, no podía faltar el estudio de dicho aspecto. Para ello se presta muy bien el ejemplo 24, "De lo que fizo un rrey moro con tres fijos que avía por saber quál dellos era mejor omne", del que ya se han ocupado, entre otros, England, en su análisis de la composición de *El Conde Lucanor* (83), Ayerbe-Chaux, en su capítulo sobre las estructuras simétricas (150-54), y Sturm, en su examen sobre la naturaleza del individuo (lo que es "el omne en sí") y en relación con el prólogo y con los ejemplos 25 y 50 ("*El Conde*" 158-60).

Este capítulo se propone describir, desde una perspectiva distinta, pero complementaria, la articulación de los planos de la *expresión* (England, Ayerbe-Chaux) y del *contenido* (Sturm) a la luz de una teoría general del discurso didáctico y a partir de ciertas cuestiones planteadas por Diz. Uno de los méritos de su libro consiste en haberse ocupado de una problemática esencial para comprender *El Conde Lucanor* y de la que la fábula del rey moro constituye un caso altamente ilustrativo: la "textualidad del mundo". No cabe repetir aquí en detalle sus argumentos, sino sólo limitarse a lo fundamental, a aquéllo que permita entender mejor por qué detenerse en el ejemplo 24 es tan importante, y hasta indispensable, para apreciar la naturaleza del didactismo manuelino y los modos de su funcionamiento.

En resumen, Diz se ha referido a la "textualidad" como un elemento constitutivo no sólo de los textos propiamente dichos, sino también del universo y del ser humano, según la antigua figura que ve en el libro una metáfora de la realidad (Curtius 302-47; Neapulsingh 201-17). Y, como todo texto, también el mundo y los seres que lo pueblan emiten constantemente signos que reclaman un desciframiento adecuado. La ambigüedad de tales *mensajes*, verbales y no verbales, exige del *receptor* una lectura "correcta" para orientarse en la complejidad y confusión de lo real. Y puesto que una interpretación errónea conduce al fracaso (el rey moro podría escoger, por ejemplo, al más inepto de sus hijos como heredero) para evitarlo allí estará Patronio, infatigable "lector" y agudo hermeneuta del acontecer social: "Et commo quier que más quisiera qualquier de los otros para rrey, non tovo por aguisado de lo fazer por lo que vio en los unos et en el otro" (Diz 3, 11, 13, 17-18, 45, 47, 139, 163, 165, 170, 174; véase también de Stéfano, "Don Juan Manuel" 351).

PROBLEMAS SEMIÓTICOS DE LUCANOR

Al comienzo del ejemplo el conde plantea el siguiente problema: ¿Cómo "leer correctamente" la conducta y el modo de ser de sus hombres que, en tanto "textos", envían constantemente signos confusos, multívocos y extraños?:

–Patronio, en mi casa se crían muchos moços, dellos omnes de grand guisa et dellos que lo non son tanto, et veo en ellos muchas maneras estrannas. Et por el grand entendimiento que vos avedes, rruégovos que me digades, quanto vos entendedes, en qué manera pueda yo conosçer quál moço recudra a seer mejor omne.

Arduo problema, reconoce el consejero: "–Sennor conde –dixo Patronio–, esto que vos me dezides es muy fuerte cosa de voslo dezir çiertamente, ca non se puede saber çiertamente ninguna cosa de lo que es por venir". Pero no por ello eludirá el pedido que se le formula, salvo que, antes de satisfacerlo con una narración, según su costumbre, comenzará por un examen de la relación entre *significantes* y *significados*. La pregunta del noble y la introducción del ayo, en efecto, podrían reformularse, sin excesivas dificultades, en términos semióticos. Por lo que concierne a Lucanor, al proponerse entender el comportamiento de sus súbditos, tropieza con un escollo aparentemente insoluble: las "maneras estrannas" de todos ellos, "maneras" que, consideradas como *significantes*, apuntan a una pluralidad de *significados*. ¿Cómo, pues, averiguar cuál de los mozos de su casa "recudra a seer mejor omne"? Los obstáculos que se le presentan se deben a su intento de "semiotizar" esas "maneras estrannas" de sus vasallos, es decir, de tratar señales naturales y carentes muchas veces de intencionalidad como si fueran signos convencionales e intencionales y, por lo tanto, destinados expresamente a la comunicación y portadores de información y significación.[1] El esquema de la página siguiente, que presenta en forma ordenada la respuesta de Patronio, permite hacerse una idea de los problemas que aquejan al atribulado conde.

¿A qué obedece que Lucanor no pueda saber "lo çierto", que las señales del cuerpo pocas veces "se acuerden", que no muestren directamente las obras, que sean, en fin, "muy dubdosas"? A su polisemia; considérese, por ejemplo, la relación entre belleza y fealdad con la presencia o ausencia de "donayre":

---

[1] Otras referencias a las "señales" pueden hallarse en los ejemplos 6 (119) y 22 (219). Para la confusión entre señales "de dentro" y "de fuera" en la tradición manuscrita véase Alberto Blecua, *La transmisión* 47-48. Para las consecuencias trágicas que pueden resultar, en el ejemplo 42, de la "lectura" equivocada de un gesto, véase Baquero Goyanes 31-32. Otras referencias a las señales se encuentran en el *Calila e Digna* (152) y en el *Caballero Zifar* (78). Para esta cuestión en la obra alfonsina véase Niederehe, especialmente 218-25.

commo quier que estas son sennales, non se puede saber lo çierto; ca pocas vezes se acuerdan todas las sennales a una cosa: ca si las unas sennales muestran lo uno, muestran las otras el contrario; pero a lo más, segund son estas sennales, assí recuden las obras.	CUERPO Y MIENBROS / MIENBROS PRENÇIPALES color / coraçón talle / meollo fígado
Mas el talle del cuerpo et de los mienbros non muestra çiertamente quáles deven ser las obras.	
Et las más çiertas sennales son las de la cara,	FIGURAS DE LA CARA / CONPLISIÓN ojos / valiente donayre / ligero sotil
et sennaladamente las de los ojos et otrosí el donayre; ca muy pocas vezes fallesçen éstas.	
Et éstas son las sennales de dentro que sienpre son muy dubdosas para conosçer lo que vos me preguntades.	

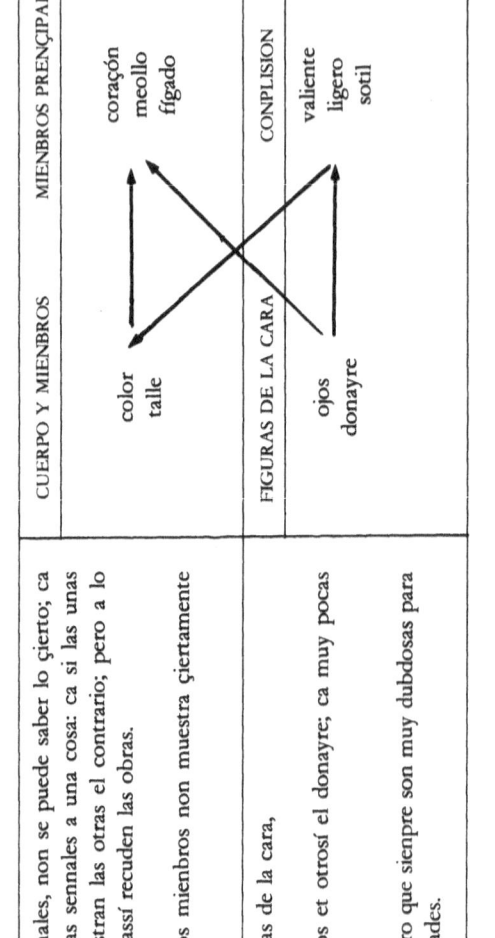

> Et non tengades quel donayre se dize por seer omne fermoso en la cara nin feo, ca muchos omnes son pintados et fermosos et non an donayre; ay otros que paresçen feos, et an buen donayre.

En vez de las dos combinaciones que, presumiblemente, cabría esperar: belleza-donaire; fealdad-falta de donaire, Patronio constata la existencia de cuatro, no ya como meras posibilidades lógicas, sino también como efectivamente realizadas.[2] Tales casos de polisemia hacen aún más manifiesta la correlación entre *expresión* y *contenido* en que consiste todo signo: la ambigüedad de la primera da lugar inevitablemente a la del segundo, y por ello las "maneras" "non çiertas" y "dubdosas" –*significantes* según quiere el conde– impiden conocer la verdadera "conplisión" de los mozos.[3] Esta problemática, por lo demás, ya fue advertida por Diz, a propósito del ejemplo 20:

> Las acciones humanas se presentan aquí como significantes que potencialmente pueden asociarse a significados diferentes y hasta opuestos: todo depende de la situación en la que se produzcan (el contexto) y de la intención de quienes las lleven a cabo. (60)

Todas estas ambigüedades no se deben ni a una concurrencia de varios *códigos* que permitan la interpretación del mismo *mensaje* en formas diferentes y aun contrarias (belleza-donaire vs. belleza-falta de donaire, por ejemplo), ni tampoco a la infracción de las normas de uno de ellos, sino más bien a la ausencia de convenciones que instituyan una correlación estable y monosémica entre los *significantes* y *significados* de los signos que componen dichos *mensajes:* "Et pues digo sennales, –afirma Patronio– digo cosa non çierta, ca la sennal sienpre es cosa que paresçe por ella lo que deve seer; mas non es cosa forçada que sea assí en toda guisa".

---

[2] En el *Libro de buen amor*, por el contrario, el donaire aparece constantemente vinculado con la hermosura y la belleza de los personajes (596 b, 653 b y 1613 d); en el *Calila e Digna* la fealdad se asocia con el "peor donayre" (205).

[3] Y aunque enunciado para la ambigüedad en textos estéticos, para la de las "maneras" es igualmente válido el postulado de Eco: "an ambiguity on the expression plane *must* involve a corresponding ambiguity on the content plane" (*A theory* 263; subrayado de Eco).

El problema planteado por Lucanor no puede resolverse por este camino. Pero su maestro reconoce que hay otras señales "mas çiertas", lo cual supone, al menos, la presunción de que las obras exteriores podrían interpretarse con menos ambigüedad en el contexto de ciertas normas colectivas de comportamiento, como se comprobará, precisamente, con el ejemplo que ha de narrar a continuación. Es decir, las obras podrían decodificarse con mayor certidumbre y seguridad según determinadas reglas de conducta comunes a una cultura y aceptadas, o compartidas, por la totalidad o, al menos, la mayoría de sus miembros. De allí que el consejero le recomiende buscar la respuesta en el proceder concreto de sus vasallos, como el rey del ejemplo lo hizo con sus tres hijos.

Todos estos problemas del noble pertenecen a la semiótica no verbal, es decir, a la de la realidad extralingüística de Lucanor y del rey moro (en caso de haber existido "realmente") y del lector u oyente que se haya encontrado, o pueda encontrarse, en situación análoga a la de ambos personajes.

Problemas de semiótica lingüística de Patronio

Pero al conde no se le terminan aquí sus dificultades; como si las que se le presentan en tanto que "lector" de la realidad no bastarán, allí estará el relato de su ayo, que también exigirá un esfuerzo de comprensión y desciframiento. Pero ahora la pericia narrativa de Patronio, su vocación didáctica y su interpretación final adelantan, ya resuelta y elaborada de antemano, la lectura "correcta" de la fábula.

Es el consejero el que tendrá que enfrentarse ahora con sus propios problemas, en tanto que narrador de historias ejemplares. Y no sólo en ésta, sino en todas las demás, ellos pertenecerán al plano de la semiótica lingüística, lo que no impedirá que pueda postularse una homologación entre ambos dominios. En efecto, Lucanor (y el lector), frente a dichos relatos, no debería hallarse en la misma incertidumbre que frente a los mozos de su feudo; por el contrario, será preciso que, como *receptor* del *mensaje*, pueda decodificarlo con la mayor univocidad posible. Tal exigencia alcanza, por cierto, a todos los ejemplos, pero lo que convierte al 24 en un caso aún más interesante es que se tratará de plantear y resolver cuestiones de semiótica no verbal (la relativa polisemia de "obras" y "maneras") por medio de un sistema semiótico lingüístico-narrativo que deberá carecer, en lo posible, de ambigüedades.

¿Cómo, pues, describir señales compuestas por *"significantes"* de sustancia no verbal y *"significados"* multívocos a través de signos lingüísticos que aspiran, por necesidades inherentes al discurso didáctico, a la monosemia? Para ello la narración empleará una serie de procedimientos que, no obstante su variedad, podrían agruparse bajo una rúbrica común: la *poética de la redundancia*. De allí que una de las tareas más indispensables de una semiótica del relato didascálico debería consistir en un examen de los medios narrativos y retóricos empleados para reducir la pluralidad del *sentido* y asegurar la cohesión semántica del *mensaje*. Tal es el problema, uno de los más fundamentales, que se le presenta a Patronio en su doble condición de consejero y narrador, y no solamente en esta oportunidad, sino también en todas las otras en que el conde solicita su ayuda.

Antes de proseguir, convendría advertir al lector que no debe esperar aquí una nueva interpretación del texto, sino más bien un intento de descripción del proceso de significación que en él tiene lugar, es decir, se trata de una crítica semiótica del ejemplo, en el sentido de Culler: "Semiotics is not a method of interpretation but an attempt to describe systematically the processes of signification" ("Literature" 9-10).

Hacia una poética de la redundancia

Se deben a Shlomith Rimmon-Kenan una aproximación a la *poética de la repetición* y a algunos de sus fundamentos previos —que explicita bajo la forma de tres paradojas ("The Paradoxical")—, y a Susan Rubin Suleiman la elaboración del modelo genérico más completo de obras narrativas redundantes (especialmente el capítulo cuarto, "Redundancy and the 'Readable' Text", 149-97).[4] Aunque se refiera a otra clase de textos, las redundancias formales (es decir, independientes del contenido específico de las obras individuales) allí deslindadas y clasificadas pueden emplearse también

---

[4] Para la redundancia en textos ambiguos véase también Rogers; y Evans para la función de la repetición y de la reduncancia en la narrativa medieval.

para la descripción de *El Conde Lucanor*, porque los cuentos manuelinos, como las novelas de tesis, se caracterizan igualmente por un alto grado de cohesión interna, que Suleiman define así:

> In a general way, one can define the degree of coherence of a system (be it a statement, a text, a family, a political party, or whatever) as a function of internal contradiction. The fewer contradictory elements there exist in the system, the greater its degree of coherence, and vice versa. If contradictory elements within the system become too numerous, it eventually breaks up: the text becomes "unreadable" (or schizophrenic), the family splits up, the political party splinters. (172)

Y además, varias veces Suleiman misma establece expresamente una relación entre *roman à these* y *exemplum*:

> As a starting hypothesis, we can posit that the *roman à thèse* and the *exemplum* have certain features in common, the principal one being that they are impelled by the same didactic motive. The *exemplum* is the earlier, and simpler, form; one can think of it as a distant ancestor of the *roman à thèse*. A detailed analysis of the way the religious or moral *exemplum* functions should also throw some light on the *roman à thèse*. (28; véase también 261, nota 7)

La redundancia, o sea el exceso *(surplus)* de información, no solamente es inevitable, sino también hasta parte constitutiva de las lenguas mismas, y lo es aún más en el caso del relato ejemplar, que procura eliminar ambigüedades, conservar información, asegurar la coherencia sintáctica y semántica de los textos y, en definitiva, (tratar de) imponer una sola lectura "correcta" (Suleiman 150-53). En fin, las redundancias suelen ser, y lo son en el ejemplo 24, sistemáticas y, por consiguiente, clasificables en varias categorías: redundancias en la *historia*: argumento, personajes; en el *discurso*: narrador, punto de vista o focalización, tiempo; y entre *discurso* e *historia*.[5]

---

[5] Las redundancias en la *historia* y en el *discurso* corresponden, respectivamente, a las redundancias en el *significado* y en el *significante*, según Rimmon-Kenan ("The Paradoxical" 152).

El análisis que sigue, aplicación del modelo formal de Suleiman al cuento manuelino, podría ser juzgado positivamente como minucioso y exhaustivo, negativamente, como excesivo y tedioso, pero, de todas maneras, se trata de dar cuenta fiel de la organización de la fábula y de los recursos retóricos y estilísticos empleados por el narrador al servicio de la univocidad del *mensaje* y de la claridad de la doctrina de que éste se hace portavoz.

REDUNDANCIAS EN LA *HISTORIA*

ARGUMENTO. La composición del ejemplo 24 se basa en las "estructuras simétricas" estudiadas por Ayerbe-Chaux (150-54) y en la técnica de la "repetición seguida de contraste" analizada por England (70), y empleada por Don Juan Manuel con bastante asiduidad. Se trata, como se ha visto en el primer capítulo, de un procedimiento típico del relato oral; pero los folkloristas y los estudiosos de la *narratología* disienten sobre la función de la repetición de episodios en el conjunto del argumento, desde aquéllos que la tienen por nula o secundaria, hasta los que, por el contrario, le atribuyen un papel mucho mayor, e incluso esencial, en el proceso de significación.

Dos folkloristas niegan toda función estructural a las repeticiones: para Olrik, sólo "rellenan" el cuento —"to fill out the body of the narrative" (132-33; Thompson 456)—; para Propp no hacen sino detener el desarrollo de la intriga (90-91; véanse también 71-72 y 115).[6] Pero otros investigadores se habrán de interesar en los varios papeles que ellas cumplen en la fábula. Así, se ha notado que pueden enriquecer el relato con la acumulación de motivos análogos o diferentes (Larivaille 379); que provocan placer en el lector, con rasgos de humor (England 73, 76, 80 y 83); que, aunque se trate de partes estructuralmente poco importantes, pueden llegar en ocasiones a convertirse en el atractivo principal del cuento (Todorov, *Grammaire* 63-64); que contribuyen a crear un efecto de suspensión y de *crescendo* (Olrik; Thompson; Bremond, "Le message" 12; Larivaille 379), como sucede en *El Conde*

---

[6] Para una crítica de Propp véanse Bremond, "Le message" 12-13 y Larivaille 374, nota 12.

Lucanor: Ayerbe-Chaux ya hizo ver cómo las "estructuras simétricas" dan lugar a una "tensión dramática" en el ejemplo 32 y a una "gradación en intensidad y extensión" en el 35 (147 y 156-59).

Pero en el caso de Don Juan Manuel se trata de mucho más que de la mera multiplicación de episodios. En primer lugar, téngase en cuenta la afirmación de Todorov de que la repetición de dos *proposiciones* no constituye nunca una simple identidad, por encontrarse cada vez en un contexto diferente y por serlo también el conocimiento que el lector tiene de la *historia* en cada uno de esos momentos (*Littérature* 72 y *Grammaire* 55; Genette, *Figures III* 145-46; Bal, *Narratologie* 27; Rimmon-Kenan, *Narrative* 56-57; Kawin 7); es ésta la primera paradoja de la repetición indicada por Rimmon-Kenan:

> But even when the whole sign is repeated, difference is introduced through the very fact of repetition, the accumulation of significance it entails, and the change effected by the different context in which it is placed. We never go into the same river twice, and no pure repetition exists. ("The Paradoxical" 152-53)

Esta técnica narrativa, pues, ni es superflua: no se reduce a "rellenar" o a detener el avance lineal de la intriga; ni es secundaria: no está sólo para crear determinados efectos, por importantes que fueren (*crescendo*, tensión, suspensión, placer, humor, etc.), sino que, todo lo contrario, debería considerársela como parte inseparable de la estructura misma del *mensaje* y, en consecuencia, factor decisivo de su *significación* y *sentido* (Bremond, "Le message" 12-13). Y, a propósito de *El Conde Lucanor*, England ha insistido en que este procedimiento hace más clara la moraleja –uno de los imperativos, justamente, de todo discurso didascálico: "It gives a tale body and shape, often adding a surprising contrast in the ending, its effect can be humorous, and usually it is an added means of making the moral plain for all to see" (83).

PERSONAJES. Las acciones del cuento de Patronio quedarán subordinadas a los rasgos de los personajes gracias al empleo también de repeticiones y contrastes: las primeras servirán para "construir" a cada personaje por separado; los segundos, para oponer el menor de los hijos a los dos mayores.

Los personajes y las acciones del ejemplo son doblemente redundantes: cada uno de los hijos lo es consigo mismo (sus rasgos son constantes) y el mayor y el mediano lo son entre ellos (comparten las mismas características). La construcción de los tres se apoya en lo que Suleiman denomina "cadenas de redundancia" (177).[7]

El mismo hecho o *secuencia* sucede a un personaje más de una vez (A.1.2., según la nomenclatura de Suleiman, aquí adoptada), un personaje cumple las mismas *funciones sintagmáticas* varias veces (A.3.2.): el hijo mayor transmite las órdenes de su padre al camarero y al caballerizo, le pregunta por los "pannos" y por "cada vestidura" y "por todo lo que avía menester para cavalgar"; el menor "omillósele con la reverençia que debía" y le brinda sus "serviçios y omildades", le inquiere una sola vez por todo lo necesario para vestir y montar, y él mismo va por ello, lo trae y lo prepara "como el rrey lo avía mandado". Éste actúa en forma idéntica en cada una de las pruebas: imparte las mismas instrucciones a los tres hijos, les manda ocuparse de los "pannos" y del caballo, desiste de sus intenciones de visitar la villa y los interroga acerca de lo observado en ella. Los servidores, en fin, se limitan a preguntar sobre la manera de cumplir los deseos del monarca.

Un personaje posee las mismas cualidades (A.2.2.), es decir, no cambia ni "evoluciona". Pero las repeticiones, además de configurar a los personajes, cumplirán otra misión, la de acentuar y subrayar mejor el contraste entre los hijos mayor y menor, quienes, en situaciones similares (de allí que el rey deba obrar siempre de la misma manera: A.1.2., A.3.2.), se han de conducir en forma diametralmente opuesta. La redundancia de cada uno de los dos consigo mismo delinea sus respectivas personalidades con toda nitidez y permite apreciar mejor toda la distancia que los separa en cuanto a sus aptitudes para reinar. Una vez más, como en el ejemplo 46, Don Juan Manuel ha recurrido a la polarización en la

---

[7] Con respecto a dichas repeticiones y contrastes no debería olvidarse la distinción entre dos fenómenos que, en opinión de Bremond, suelen confundirse: por un lado, la repetición propiamente dicha de las mismas acciones o *secuencias* y, por otro, el contraste entre la última y todas las precedentes, que es lo verdaderamente crucial para los objetivos didácticos ("Le message" 12); "Hay tres tiempos, pero el segundo es un breve sumario del primero, y lo que importa es el contraste entre la actitud detallada del primero y del tercero" (Ayerbe-Chaux 152).

presentación de los personajes, rasgo muy común en la literatura de tesis (Eco, *The Role* 147-55 y 161-63). El hijo mayor carece de las cualidades que asegurarán al menor la sucesión al trono; su conducta se podría caracterizar por: a) falta de diligencia en el cumplimiento de las órdenes: llega tarde ("no tan mannana"), frente a la solicitud con que el otro las obedece: madruga y aguarda a que su padre se despierte; b) carencia de responsabilidad: la delega en el camarero y en el caballerizo, en contraste con el interés de su hermano, quien se ocupa personalmente de la ropa y del caballo; c) ausencia de aptitudes: va y viene constantemente con preguntas y respuestas, en aguda oposición al otro infante, que resuelve todos los problemas de una sola vez; d) descuido de las atenciones debidas al rey: el camarero tiene que vestirlo, de lo que se ha de ocupar el menor con humildad y prontitud;[8] e) desinterés por el estado del país ("el infante andudo una pieça por la villa"), frente al afán del futuro heredero por conocerla en todos sus aspectos, que lo lleva a pasar en ella el día entero ("Et quando tornó era ya muy tarde"), informándose de las riquezas, población y defensas de la ciudad; f) la trivialidad de la respuesta sobre el ruido de los instrumentos musicales —producto de su "limitación mental", como dice Ayerbe-Chaux (153)—, en comparación con el diagnóstico del menor sobre la situación del reino y los medios para mejorarla.

El *papel actancial* del personaje es redundante con sus cualidades y comportamiento (A.9): como acaba de verse, el "héroe" es obediente, responsable, eficiente, humilde, inteligente, etc. (virtudes apropiadas para un futuro monarca), a diferencia de los "antihéroes" (sus hermanos mayores), que serán todo lo contrario, según una oposición muy habitual en los géneros folklóricos: "This type of redundancy is especially prevalent in popular or folk genres, where the characters tend to be heavily stereotyped; this redundancy is in fact a definition of stereotyping" (Suleiman 164).

El hijo mayor y el mediano son, por su parte, redundantes entre sí; el segundo episodio, en su totalidad, adopta la forma de un *sumario*, y ello puede suceder porque esa prueba reproduce paso por paso la primera:

---

[8] Sobre el oficio y las responsabilidades del camarero véase el *Libro de los estados* 202-03.

El infante fízolo assí et el rrey fízol todas las preguntas et pruebas que fiziera al infante mayor su hermano; et el infante fízolo, et dixo bien commo el hermano mayor.

El hecho de que Patronio pueda resumirla de esa manera subraya la redundancia de ambos episodios. No habiendo ninguna diferencia entre ellos, ¿para qué detenerse en una repetición superflua de acciones y palabras que duplican puntualmente el obrar del primogénito? Es decir, los mismos hechos o *secuencias* suceden a más de un personaje (A.1.1) y ambos tienen las mismas cualidades (A.2.1) y las mismas *funciones sintagmática* (A.3.1) y *actancial* (A.4).

En suma, los personajes del ejemplo 24 son tipos que se comportan de un modo fácilmente previsible. Pero ello no se debe, importa subrayarlo, ni a una incapacidad en observar la complejidad de lo humano por parte de Don Juan Manuel, ni a un fracaso en la *designación* de la realidad, ni menos a una etapa "primitiva" y "embrionaria" en el arte de narrar, sino más bien a la función que a los personajes les estará reservada en el ejemplo: la de ser, nada más, pero nada menos, los portadores y organizadores de un *sentido* que aspira a manifestarse del modo más unívoco posible. Del ejemplo manuelino, como de la novela de tesis dice Suleiman, puede afirmarse que "it is the characters who function as the chief carriers and organizers of meaning" (188). Para ello la caracterización se articulará en *campos léxicos*, según dos ejes de *significación* que oponen, situándolos en los puntos extremos de un *continuum* semántico, el hijo menor al mayor y mediano. La suma de los rasgos indicados en cada columna correspondería a un contenido global que podría representarse por los *archilexemas* "incapacidad de gobernar" vs "capacidad de gobernar":

HIJOS MAYOR Y MEDIANO	HIJO MENOR
"incapacidad de gobernar"	"capacidad de gobernar"
a) negligencia	diligencia
b) irresponsabilidad	responsabilidad
c) ineptitud	competencia
d) descuido	cuidados
e) desinterés	interés
f) "limitación mental"	inteligencia

En las novelas de tesis advierte Suleiman un conflicto, no siempre resuelto, entre la complejidad requerida por la "seriedad" y el "realismo", y la simplificación del *sentido* y la multiplicación de las redundancias impuestas por necesidades doctrinales e ideológicas. Las acecha el peligro de la excesiva repetición, la segunda paradoja indicada por Rimmon-Kenan: "The danger is that of over-sameness, of a repetition that repeats itself without variation" ("The Paradoxical" 154). Si Don Juan Manuel bordea tal peligro o si en ocasiones no puede evitarlo, no hace sino pagar tributo a las restricciones del género que cultiva y a las convenciones que éste le impone.

Redundancias en el *discurso*

A las redundancias en el plano del *discurso*, que corresponden al narrador (B.1, B.2, B.3), a la focalización (B.4) y al tiempo (B.5.1, B.5.2.), les cabe también una función decisiva en la construcción del *sentido* del relato de Patronio.

Narrador y focalización. El narrador (afirma Suleiman) mantiene, o repite, el mismo contacto con el *narratario* (B.1.). Patronio, en efecto, es constantemente "didáctico" en la organización de su *discurso:* los hechos y personajes de la fábula serán presentados de tal manera que parezcan conducir, con toda naturalidad, a la moraleja final, a la que el conde (y el lector) llegaría por sí mismo al concluir el ejemplo. En realidad, sucede todo lo opuesto. Los recursos narrativos y retóricos empleados por el consejero obedecen otra vez a la lógica del relato didáctico, que postula la precedencia del *sentido* sobre el *discurso* y de éste sobre la *historia*. Del primero dependerán las modalidades del segundo (narrador, focalización, tiempo) y de éste, a su turno, los incidentes del argumento y la caracterización de los personajes.

Y a esta misma tendencia docente responde igualmente el segundo tipo de redundancia: el narrador pronuncia varias veces el mismo comentario acerca de un personaje, un hecho o un contexto (B.2.). Así, por ejemplo, Patronio ha de insistir en su introducción sobre la dificultad del problema planteado por Lucanor, lo que explicaría el hecho de ser una de las más extensas de toda la obra, como ya lo notó Sturm (*"El Conde"* 158).

Pero más importantes son las redundancias en la focalización, siempre de carácter parcial, según Suleiman, puesto que el predominio de un tipo determinado no impedirá la coexistencia de variaciones en un mismo relato (B.4.). Se trata de uno de los aspectos más espinosos en el estudio de la narrativa, que solía confundir los conceptos de *narrador* y *punto de vista* (o *focalización*); aquí se dirá solamente lo necesario para una mejor comprensión del ejemplo 24.

En cuanto a la percepción de los hechos, la visión del narrador-focalizador (Patronio) es externa (Bal, *Narratologie* 40). En el plano espacial es panorámica y simultánea: "ve" todo lo que sucede entre el rey, los hijos y los servidores y durante las visitas a la villa; en el plano temporal es pancrónica y retrospectiva, es decir, desde el "ahora" de la *enunciación* —el narrative now de Chatman (63)— abarca todo el proceso, cuyas etapas va puntuando sucesivamente: "una tarde', "otro día", "et después llegó...", "et desque fue vestido et calçado...", etc.

Desde el punto de vista cognitivo, el narrador-focalizador posee un conocimiento sin restricciones de lo sucedido en las pruebas: gracias a su omnisciencia puede contemplar la totalidad de la *historia* y "cerrar" el *discurso* (de allí el uso anafórico de "cada" y "todo"); desde el punto de vista emotivo, puede focalizar a los personajes "desde adentro", revelando sus pensamientos e intenciones: "Más él nin ninguno de sus hermanos, nin omne del mundo, non sabíe nada de la rrazón por que el rrey fazía esto" (Rimmon-Kenan, *Narrative* 80-81 y 76).

En contraste, la percepción espacio-temporal de los personajes es interna y restringida: el monarca, por ejemplo, no puede ver lo acaecido durante el recorrido por la ciudad; y las mismas limitaciones los afectan cognitivamente: el infante mayor, el camarero y el caballerizo no saben a qué "pannos" y a qué "cavallo" se refiere el rey.

En los *sumarios* y *escenas* (de que se ha de tratar en el apartado correspondiente al tiempo) se da cuenta de la intriga sin cambiar de plano narrativo (Bal, *Narratologie* 30-31 y 34-36; Rimmon-Kenan, *Narrative*, 91-94); pero en las *escenas*, y debido a un cierto "mimetismo" del discurso indirecto, tiene lugar una variación en el nivel de la focalización. A título de ilustración, considérese el siguiente pasaje: "et el infante tornó al rrey *(sumario)* et preguntól que quáles pannos quería" *(escena)*. El narrador-focalizador, Patronio, focaliza a los personajes y luego cede la focalización al infante, que, convertido ahora en personaje-focalizador de segundo grado, focalizará los "pannos" que se hallarían en la cámara real. La focalización del primero es externa o no delegada, la del segundo, interna y delegada y, por lo tanto, limitada cognitivamente, ya que el objeto focalizado se percibe "desde afuera": ¿a qué "pannos" se refiere su padre? (Rimmon-Kenan, *Narrative* 74-76; Vitoux 360-61).

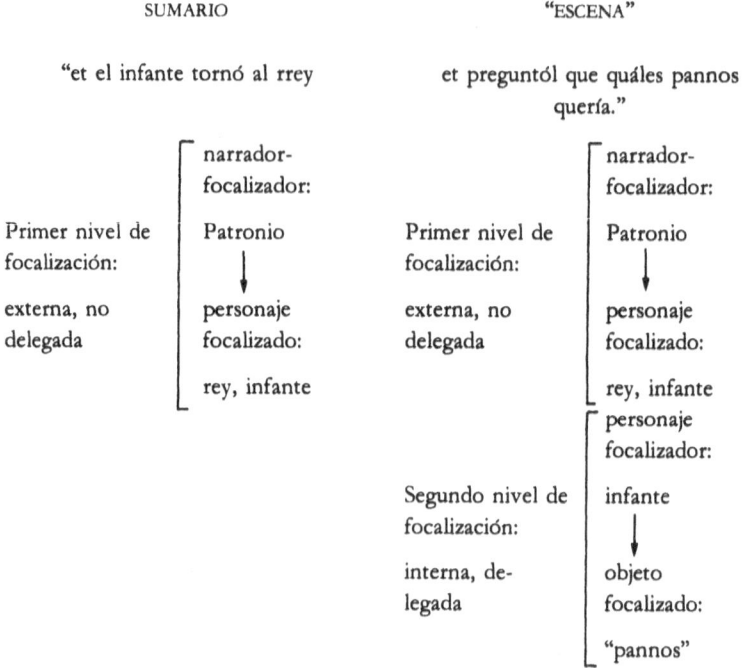

El narrador, Patronio, debe establecer un delicado equilibrio entre dos exigencias en apariencia contradictorias: no perder nunca el control de lo narrado, pero mostrar a los personajes como si obraran "por sí mismos". Para lograr lo primero, en ningún momento ha de ceder la palabra a otra voz narrativa que pueda introducir una perspectiva diferente de la *historia;* para satisfacer el segundo imperativo, el cambio de focalización, sin abandonar la *diégesis,* acercará el relato a la *mímesis:* a partir de lo que dicen y cómo actúan, el padre tomará una decisión final, que será aprobada por el conde, quien luego resolverá su dilema de manera análoga a la del rey moro: "Al conde plogó mucho de lo que Patronio le dixo".

TIEMPO NARRATIVO. En el modelo más exhaustivo y coherente hasta la fecha, el de Genette, se deslindan tres aspectos: *orden, rapidez* y *frecuencia*. Del primero Suleiman no se ocupa, y tampoco habrá que hacerlo aquí, por carecer el ejemplo de *anacronías* (retrospecciones o *analepsis* y anticipaciones o *prolepsis*), es decir, por seguir el *discurso* el orden "normal" de la *historia*: los tres episodios que la componen se suceden cronológicamente y lo mismo ocurre en el interior de cada uno de ellos.[9]

Rapidez. La *rapidez* –relación entre el tiempo del *discurso (TD)* y el tiempo de la *historia (TH)*– tiende a ser estable y uniforme (B.5.2).[10] El ejemplo privilegia dos formas cuya alternancia determinará el "ritmo narrativo" fundamental: el *sumario* "no dramático" *(TD < TH)*, que proporciona el "fondo" contra el cual se destacarán mejor las *escenas* y, a la vez, sirve de transición entre ellas (Genette, *Figures III* 131 y *Nouveau* 24), y la *escena (TD = TH)*, que se define por su "concentración dramática".[11] En rigor, no hay ninguna, si por *escena* se entiende únicamente la reproducción "mimética" en discurso directo. En el ejemplo 24 las voces de los personajes se hacen oír a través de lo que Mc Hale denomina *indirect discourse, mimetic to some degree* (véase Rimmon-Kenan, *Narrative* 109): el narrador, sin cederles nunca la palabra, conserva, además del contenido, también el "estilo" de lo dicho. Y esto se confirmaría, para citar un caso, por el empleo de "pannos" y "cavallo": es el rey mismo quien se expresa deliberadamente en términos tan vagos (¿a qué paños y a qué caballo se refiere?) para poner a prueba así la capacidad, imaginación e iniciativa de cada uno de sus hijos.

El diálogo, sin duda, es la forma más específica de la *escena*, pero si se concede que una narración más o menos detallada puede considerarse "escénica", sería lícito, y hasta inevitable, hablar de

---

[9] Genette, *Figures III* 77-182. Genette vuelve a ocuparse de los problemas del tiempo narrativo en *Nouveau* 15-27. Para una aplicación de este modelo a la literatura medieval inglesa véase Hamilton.

[10] La *durée* –que Genette rebautiza *vitesse* en *Nouveau* 23– se define de la siguiente manera: "la vitesse du récit se définira par le rapport entre une durée, celle de l'histoire, mesurée en secondes, minutes, heures, jours, mois et années, et une longueur: celle du texte, mesurée en lignes et en pages" (*Figures III* 123).

[11] Genette, *Figures III* 142-43; "Il n'y a donc dans la scène dialoguée qu'une sorte d'egalité *conventionnelle* entre temps du récit et temps de l'histoire..." (123; subrayado de Genette. Véase *Nouveau* 24).

ellas a propósito del ejemplo 24, ya que, y si se prescinde por un momento de complicaciones terminológicas, alternan allí dos modalidades de la *rapidez* que de todas maneras habrá que deslindar en el análisis.[12]

Por razones de espacio (y para evitar la excesiva redundancia) bastará detenerse en el primer episodio, aunque, claro es, el examen del tercero permitiría llegar a las mismas conclusiones. En el resumen siguiente se ofrece la segmentación del texto según estas pautas ya indicadas.

		TIEMPO		FOCALIZACIÓN
		Rapidez	*Frecuencia*	
1.	Et quando vino a ocho o a diez días, una tarde dixo al fijo mayor que	sumario	singulativa	externa
2.	otro día de grand mannana quería cavalgar et que fuesse con él.	escena	singulativa	interna
3.	Otro día vino el infante mayor al rrey, pero non tan mannana commo el rrey su padre dixiera. Et desque llegó,	sumario	singulativa	externa
4.a	díxol el rrey que se quería vestir, et quel fiziesse traer los pannos.	escena	singulativa	interna
b	El infante dixo al camarero que troxiesse los pannos; et el camarero preguntó que quáles pannos quería.			
5.	Et el infante tornó al rrey	sumario escena	singulativa singualtiva	externa interna
6.	et preguntól que quáles pannos quería. El rrey díxole que el aljuva,			
7.	et él tornó al camarero	sumario	singulativa	externa
8.	et díxol quel aljuva quería el rrey. El camarero le preguntó que quál aljuva quería,	escena	singulativa	interna
9.a	et el infante tornó al rrey a gelo preguntar.	sumario	singulativa	externa
b	Et assí fizo por cada vestidura, que siempre yva et venía con cada pregunta, fasta que el rrey tovo todos los pannos.	sumario	iterativa	externa

---

[12] "According to some theorists... although dialogue is the purest form of scene, a detailed narration of an event should also be considered scenic. In this view, what characterizes a scene is the quantity of narrative information and the relative effacement of the narrator" (Rimmon-Kenan, *Narrative* 54).

		TIEMPO		FOCALIZACIÓN
		Rapidez	*Frecuencia*	
c	Et vino el camarero, et lo vistió et lo calçó.	sumario	singulativa	externa
10.	Et desque fue vestido et calçado,	sumario	singulativa	externa
11.a	mandó el rrey al infante que fiziesse traer el cavallo,	escena	singulativa	interna
b	et él dixo al que guardava los cavallos del rrey quel troxiesse el cavallo; et el que los guardava díxole que quál cavallo traería;			
12.a	et el infante tornó con esto al rrey, et assí fizo por la siella et por el freno et por el espada et por las espuelas;	sumario	singulativa	externa
b	et por todo lo que avía menester para cavalgar, por cada cosa fue preguntar al rrey.	sumario	iterativa	externa
13.	Desque todo fue guisado,	sumario	singulativa	externa
14.	dixo el rrey al infante que non podía cavalgar, et que fuesse él andar por la villa et que parasse mientes a las cosas que vería por que lo sopiesse retraer al rrey.	escena	singulativa	interna
15.	Et el ynfante cavalgó et fueron con él todos los omnes onrrados del rrey et del rreyno, et yvan ý muchas tronpas et atabales et otros estrumentos. El infante andudo una pieça por la villa, et desque tornó al rrey	sumario	singulativa	externa
16.	preguntól quél paresçía de lo que viera. Et el infante díxole que bien le paresçía, sinon quel fazían grand rroydo aquellos estrumentos.	escena	singulativa	interna

El estilo indirecto de las *"escenas"* disminuye las intrusiones del narrador, que aquí limita su intervención al empleo de los *verba dicendi* y a las transformaciones morfosintácticas de la *consecutio temporum* exigidas por la integración de las palabras de los personajes en su propio discurso. Para los fines perseguidos por Patronio ello es de suma importancia: se los deja actuar y hablar con el mínimo posible de mediación permitida por una narración indirecta y con "más libertad" para que el obrar de los hijos revele con mayor fidelidad sus cualidades. De allí una paradoja frecuente en el "realismo medieval": el texto crea la "ilusión de la realidad" allí donde, justamente, su dependencia del *sentido* es más férrea. Y como en el ejemplo 46, el texto parece aproximarse a la *mímesis*, pero sólo para confirmar la *sententia* que lo precede.

Una tercera forma de *rapidez* es la *elipsis*, u omisión en el *discurso* de hechos "ocurridos" en la *historia: TD:* O; *TH: n* (*n:* "número indefinido de acciones") (Genette, *Figures III* 139-41 y *Nouveau* 24). En el ejemplo 24 pueden señalarse cuatro, situadas entre la petición al rey y la primera prueba, entre ésta y la segunda, entre la segunda y la tercera, y entre esta última y la decisión final del monarca. Desde el punto de vista temporal, la primera es una *elipsis determinada* (ocho a diez días) y las restantes, *indeterminadas* ("Et a cabo de otros días", "Et a cabo de otros días", "Et quando vino el plazo..."), pero formalmente todas ellas son *explícitas*, por indicarse con mayor o menor (im)precisión el lapso transcurrido.

Más importante todavía es que todas sean *no cualificadas*, es decir, que se guarde absoluto silencio sobre el tiempo elidido. Y es que lo pertinente son las pruebas propiamente dichas, no lo que "sucedió" entre ellas. Si el narrador hubiera decidido prescindir de las *elipsis*, se le habrían presentado dos opciones: o bien habría debido disponer los tres episodios uno tras otro y sin solución de continuidad, o bien se habría visto obligado a colmar las lagunas del *discurso* (o sea, cada una de esas *elipsis*) con otros aspectos de las vidas o del rey, con lo cual daría cabida a detalles superfluos o innecesarios, o de los hijos, en cuyo caso solamente podría haber prolongado el relato con acciones y circunstancias similares a las de las pruebas, convirtiendo al ejemplo en víctima del peligro por excelencia de la literatura de tesis, la excesiva redundancia (Suleiman 139-41; Rimmon-Kenan, "The Paradoxical" 153-55).[13] Queda excluida, por definición, la otra alternativa, a saber, la narración de hechos que pudieran contradecir o hacer dudar de las cualidades demostradas por los hijos al servicio del rey. Las *elipsis*, por consiguiente, responden a exigencias de la *historia* y del *discurso*: la primera no debe contener ningún episodio o comportamiento que pueda amenazar la monosemia del segundo; y éste, por su parte, no debe multiplicar las redundancias más allá de lo necesario y lo prudente. El *sentido* de un texto se construye con lo que se dice, pero, a veces también, con lo que se omite.

---

[13] Para la cronología interna del relato y las diferentes lecciones de los manuscritos véase Alberto Blecua, *La transmisión* 55.

Nótese, en fin, la carencia de *elipsis* en el interior de cada uno de los episodios. Se trata ahora, con la falta de "blancos" (*gaps*) (Iser 182-203), de evitar que el *receptor* pueda construirse una imagen de los personajes que no coincida con la deseada por el *emisor* del *mensaje*. El relato didáctico se "cierra" aquí para impedir que el lector pueda ejercer su propia iniciativa y libertad hermenéuticas y para asegurar así la univocidad semántica e imposibilitar la pluralidad de interpretaciones. En uno y otro caso, y por paradójico que parezca, tanto la presencia cuanto la ausencia de *elipsis* servirán para (tratar de) imponer una sola decodificación "correcta".

De la última modalidad de la *rapidez*, la *pausa descriptiva* (*TD: n; TH:* 0) (Genette, *Figures III* 133-38 y *Nouveau* 24-25), no se encuentra ningún caso en el ejemplo manuelino. Los elementos descriptivos que en él pudieran hallarse, en particular los que se refieren a la villa, se reabsorben en la narración:

> Et desquel infante cavalgó, mandó quel mostrassen toda la villa de dentro et las calles et do tenía el rrey sus thesoros, et quántos podían seer, et las mezquitas et toda la nobleza de la villa de dentro et las gentes que y moravan. Et después salió fuera et mandó que saliessen allá todos los omnes de armas, et de cavallo et de pie, et mandóles que trebejassen et le mostrassen todos los juegos de armas et de trebejos, et vio los muros et las torres et las fortalezas de la villa. Et desque lo ovo visto, tornóse paral rrey, su padre.

Como en Proust, también podría afirmarse que ésta "es menos una descripción del objeto contemplado que un relato y análisis de la actividad perceptiva del personaje que contempla" (Genette, *Figures III* 136). Y, en efecto, lo que interesa aquí no es tanto la descripción por sí misma cuanto el interés demostrado por el hijo menor en la vida de la ciudad.

Frecuencia. Según Suleiman, la *frecuencia* (cantidad de veces que se narra un hecho) tiende a ser estable (B.5.1.).

Con respecto al relato *iterativo* —una de las tres modalidades de la *frecuencia* postuladas por Genette (*Figures III* 147-48 y *Nouveau* 26-27)— importa advertir de antemano que las redundancias son parciales: no se narra de una sola vez un mismo hecho ocurrido varias veces (*1D / nH*), lo cual es manifiestamente imposible, sino una misma manera de obrar, acentuándose así lo constante y eliminándose lo no permanente en la conducta de los hijos (como en los segmentos 9 b y 12 b del primer episodio). En otras palabras, la iteración conservará sólo aquellos elementos funcionales para el *sentido* a través de un proceso de síntesis y asimilación: de los personajes se presentarán únicamente, como diría Genette, "los rasgos invariantes a todas las unidades de la serie" (*Figures III* 158).[14] Como ya se ha visto, esta redundancia de significados se sintetiza en el contenido de los *archilexemas* "incapacidad de gobernar" y "capacidad de gobernar", que expresan lo invariante en la conducta de los hijos mayor y menor, respectivamente.

Todo análisis implica, por definición, separar aspectos que se hallan co-presentes en el objeto de estudio. La distinción de *orden, rapidez* y *frecuencia,* con sus ulteriores subdivisiones, no debe impedir apreciar la estrecha solidaridad de los diversos fenómenos, como ya lo indicó también Genette (*Figures III* 178). Será necesario decir dos palabras sobre los pasajes *iterativos* en cuanto a la *frecuencia,* y *sumarios* en cuanto a la *rapidez*.

El *sumario iterativo* puede desempeñar varias funciones. Puede, por ejemplo, evitar la excesiva repetición; no hace falta mencionar "cada vestidura", ni dar cuenta de "cada pregunta", ni enumerar "cada cosa" necesaria para cabalgar:

> Repite la misma fórmula con el caballo, pero cierra de manera viva el grupo narrativo con una rápida enumeración: "et assi fizo por la siella et por el freno et por el espada et las espuellas; et por todo lo que avía mester para cavalgar, por cada cosa fue preguntar al rey". Estas sutilezas expresivas, este sentido de la proporción, esta conciencia de la relación significante-significado, es algo propio de don Juan Manuel, es su estilo, es su cualidad de escritor que con toda seguridad no bebió en la fuente de la anécdota. (Ayerbe-Chaux 153)

Y puede también, lo cual es aún más esencial para comprender el *sentido* del relato, servir de función recapitulatoria: como su nombre lo indica, resume, por analogía, sólo los elementos perti-

---

[14] "La 'répétition' est en fait une construction de l'esprit, qui élimine de chaque occurrence tout ce qui lui appartient en propre pour n'en conserver que ce qu'elle partage avec toutes les autres de la même classe, et qui est une abstraction: 'le soleil', 'le matin', 'se lever'" (Genette, *Figures III* 145). Para una discusión de las "fronteras de lo iterativo" véase Chatelain.

nentes para la lectura "correcta" y da lugar, asimismo, a la conclusión de la *secuencia*. Sintagmáticamente, se halla al final de los primeros momentos del episodio aquí considerado; semánticamente, opera el "cierre" por el uso anafórico de "cada" y "todo" —redundancias retóricas o estilísticas (Suleiman 152)— y por "siempre", elimina toda posibilidad de "blancos" que permitan la participación activa del conde (y del lector) y les impone, por todo ello, una sola decodificación posible, la prevista por el narrador. El *sumario iterativo*, en fin, opera una doble síntesis: por aceleración elimina la excesiva repetición, por abstracción y "cierre" imposibilita la pluralidad de interpretaciones (Genette, *Figures III* 170).

Del relato *singulativo* (el neologismo es inevitable en francés, dice Genette, y también en español) o igualdad de ocurrencias entre *discurso* e *historia* (1D / 1H, nD / nH) (*Figures III* 146), que comprende todas las *escenas* y todos los *sumarios*, salvo los *iterativos*, lo más interesante es otro fenómeno que tampoco escapó a su atención, lo *singulativo* al servicio de lo *iterativo*: los hechos singulares pueden ilustrar y confirmar una serie *iterativa* (*Figures III* 166-67). Como acontece en los *sumarios* 5, 9 a y 12 a: "Et el infante tornó al rrey", y 7: "et él tornó al camarero", el *discurso* narra cada vez un hecho distinto, pero todos ellos configuran, por abstracción de sus rasgos comunes, una serie *iterativa* cuyas unidades se reabsorben en una sola invariante y de la que da cuenta el *archilexema* "incapacidad de gobernar" del primogénito, manifestada por una señal inequívoca, ese constante ir y venir entre el rey y los servidores de la corte. La solidaridad se hace aún más evidente en el segmento 12, en que el relato oscila entre el *sumario iterativo* y el *sumario singulativo*: "todo lo que avía menester para cavalgar" recapitula, en una sola invariante, los elementos de la serie enumerados por separado: silla, freno, espada y espuelas.

REDUNDANCIAS ENTRE LA *HISTORIA* Y EL *DISCURSO*

De los tres aspectos de la *frecuencia* propuestos por Genette (*récit singulatif, répétitif* e *itératif*) cabría esperar el predominio del segundo. Quizás habrá sorprendido comprobar que él es, precisamente, el único que falta, el único, asimismo, que funciona entre los niveles de la *historia* y del *discurso*. Esta ausencia de la narración *repetitiva* (que cuenta varias veces lo que sucedió una sola: nD / 1H) quizás se deba al hecho de que podría haber llevado a situaciones incompatibles con los objetivos del ejemplo. Por un lado, se puede narrar una misma acción más de una vez y desde distintos ángulos, con grave peligro de la monosemia a que aspira todo relato didascálico: se trata de "cerrar" el *mensaje*, no de "abrirlo" a las perspectivas de otras voces narrativas o de otros personajes que puedan ofrecer versiones discrepantes o contradictorias de los mismos hechos; por otro lado, se puede hacerlo sin variaciones de punto de vista, lo cual conduciría a una repetición innecesaria. Se trata, en suma, de sortear los escollos de la falsa redundancia, en el primer caso, y de la excesiva redundancia, en el segundo. El *discurso* de Patronio, que no es *repetitivo* en el sentido de Genette (*Figures III* 147), lo es según la distinción propuesta por Kawin entre *repetitious:* "when a word, percept, or experience is repeated with less impact at each recurrence; repeated to no particular end, out of failure of invention or sloppiness of thought", y *repetitive:* "when a word, percept, or experience is repeated with equal or greater force at each occurrence" (4).

Más importante que repetir el mismo hecho "with less impact at each recurrence" es reiterar el mismo modo de actuar, y añadir, por un efecto de acumulación, fuerza e intensidad a la figura del personaje que el lector, guiado por el texto, va construyendo durante el proceso de recepción.

Patronio concluye la introducción e introduce el ejemplo del rey moro con las siguientes palabras: "Mas para conosçer los moços por las sennales de fuera que son yaquanto más çiertas, plazerme ýa que sopiéssedes cómmo provó una vez un rrey moro a tres fijos que avía, por saber quál dellos sería mejor omne".

El narrador anticipa ya la tesis de su relato, que las redundancias de segundo y tercer tipo vendrán a confirmar: un hecho es redundante con la interpretación del narrador (C.2.), las cualidades y el comportamiento de un personaje son redundantes con el comentario (o comentarios) del narrador (C.3.):

> Al rrey plogo mucho deste denuesto que el infante le dixo. Et quando vino el plazo a que avía de dar rrespuesta a los de la tierra, díxoles que aquel fijo les dava por rrey.
>
> Et esto fizo por las sennales que vio en los otros et por las que vio en éste. Et commo quier que más quisiera qualquier de

los otros para rrey, non tovo por aguisado de lo fazer por lo que vio en los unos et en el otro.

La elección del hijo menor "confirma" el juicio previo de Patronio, narrador "abiertamente didáctico" que "siempre tiene razón", según diría Suleiman:

> Et vos, sennor conde, si queredes saber quál moço será mejor, parat mientes a estas tales cosas, et assí podredes entender algo, et por aventura lo más de lo que á de ser de los moços.

Y tal dictamen, a su vez, recibirá su corroboración definitiva en los versos finales:

> Al conde plogo mucho de lo que Patronio le dixo. Et porque don Johan tovo éste por buen exemplo, fízolo escrevir en este libro, et fizo estos versos que dizen assí:
>> Por obras et maneras podrás conosçer
>> a los moços quáles deven los más seer.

Es ésta la última redundancia entre *historia* y *discurso*: la interpretación de un personaje es redundante con la interpretación del narrador (C.4.); en otros términos, la de Patronio (personaje del relato "primero") es redundante con la de Don Johan. Pero puesto que hasta aquí se ha considerado el ejemplo propiamente dicho, y para mantener la coherencia metodológica, C.4. podría reformularse, sin afectar para nada los resultados del análisis, del siguiente modo: las interpretaciones de los narradores de primer grado (*extradiegético* = Don Juan Manuel) y de segundo grado (*intradiegético* = Patronio) son redundantes entre ellas y se refuerzan mutuamente. Se establece así en toda la narración una "línea interpretativa" muy semejante a las de las novelas de tesis:

> There exist in the *roman à thèse* series of interpretive commentaries made by the omniscient narrator (type 3) or by one or more spokesman-characters (type 4), or by both (alternation of types 3 and 4), such that an interpretive "line" is established which runs from one end of the narrative to the other. These commentaries are al least partially redundant with each other; their function is to reduce the ambiguities of the story, im-

> printing the latter with a single meaning. What is especially important is not the number of commentaries (which can vary from work to work), but their redundancy, or more precisely the *absence of contradiction* between and within them. (Suleiman 185-86; subrayado de Suleiman)

En conclusión: conducta de los hijos → decisión del rey → interpretación de Patronio → interpretación de Don Johan → lector. Por hallarse al final de esta "cadena interpretativa", al *receptor* no le queda otra opción que aceptar el dictamen unánime de quienes lo han precedido en la valoración de los personajes. El texto reduce hasta prácticamente anular toda posibilidad de participación activa por parte del lector en el proceso de interacción (o "transacción") en que consiste toda lectura. Más aún, el alto grado de determinación del relato controla al destinatario e, imponiéndole límites precisos a su interpretación, lo conduce a una sola lectura "correcta", la prevista y predeterminada por el narrador.

Para concluir, y para hacerle también justicia a Don Juan Manuel, debe recordarse que tampoco escapó a su aguda perspicacia el fenómeno ya aludido de la excesiva redundancia; en la introducción al segundo libro de los *Proverbios,* Patronio pondrá de manifiesto una vez más su alerta conciencia de narrador experimentado y conocedor de su oficio:

> Ca dezir una razón muchas vegadas, si non es por algún provecho sennalado, o paresçe que cuyda el que lo dize que aquel que lo ha de oyr es tan boto que lo non puede entender sin lo oyr muchas vezes, o paresçe que ha sabor de fenchir el libro non sabiendo qué poner en él.

Hay que evitar, por cierto, el exceso e "hinchazón" de lo superfluo, pero también estar prevenidos contra posibles lectores torpes y "botos". Pero, sobre todo, debe obtenerse "algún provecho sennalado": la claridad de la enseñanza, la univocidad del *sentido.* Tal es la misión de la redundancia en la narración ejemplar.[15]

---

[15] Para otro comentario de este pasaje véase Diz 123, y para esta prolijidad en el estilo de *El Conde Lucanor,* Sturm, "Author" 6-7.

CAPÍTULO VII

MISE EN ABYME Y TEXTUALIDAD: EJEMPLO 2

Con el estudio del ejemplo 24 no se ha dicho todo acerca de la redundancia como propiedad definitoria del relato manuelino y de la narración ejemplar en general. En la fábula del rey moro las redundancias entre las pruebas correspondientes a los hijos mayor y mediano y las que tienen lugar dentro de cada uno de los episodios poseen un carácter parcial, ya que lo repetido no son los mismos hechos sino una misma manera de obrar: los dos primeros hijos se conducen de idéntica forma y cada uno de los tres revela con su conducta una sola invariante, manifestada exteriormente por un cierto número de actos: la capacidad para el gobierno del reino o la falta de aptitudes para hacerse cargo de él.

En el ejemplo 2, "De lo que contesçió a un omne bueno con su fijo", la redundancia se lleva hasta sus últimas consecuencias en el plano de la *historia* como así también en el del *discurso*. Con respecto a la primera, ya no se repetirá un mismo proceder compartido por varios personajes, sino exactamente las mismas acciones, y no una sino dos veces: el relato de Patronio de lo ocurrido camino del mercado será duplicado en las dos ocasiones en que el labrador le refiera a su hijo los hechos de que ambos acaban de ser protagonistas.

Pero además de narrarse la misma *historia* tres veces, la redundancia afectará también al *discurso*, y en particular a los dos participantes del diálogo, Patronio y Lucanor, narrador y *narratario*, de los cuales el labrador y su hijo constituirán sus respectivas réplicas:[1]

---

[1] Para el concepto de *narratario* ("quelqu'un à qui le narrateur s'adresse") véanse los estudios de Prince y de Rimmon-Kenan, *Narrative* 103-05.

> En cierto modo, los propios protagonistas del ejemplo II, el padre y el hijo, funcionan como un eco o duplicado de la dualidad Patronio-Lucanor. El conde es adoctrinado por su ayo, a través de los *exemplos* que éste le proporciona. El mozo lo es, igualmente, por su padre a través de un *exemplo* en acción. Éste pasa a convertirse de *vivido* en *narrado*, cuando se articula en el marco de los personajes equivalentes al padre y el hijo: Patronio y el conde. (Baquero Goyanes 39; subrayados de Baquero Goyanes)

Y, más aún, cuando el "omne bueno" tome la palabra reproducirá en su propio relato una organización del texto igual a la del consejero, un idéntico modo de operar y una análoga finalidad docente. Todas estas repeticiones dan origen a una profusión de lo que la crítica francesa, siguiendo a Gide, denomina *mise en abyme* ("obra en la obra", "historia dentro de la historia", "duplicación interior", etc.). El ejemplo 2 ha sido ya estudiado en cuanto a sus fuentes (Devoto, *Introducción* 361-64), composición (England 71-73) y originalidad artística (Ayerbe-Chaux 35-39), pero se ha desatendido el análisis de sus *mises en abyme;*[2] su examen se propone aquí ir más allá de la descripción de un texto determinado, puesto que el empleo de tal técnica en el ejemplo del labrador y su hijo permitirá comprender mejor la *poética* del discurso didáctico manuelino, su organización, su funcionamiento y su finalidad. Como en el capítulo anterior, no se trata tampoco de ofrecer una nueva interpretación del ejemplo (de ello se encargan Patronio y el labrador), sino más bien de poner de manifiesto las convenciones que rigen la construcción del *sentido*, en otras palabras, de apreciar una vez más las posibilidades, alcances y límites de una crítica semiótica.

En este capítulo se ha de seguir en lo esencial el modelo de Lucien Dällenbach, el más completo y sistemático hasta la fecha, ajustándolo, eso sí, a las necesidades específicas del relato de Don Juan Manuel, y teniendo en cuenta también, cuando ellas sean pertinentes, las observaciones formuladas por otros estudiosos.[3]

---

[2] En ninguno de los relatos paralelos (Ayerbe-Chaux 190-94) se emplea la *mise en abyme:* otra prueba de la originalidad de Don Juan Manuel.

[3] Dällenbach, *Le récit*. Para la relación entre *mise en abyme* y lectura véase su estudio "Réflexivité". De sus teorías se han ocupado Bal, "Mise", y Carrard. Y para otros enfoques de la *mise en abyme*, *Texte* 1 (1982): "L'autoreprésentation: le texte et ses miroirs", y Ron.

La noción misma de *mise en abyme* es equívoca, debido tanto a la polisemia del concepto cuanto a los diversos usos metafóricos a que ha dado lugar.[4] A partir de la definición adoptada por Gide del vocabulario técnico de la heráldica (Dällenbach, *Le récit* 17 y 38), Dällenbach propondrá las suyas:

> est mise en abyme toute enclave entretenant une relation de similitude avec l'œuvre qui la contient. (*Le récit* 18)

> est mise en abyme tout miroir interne réfléchissant l'ensemble du récit par réduplication simple, répétée ou spécieuse. (*Le récit* 52; véase también 61)

> est mise en abyme, dans mon acception, tout signe ayant pour référent un aspect pertinent et continu du récit (fiction, text ou code narratif, énonciation) qu'il signifie au niveau de la diégèse, le degré d'analogie entre signe et référent donnant lieu à divers types de réduplication. ("Réflexivité" 24)[5]

Por su alusión al espejo, la segunda definición acude a una metáfora cara al *realismo mimético*, y que, como tantas otras (la del "marco", según se ha visto) exige numerosas precauciones: la *mise en abyme* no constituye una duplicación exacta y, al igual que ciertos espejos, ella también puede ofrecer una imagen deformada de la realidad.

Presentes en tales definiciones y comunes a todas la *mises en abyme* son las ideas de "reflexividad" y de "semejanza": "une réflexion —sostiene Dällenbach— est un énoncé qui renvoie à l'énoncé, à l'énonciation ou au code du récit" (*Le récit* 62).[6] Lo

---

[4] Dällenbach, *Le récit* 9, 17, nota 2, 32-38, 209; Bal, "Mise" 116. A falta de una expresión equivalente en español hay que conservar la denominación en francés. Hertz traduce: "a casting into the abyss", pero cede luego a las tentaciones de la metáfora del abismo (311). Genette propone "structure en abyme" (*Figures III* 242).

[5] Véase el apéndice I, "Les trois leçons du miroir" (215-21); para la expresión "récit spéculaire", 51, y para una crítica de la metáfora heráldica, 18, nota 1, y Ricardou, *Le nouveau* 50. Véase también Bal, "Mise" 123, nota 12. La relación de paralelismo y enclave entre el marco y el ejemplo fue ya notada por Romera Castillo 48 y 14-16. Para el "juego de espejos" en el ejemplo 1 véase Diz 5 y 10.

[6] "La racine commune de toutes les mises en abyme étant, à l'évidence, la notion de *réflexivité*, celle-ci nous fournira un premier critère de reconnaissance" (Dällenbach, *Le récit* 60; subrayado de Dällenbach). "Est mise en abyme tout *signe*

distinto es el "objeto" o "referente" reflejado: el *enunciado* (o *historia* narrada por Patronio), la *enunciación* (o *discurso*), el *texto*, el *código* y el *principio* del relato. Estas cinco *mises en abyme elementales* se hallan, según ha de verse, en el ejemplo de Don Juan Manuel.

Mise en abyme de la historia

Dällenbach la define como "une citation de contenu ou un résumé intertextuels", y la estudia desde los puntos de vista *paradigmático* y *sintagmático*, de acuerdo, respectivamente, con el grado de analogía de los *enunciados* y según la posición que ocupe en el desarrollo del *discurso* (*Le récit* 76; véase Bal, "Mise" 119-20).

Con relación al análisis *paradigmático*, se impone una distinción previa y necesaria para delimitar con mayor claridad el concepto mismo de *mise en abyme*. Aunque la analogía admite un número más o menos indefinido de posibilidades, por el momento bastarán sólo dos: la similaridad y la identidad. La primera comprende, en rigor, a todos los ejemplos, en virtud del paralelo que invariablemente se establece entre el relato de Patronio y el problema planteado por Lucanor. Como se sabe, la justificación misma del género didáctico se halla en esta similitud entre dos o más situaciones, en parte diferentes, pero comparables en otros respectos, y en la aplicación de la lección de la primera a la segunda. Al igual que la parábola o la fábula, el *exemplum* postula también una relación analógica, de similaridad o contraste, entre ambos niveles narrativos y aspira, gracias a esta "relación puramente temática", "juxtaposición temática" o "función temática" (Genette, *Figures III* 242 y *Nouveau* 63; Todorov, *Poétique* 84; Rimmon-Kenan, *Narrative* 92), a influir en el comportamiento ulterior del destinatario de la narración (Dällenbach, *Le récit* 108-09; Genette, *Figures III* 243 y *Nouveau* 62; Suleiman 46 y 146): "El conde tovo por buen consejo lo que Patronio le consejava, et fízolo assí et fallóse ende bien".

En el ejemplo 2 tiene lugar, naturalmente, esta semejanza entre las circunstancias del conde y las del labrador y su hijo, pero aquello que lo convierte en un caso especial y muy apropiado para comprender la *poética* del relato ejemplar es el haber acudido, y no

---

ayant pour *référent* un aspect pertinent et continu du texte, du récit ou de l'histoire qu'il *signifie*, au moyen d'une ressemblance, une fois ou plusieurs fois" (Bal, "Mise" 123; subrayados de Bal. Véase también 122, 124 y 125).

una sino dos veces, a la identidad (parcial) entre las *historias*, o *enunciados*. Ambas *mises en abyme* del labrador se acercan así a la forma más extrema de la analogía, sin realizarla plenamente: se trata siempre de una identidad aproximada.[7] En efecto, preceden a los consejos del padre dos resúmenes de lo acontecido camino hacia el mercado, según el principio de Ricardou de que la *mise en abyme* no puede ser más extensa que el relato que condensa (véase Dällenbach, *Le récit* 62, nota 1). En las páginas siguientes se copia la parte pertinente del ejemplo, redistribuyéndose los *enunciados* para hacer ver mejor cómo los *sumarios* del labrador abrevian la narración reflejada, de la que intentan ofrecer un "modelo reducido": ideal inalcanzable puesto que, aun cuando las transformaciones sólo sean de índole cuantitativa, toda reducción conlleva inevitables alteraciones en la textualidad, que en este caso pueden dar lugar a lo que Dällenbach denomina "compresión" y "dilatación semánticas" (Dällenbach, *Le récit* 77 y "Réflexivité" 32; Genette, *Palimpsestes* 263 y 288). El *discurso* manuelino privilegia la primera, o *mise en abyme particularizante*, que "comprime y restringe la significación de la ficción" (Dällenbach, *Le récit* 81).[8] Y, efectivamente, cada *mise en abyme* del "omne bueno" somete la *historia* a una labor de "concisión", entendida aquí no sólo como rasgo estilístico (que Don Juan Manuel, por lo demás, tenía en gran estima), sino más bien como práctica textual que conserva lo esencial del *enunciado* sin sacrificar ninguna parte temáticamente significativa (Genette, *Palimpsestes* 271-79):

> Simplifiant la complexité de l'original, la réplique fictionnelle convertit le temps en espace, transforme la successivité en contemporanéité et, par là même, accroît notre pouvoir de *com-prendre*. ... En stylisant ce qu'elle copie, la maquette fait le

---

[7] "La fameuse *structure en abyme*, si prisée naguère par le 'nouveau roman' des années 60, est évidemment une forme extrême de ce rapport d'analogie, poussée jusqu'aux limites de l'identité" (Genette, *Figures III* 242; véanse Genette, *Nouveau* 63 y Rimmon-Kenan, *Narrative* 93). Las dos *mises en abyme del enunciado* constituyen, según la tipología de Dällenbach, una "reduplicación al infinito", y el ejemplo de Patronio, una "reduplicación simple" del relato entero (*Le récit* 37-38, 51, 142, 209 y el apéndice I). Para la tipología, 139-48 y la crítica de Bal, "Mise" 121-22.

[8] La *mise en abyme generalizante*, por el contrario, da lugar a una fragmentación de la *historia* y a una pluralización del *sentido*, circunstancias ambas incompatibles con la naturaleza del relato didáctico. Véanse además Dällenbach, "Réflexivité" 35-36, y Ricardou, *Le nouveau* 73-75.

1) Et yendo amos a mercado, levavan la vestia sin ninguna carga et yvan amos de pie. Et encontraron unos omnes que venían daquella villa do ellos yvan.

TEXTO DE P	TEXTO DE S
Et en departiendo, dixeron que aquel omne bueno et su fijo non paresçían omnes de buen recabdo, yendo el asno vazío et ellos yr de pie. Et esto visto, dixo el omne bueno: —Fijo, ¿qué te paresçe de aquel dicho de aquellos omnes? Et el fijo respondiól que era verdat, pues que el asno yva vazío et ellos de pie.	Et de que fablaron en uno et se partieron los unos de los otros, aquellos omnes que encontraron començaron a departir ellos entre sí et dizían que non les paresçíen de buen recabdo aquel omne et su fijo, pues levavan la vestia descargada et yr entre amos de pie. El omne bueno, después que aquello oyó, preguntó a su fijo que quel paresçía daquello que dizían. Et el fijo dixo que le paresçía que dezían verdat; que, pues la bestia yba descargada, que non era buen seso yr entre amos de pie.

Primera mise en abyme de la historia

Entonçe respondió el padre et díxol: —Sabe, que quando salimos de nuestra casa, que ývamos de pie et tú dexiste que era bien.	Estonçe el padre respondió a su fijo en esta manera: —Fijo, bien sabes que quando saliemos de nuestra casa, que amos veníamos de pie et trayamos la vestia sin carga ninguna, et tú dizías que te semejava que era bien. Et después fallamos omnes en el camino que nos dixieron que non era bien,

Segunda mise en abyme de la historia

ca ya fuemos entramos de pie, et dixeron que non fazíamos bien;

2) Entonçe el omne bueno mandó a su fijo que cavalgasse. Et cavalgó et encontraron a otros omnes, et dixeron que fazían mal seso, en quanto yva el moço, que era para lazdrar, cavallero, et el viejo cansado, de pie. Et el padre preguntól quel paresçía de aquello. Respondió el moço que dezían razón.	Et entonçe mandó el omne bueno a su fijo que subiesse en la vestia. Et yendo assí por el camino, fallaron otros. Et de que se partieron dellos, conmençaron a dezir que lo errara mucho aquel omne bueno, porque yva él de pie, que era viejo et cansado, et el moço, que podría sofrir lazeria, yva en la vestia. Preguntó entonçe el omne bueno a su fijo que quel paresçía de lo que aquellos dizían; et él díxol quel paresçía que dizían razón.

Primera mise en abyme de la historia

Et fallamos otros que dixieron que non era bien, et mandéte yo sobir en la bestia et finqué de pie et tú dixiste que era bien. Et después fallamos otros omnes que dixieron que aquello non era bien, et por ende

Segunda mise en abyme de la historia

et fu yo de pie et tú en la vestia et dixieron que errávamos;

3) Estonçe desçendió el fijo et cavalgó el padre.

Et yendo assí toparon con otros omnes, et dixieron quel omne bueno et el moço fazían desaguisado en quanto el moço tierno yva de pie, et el viejo usado de lazeria yva cavallero. Estonçe preguntól que quél paresçía de aquello. Et el moço dixo que entendía aquello ser verdat.

Estonçe mandó a su fijo que diçiesse de la vestia et subió él en ella.

Et a poca pieça toparon con otros, et dixieron que fazía muy desaguisado de dexar el moço que era tierno et non podría sofrir lazeria, yr de pie et yr el omne bueno que era usado de pararse a las lazerias, en la vestia. Estonçe preguntó el omne bueno a su fijo que quel paresçíe desto que estos dizían. Et el moço díxol que segund él cuidava quel dizían verdat.

Primera mise en abyme de la historia

et desçendiste tú et sobí yo, et tú dexiste que era bien. Et otros dixieron que non era bien.

deçiste tú, et subí yo en la vestia, et tú dixiste que era aquello lo mejor. Et porque los otros que fallamos dixieron que non era bien,

Segunda mise en abyme de la historia

et fu yo en la vestia et tú de pie, et dixieron que era yerro;

4) Et cavalgaron amos a dos en el asno. Et ellos yendo assí toparon con otros omnes, et dixieron quel asno era tan flaco que non podía (*sic*) yr vazío et yvan amosençima dél, et assí que lo erravan mucho. Et preguntó el fijo (*sic*) que quel paresçía de aquello. Entendió que dezían verdat.

Estonçe mandó el omne bueno a su fijo que subiesse en la vestia por que non fuesse ninguno dellos de pie.

Et yendo assí encontraron otros omnes et comencaron a dezir que aquella vestia en que yvan era tan flaca que abez podría andar bien por el camino, et pues assí era, que fazían muy grant yerro yr entramos en la vestia. Et el omne bueno preguntó al su fijo que quel semejava daquello que aquellos omnes buenos dizían; et el moço dixo a su padre quel semejava verdat aquello.

Primera mise en abyme de la historia

Mandéte sobir comigo, et tu dexiste que aquello era lo mejor. Fallamos otros que dixieron que fazíamos mucho mal.	mandéte subir en la vestia comigo; et tú dixiste que era mejor que non fincar tú de pie et yr yo en la vestia. Et agora estos que fallamos dizen que fazemos yerro en yr entreamos en la vestia; et tú tienes que dizen verdat.

Segunda mise en abyme de la historia

et agora ymos amos en la vestia et dizen que fazemos mal.

départ entre ce qui est essentiel et ce qui n'est qu'accesoire, elle *in-forme*. (Dällenbach, *Le récit* 77-78; subrayados de Dällenbach. Véase "Réflexivité" 32)

Desde el punto de vista *sintagmático*, los estudiosos han adelantado ya que las *mises en abyme*, de un modo u otro, afectan la temporalidad del relato (Dällenbach, *Le récit* 82, 92 y 95; Ricardou, "L'histoire" 189; Jefferson 197). De allí que puedan analizarse con relación a los tres aspectos del tiempo narrativo deslindados por Genette y examinados con mayor detenimiento a propósito del ejemplo 24: constituyen un *sumario* de la *historia (rapidez)*, según queda indicado (Dällenbach, *Le récit* 82); dan lugar a un discurso *repetitivo (frecuencia)*, es decir, se narra el mismo hecho más de una vez y de la misma manera, sin contradicciones entre las diferentes versiones (a diferencia de lo que sucede, por ejemplo, en el *nouveau roman*), y alteran la cronología del argumento *(orden)* (Suleiman 167-68: C.1.): toda *mise en abyme* es una "interrupción" y una "anacronía", las del labrador, *retrospectivas*, por hallarse hacia el final, sin agregar nada a lo que ya se sabe (Dällenbach, *Le récit* 82-83; Bal, "Mise" 119-20, 122 y 124; Ricardou, *Le nouveau* 62). Pero no son superfluas: recapitulan y resumen la fábula, más aún, la "cierran" semánticamente, para facilitar su lectura y controlar más eficazmente su interpretación, tareas menos sencillas y más problemáticas cuando la *mise en abyme* se sitúa al principio de la narración o hacia el medio —*prospectiva* y *retro-prospectiva*, respectivamente:[9] "Además, [el labrador] le canta la lección dos veces

---

[9] La *mise en abyme terminale* puede ser "parfaitement décryptée par le récepteur alors qu'il n'est pas de mise en abyme initiale ou médiane qui soit entièrement percée à jour..." (Dällenbach, *Le récit* 110).

haciendo en la segunda un resumen del precedente sumario de lo que ha pasado. Es obvio el deseo de forzarla a entrar en la cabeza del hijo rebelde" (Ayerbe-Chaux 37).

Se intenta, en suma, asegurar en lo posible la univocidad de la *historia* antes de explicitar la enseñanza que va a seguirle –moraleja que, en realidad, precede al relato y a la cual éste no hace sino ilustrar o amplificar, según la lógica del discurso didáctico.

MISE EN ABYME DEL DISCURSO

Tal como se ha visto en el capítulo cuarto, la posibilidad y riesgo de una lectura "incorrecta" proceden de la naturaleza misma de la comunicación literaria, de carácter "diferido" y "defectivo" por consistir, en definitiva, en la interacción de sólo *mensaje y receptor*. La *mise en abyme de la enunciación* se propone corregir hasta donde sea factible todas estas anomalías:

> Le lecteur ne serait-il pas abandonné à lui-même? Ne risquerait-il pas de comprendre à sa guise ou, peut-être, de ne pas comprendre du tout? Il convient donc de le seconder et, dans certains cas, d'aller jusqu'à remédier artificieusement au caractère différé de la communication écrite par une mise en abyme de l'énonciation. Rétablissant une situation de dialogue par ce subterfuge, le texte met le lecteur en présence d'un producteur et d'un récepteur, voire, par un tour de passe-passe où Cervantès, Jean-Paul et Gide ont excellé, du producteur et du récepteur mêmes du texte qu'il est en train de lire. (Dällenbach, "Réflexivité" 30)[10]

La peor amenaza contra el discurso didáctico, ausencias y malentendidos, pueden, si no desaparecer, por lo menos neutralizarse en parte si se recrean ciertas condiciones semejantes a las de la comunicación oral. Y esta sería, quizás, una de las posibles explicaciones de la inclinación de la literatura medieval por el empleo del diálogo. En otras palabras, la *mise en abyme enunciativa*

---

[10] Los otros cuatro integrantes de la comunicación oral existen, como afirma Riffaterre, en tanto que "representaciones": así, por ejemplo, el autor y la realidad están "verbalmente presentes" o bien "se deducen del enunciado, reconstituidos por el lector" (*La production* 9-10 y 45).

serviría para instaurar una comunicación que, aunque escrita, sea —según diría Hamon— reversible, contextualizada, no hermética y no ambigua, y pueda superar así las limitaciones e insuficiencias indicadas. Para lograrlo, la narración manuelina deberá crear al mismo tiempo el *texto* y su *contexto* (Dällenbach, "Réflexivité" 29).[11] He aquí la definición de Dällenbach:

> En conséquence, l'on entendra par *mise en abyme de l'énonciation* 1) la "présentification" diégétique du producteur ou du récepteur du récit, 2) la mise en évidence de la production ou de la réception comme telles, 3) la manifestation du contexte qui conditionne (qui a conditionné) cette production-réception. (*Le récit* 100; véase Bal, "Mise" 120-21)

El estudio de esta *mise en abyme* en el ejemplo 2 exigiría un tratamiento previo de la teoría de las voces y niveles narrativos (véanse Genette, *Figures III* 238-46 y *Nouveau* 52-64; Rimmon-Kenan, *Narrative*, 91-96); para los fines de este capítulo será suficiente, empero, representar las *mises en abyme* en el cuadro de la página siguiente, en que se indican los niveles a que pertenecen los *emisores* y *receptores* de los tres *mensajes* (narración total: "marco", ejemplo, versos finales; relato de Patronio; *mises en abyme* del padre), las relaciones de unos y otros con dichos planos, y la presencia o ausencia de participación en la *historia* que cuentan o que se les cuenta.[12]

El efecto de esta *mise en abyme* depende, según Dällenbach, del grado de analogía entre la actividad del autor y la de su representante (*Le récit* 30 y 103); no es un azar, entonces, que en el ejemplo manuelino tal analogía se convierta en identidad y que iguales fines impulsen al *narrador extradiegético*, al ayo y al labrador: los tres refieren un *exemplum* (lo que dará lugar a dos *mises en abyme*

---

[11] "La palabra intercambiada entre Lucanor y Patronio es, además, un diálogo genuino. No sólo están insertas en el texto, sino aún más, subrayadas, las marcas de las personas del discurso" (Diz 29).

[12] Durante la lectura del esquema téngase en cuenta: (a) "primero" no significa necesariamente "más importante" (Genette, *Nouveau* 58 y 60); (b) se respeta la terminología de Bal, "hipo-", a pesar de las objeciones de Genette (*Nouveau* 61); (c) Genette, *Nouveau* 61; (d) "autodiegético": el personaje-narrador es el personaje de su propio relato (Genette, *Figures III* 253). Se prescinde aquí de las nociones de *autor* y *lector implícitos* (Dällenbach, *Le récit* 43, nota 1, 100-01 y 104-07, y "Réflexivité" 25).

MISE EN ABYME DEL EMISOR	RECEPTOR	NIVEL NARRATIVO	RELACIÓN CON EL NIVEL	PARTICIPACIÓN EN LA HISTORIA QUE NARRAN O QUE SE LES NARRA
Narrador extradiegético	Lector	primero: diegético (a)	extradiegético	heterodiegético
Patronio	Lucanor	segundo: hipodiegético (b)	intradiegético	heterodiegético
Labrador	Hijo	tercero: hipo-hipodiegético	intra-intradiegético (c)	homodiegético (= autodiegético) (d)

textuales, como se verá luego), animados por las mismas intenciones didascálicas.

Otro tanto cabría afirmarse de los destinatarios: a los tres les corresponde interpretar "correctamente" el relato y obrar después de acuerdo con las normas éticas propuestas en los consejos que le siguen y que la *sententia* se encargará de repetir. Este proceso de recepción comprende la decodificación, o recodificación, del *mensaje*, su interpretación y la acción posterior (Dällenbach, *Le récit* 108-10; Suleiman 46). Los dos primeros momentos están preorientados por el *texto* mismo: en primer lugar, por la creación de un *contexto* que permita seleccionar, de entre los varios posibles, el *significado* apropiado para cada *significante*, reduciendo de esa manera el grado de indeterminación del *discurso* (Dällenbach, "Réflexivité" 28 y 31);[13] en segundo lugar, por la multiplicación de las redundancias entre el contenido de los *enunciados*, por un lado, y, por otro, entre los productores y destinatarios de las *enunciaciones*.

MISE EN ABYME DEL TEXTO

Según Bal ("Mise" 121), las restantes *mises en abyme* postuladas por Dällenbach *(textual, metatextual* y *trascendental)* no serían sino otras tantas modalidades de la *mise en abyme de la historia*, como, por lo demás, Dällenbach lo había anticipado ya para la *mise en abyme del texto* (*Le récit* 123). Bal advierte un "movimiento significativamente circular", o "círculo vicioso", en la argumentación de *Le récit spéculaire* y una tendencia a confundir las *mises en abyme elementales:* como toda *mise en abyme* es *ficcional,* las distinciones de Dällenbach son más bien "desplazamientos de acento" que "diferencias fundamentales". Pero a pesar de estos reparos de orden teórico, convendría conservar aquí tales discriminaciones, aunque sólo fuera por consideraciones prácticas, ya que las tres clases son muy útiles, y hasta indispensables, para comprender mejor la organización *(mise*

---

[13] "Todo acto de hablar es, en alguna medida, un acto creador; de ahí la necesidad de acudir a los contextos y a la situación del hablar en la interpretación de cualquier acto lingüístico (sólo que —por conocer, en general, los contextos y las situaciones, que son también *nuestros* contextos y *nuestras* situaciones— muy a menudo pasamos por alto el hecho de que todo acto de hablar se halla en infinitas relaciones que pueden completar y determinar su sentido)" (Coseriu, *El hombre* 21; subrayados de Coseriu).

en abyme textual), el funcionamiento *(metatextual)* y la finalidad *(trascendental)* del relato manuelino.

Al igual que el signo lingüístico, sostiene Dällenbach, todo *enunciado* puede aprehenderse en su referencia a "otra cosa" o a sí mismo: *mise en abyme ficcional* del relato en su dimensión referencial de *historia* narrada, en el primer caso; *mise en abyme textual* del "aspecto literal de su organización significante", en el segundo (*Le récit* 123). Esta última puede manifestarse emblemáticamente: el texto como tejido *(textum),* como cuerpo, como obra de arte, como máquina (Dällenbach, *Le récit* 125-27; Bal, "Mise" 127); es significativo que en el ejemplo 2 esta *mise en abyme textual* no adopte ninguna forma metafórica y prefiera, en cambio, reproducir el relato en su "literalidad": el ejemplo de Patronio será duplicado por otros dos de la misma naturaleza semiótica ("Mais comme tout ce qui vit, –afirmó Propp (95)– le conte n'engendre que des enfants qui lui ressemblent"), es decir, por otras narraciones con su misma estructura *(historia* + enseñanza), y todos, a su vez, reproducirán la organización del *discurso* entero (Ricardou, *Le nouveau* 53).

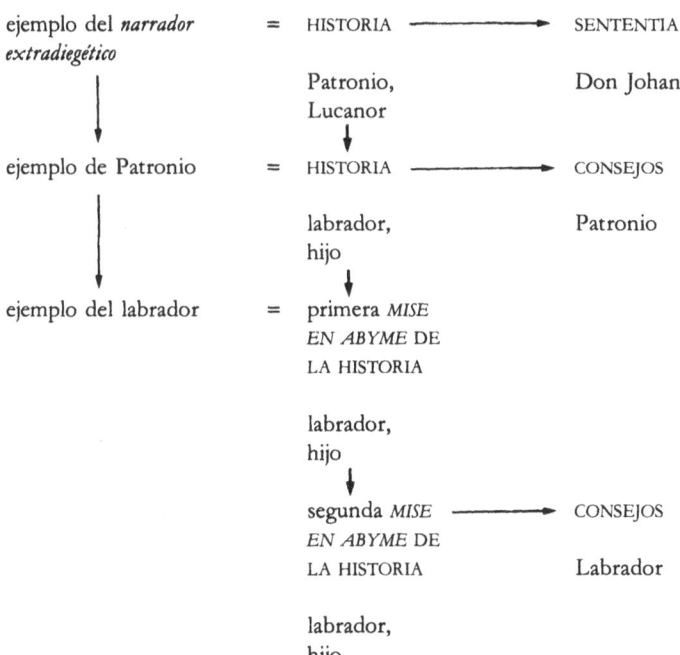

Tres propiedades específicas definen esta *mise en abyme:* representa una "composición", en este caso de la misma *forma* y *sustancia* semiótica de su referente, es decir, de naturaleza lingüística; constituye un "modelo reducido" de éste, con divisiones análogas, y, muy especialmente, pone de manifiesto el modo de operar del relato: un caso particular y una moraleja que universaliza el *sentido* (Dällenbach, *Le récit* 127).

MISE EN ABYME DEL *CÓDIGO*

La *mise en abyme del código* es, simultáneamente, *mise en abyme textual,* de la cual se diferencia por no reproducir el relato en su organización, sino por apuntar, más allá de ésta, al principio mismo de su funcionamiento: "*code* désigne la possibilité consentie au récit de définir ses signes par ses signes mêmes et d'expliciter ainsi son mode d'opération" (Dällenbach, *Le récit* 128, nota). De ello da cuenta un discurso metalingüístico, un *metatexto,* como también diría Hamon: un *texto* sobre el *texto* que, en *El Conde Lucanor,* se sitúa en lugares privilegiados y estratégicos, en lo que el mismo estudioso denomina las "fronteras externas" e "internas" del relato.[14] ¿Qué papel desempeñan estas *mises en abyme,* o indicios, metatextuales con relación a los dos participantes de la comunicación literaria, *mensaje* y *receptor?*

Con respecto al primero, el título, al principio, "Exemplo II, De lo que...", y la intervención de Don Johan, al final del "marco", actúan, en primer término, como indicadores de la clase de discursos en que el texto queda incluido; y lo mismo en las "fronteras internas" que marcan la transición entre niveles: al igual que el *narrador extradiegético* (= Don Juan Manuel), el *intradiegético* (Patronio) ha de anticipar también, en una primera *mise en abyme metatextual,* el *código* narrativo a que obedece su cuento. Es de notar que la palabra "exemplo" aparece ya en la introducción del relato del consejero: "Sennor conde Lucanor –dixo Patronio–, mucho me

---

[14] Dällenbach, *Le récit* 127-31. Para la discusión que sigue pueden verse Hamon, "Texte" 266-68 y 277-78; Genette, *Palimpsestes* 9-11 y Crosman, "Poétique" 70-72. Para el concepto de *código* véanse asimismo Eco, *Semiotics* 164-88 y Fokkema.

plazería que parássedes mientes a un EXEMPLO de lo que contesçió a un buen omne con su fijo moço".[15]

En segundo lugar, se denota el funcionamiento del *mensaje*, un *exemplum*, es decir, una historia particular que sirve de vehículo a una enseñanza, abreviada en la *sententia:* "Et quando don Johan falló este EXEMPLO, mandólo escrevir en este libro, et fizo estos versos en que está avreviadamente toda la sentençia deste EXEMPLO".

En los cuentos del consejero y en las *mises en abyme* del padre se pone de manifiesto también el modo de obrar del discurso didáctico (anécdota + enseñanza) según la definición ya clásica de Welter:

> Par le mot *exemplum*, on entendait, au sens large du terme, un récit ou une historiette, une fable ou une parabole, une moralité ou une description pouvant servir de preuve à l'appui d'un exposé doctrinal, religieux ou moral. (1)

o la más reciente:

> un récit bref donné comme véridique et destiné à être inséré dans un discours (en général un sermon) pour convaincre un auditoire par une leçon salutaire. (Bremond et al. 37-38; véase López Estrada 408-09, nota 7)

Importa notar otra vez que, como en la *mise en abyme textual*, tampoco las *metatextuales* lo hacen en forma metafórica: el funcionamiento del texto del *narrador extradiegético* se duplica "literalmente" en los de los otros dos.

Desde el punto de vista del *receptor*, el título, las referencias al género y a la manera de operación del *discurso* determinan solidariamente lo que se ha llamado "contrato genérico" (Genette, *Palimpsestes* 9) o "tipo de comunicación" (Crosman, "Poétique" 72), o,

---

[15] Orduna afirma que la palabra *enxiemplo* aparece "integrando la fórmula introductoria" solamente en el ejemplo 2 ("El *exemplo* 135), pero en realidad se la encuentra también en las palabras iniciales del 27: "–Sennor conde Lucanor –dixo Patronio–, porque estos exemplos son dos..." De todas maneras, es bien significativo que sea el ejemplo del labrador uno de los dos casos –salvo error u omisión– en que se aluda explícitamente al *código* de la narración que va a comenzar. Los títulos corresponden a los fenómenos que Genette denomina *paratextualidad* y *architextualidad* (*Palimpsestes* 9 y 11).

como dice Dällenbach, "modo de empleo" del texto por parte del lector (Dällenbach, *Le récit* 130; véase Bal, "Mise" 118 y 125). En el relato manuelino ese "pacto de lectura" se establece directamente con el destinatario "real" a través del título, pero también por medio de la mediación redundante de la dos *mises en abyme del código*. En efecto, la fábula del *narrador extradiegético* no sólo recurre a la "competencia literaria" del lector, sino también la (re)crea en el interior del texto mismo;[16] al conde y al hijo, como al lector, se les anuncia también que están en presencia de un *exemplum*, con lo cual se les delimita de antemano su "horizonte de expectativas": "A genre, one might say, –sostiene Culler– is a conventional function of language, a particular relation to the world which serves as norm or expectation to guide the reader in his encounter with the text" (*Structuralist* 136). Dicho de otra manera, las reiteradas indicaciones al género le proponen (en realidad, le imponen) al lector "real" un modelo específico de recepción, no menos rigurosamente codificada que las de los dos *narratarios* (el conde, el hijo), es decir, las tres están "programadas" por anticipado: crear la "competencia" en el interior del *mensaje* significa que ese modelo de lectura está ya previsto e inscripto en la obra que se lee. Al *mensaje* sólo se lo puede leer como un *exemplum*, con todo lo que ello implica: aceptar las convenciones del género a que pertenece, el *código* literario que lo gobierna y los fines didascálicos que le dan origen.[17]

Mise en abyme del principio

En el ejemplo 2 este origen del texto se manifiesta también como una *mise en abyme trascendental* (o del *principio*), cuya misión consiste en revelar el fundamento y el fin del relato, en palabras de

---

[16] Para el concepto de *competencia literaria* véase Culler, *Structuralist* 113-30 y la definición: "a set of conventions for reading literary texts" (118).

[17] Véanse Crosman, "Poétique" 70-71, y "Reference" 92. Que la interpretación del hijo está predeterminada por la del padre fue indicado ya por Diz: "Puesto que el padre permite que el mozo decida las acciones durante el viaje, el muchacho, convertido en agente principal, 'vive' la historia como protagonista, y luego 'lee' la interpretación que, a modo de narrador, el padre hace de ella al final" (47).

Dällenbach, su *arché* y su *telos*, o el "código de los códigos" que lo hacen posible.[18]

A pesar de que, por situarse "fuera" del *mensaje*, causa y finalidad sólo pueden ser objeto de una *mise en abyme ficcional*, conviene insistir otra vez en la necesidad de respetar dicha distinción porque las *mises en abyme trascendentales*, en el relato manuelino, apuntan en última instancia a la razón de ser misma de la literatura didáctica. A la intención docente de *El Conde Lucanor*, su *arché* y su *telos*, se hace referencia explícita, por cierto, antes y fuera de esta narración, en el prólogo del libro, pero también dentro del ejemplo 2: "Et vos, sennor conde Lucanor... pues me mandades que vos conseje en ello, el mi consejo es éste..." (primera *mise en abyme trascendental*); más interesante es la segunda, por hallarse en un lugar sumamente estratégico del *discurso*, precisamente en el punto de conjunción entre la segunda *mise en abyme de la historia* y los consejos que le siguen:

> Pues en ninguna guisa non puede ser que alguna cosa destas non fagamos, ca ya todas las fezimos et todas dizen que son yerro. / ET ESTO FIZ YO POR QUE TOMASSES EXEMPLO DE LAS COSAS QUE TE ACAESÇIESSEN EN TU FAZIENDA; / ca çierto sey que nunca farás cosa de que todos digan bien...

Y las intenciones del labrador ya habían sido anticipadas también por Patronio:

> Et de que el padre passó grant tienpo esta vida con su fijo, lo uno por el danno que se le seguía de las cosas que se le enbargavan de fazer, lo ál por el enojo que tomava de aquellas cosas que su fijo le dizía, et sennaladamente lo más, por castigar a su fijo et darle EXEMPLO cómmo fiziesse en las cosas quel acaesçiessen adelante, tomó esta manera segund aquí oyredes.

Nótese en las palabras de ambos la referencia a la causa-efecto de su obrar, en "*por que* tomasses exemplo" y "*por* castigar a su fijo", de un sentido a la vez causal y final, el *arché* y el *telos*, respectiva-

---

[18] Dällenbach, *Le récit* 131-32, 138 y apéndice II, "Le roman como 'poésie de la poésie'" (221-23). La *mise en abyme del principio* es inseparable de la *metatextual* y condición de las otras cuatro (137-38).

mente, de toda la narración y de todo *El Conde Lucanor*.[19] Adviértase, asimismo, la doble significación de "exemplo", entendido aquí como modelo de conducta, pero aludiendo también al carácter didáctico de la narración, que todos los *receptores* (hijo = Lucanor = lector) han de reconocer sin dificultad gracias a su "competencia literaria". Y es de observar, finalmente, que, como en casos anteriores, tampoco esta *mise en abyme* se expresa por medio de una "metáfora de origen" sobre la cual se modelaría el relato (Dällenbach, *Le récit* 227-30), sino por una indicación otra vez "literal" del afán docente del labrador: "Et esto fiz yo por que tomasses exemplo...", el mismo que anima al sabio consejero: "Et vos, sennor conde Lucanor... el mi consejo es éste...", y a Don Johan, quien, ahora sí directamente, se dirigirá al lector "real" en los versos finales: "Por el dicho de las gentes, sól que non sea mal, / a la pro TENED las mientes, et non FAGADES ál".[20]

MISE EN ABYME Y REDUNDANCIA

Toda *mise en abyme* es, por definición, redundante. No sería superfluo decir dos palabras más sobre dicho carácter, mencionado en este capítulo en más de una ocasión, y compartido por las cinco *mises en abyme* del ejemplo 2.

En las *mises en abyme de la historia*, los *sumarios* del labrador, con los que termina la parte propiamente narrativa del relato de Patronio, constituirán dos casos típicos de excesiva redundancia, no siempre evitada, justo es decirlo, en *El Conde Lucanor*: identidad entre el ejemplo de Patronio y sus dos *mises en abyme*, y similitud entre aquél y la situación planteada por el noble. Pero a pesar de no agregar nada nuevo a lo ya leído, todas estas repeticiones se justificarían en nombre de dos principios textuales característicos del género didáctico y a los que la narración manuelina no haría sino adherirse una vez más: contribuir, en la medida de lo posible,

---

[19] "En el campo nocional los dos valores principales de *por* y *para* son *causal* y *final*, respectivamente; pero la causa y el fin se tocan constantemente; de aquí el intercambio continuo de *por* y *para*, y su posible neutralización" (López 203). Los ejemplos aducidos por López proceden de *Platero y yo*, *La familia de Pascual Duarte* y *El Jarama*.

[20] Ya Devoto observó que dos frases del relato, "sól que non sea mal" y "por [recelo de] dicho de las gentes", se repiten en la moraleja (*Introducción* 363).

a asegurar la univocidad del *mensaje* y facilitar, una vez establecido su *sentido*, la universalización de la enseñanza. Estas *mises en abyme retrospectivas*, al menos en el ejemplo 2, no serían "négligeables à la fin", como afirma Dällenbach (*Le récit* 83), sino que cumplen una función bien determinada en el conjunto de la narración:

> La recapitulación peca, posiblemente, de reiterativa y prolija, pero se diría que, en la mecánica del cuento, tenía que funcionar así, para que, a través de tan machacón repaso a lo ocurrido, quedara patente el riesgo que supone una aceptación demasiado ingenua de la opinión pública, dado lo cambiante y aun contradictorio de ésta. (Baquero Goyanes 38)[21]

Las *mises en abyme del discurso* son también redundantes, entre sí y con el *discurso* que las contiene. De allí que los *emisores* y destinatarios de las *enunciaciones* se reflejen unos a otros: el *narrador extradiegético*, Patronio y el labrador, por una parte, y Lucanor y el hijo, por otra, poseen las mismas cualidades y cumplen las mismas funciones; las interpretaciones de un personaje (el padre) acerca de los hechos (lo sucedido en el camino) y de otro personaje (el hijo) son redundantes con las del *narrador intradiegético* (Patronio) y ambas con las del *extradiegético*.[22] La recepción de todo el texto está así fuertemente condicionada, y hasta tal punto que la labor hermenéutica que se espera del lector puede considerarse como una *mímesis* de la actividad de los personajes. Como lo señala Diz, el lector "debe ficcionalizarse a sí mismo en tanto receptor de esas narraciones" (83).

En las *mises en abyme textuales* se duplica el relato entero del *narrador extradiegético*, con sus mismas propiedades, organización y divisiones. Y otro tanto ocurre con las *metatextuales:* varias veces se le dice al lector que está leyendo un *exemplum* y gracias a esta repetida alusión, por parte del discurso metalingüístico, al mismo *código* narrativo y genérico, las recepciones del hijo y del conde se convierten en dos prefiguraciones o *mises en abyme* de la lectura del destinatario "real".

---

[21] Sobre la redundancia y *mise en abyme* véanse Dällenbach, *Le récit* 76, 78 y 87-89, y Hamon, "Texte" 267.

[22] Se trata de las redundancias A.2.1., A.3.1., A.4, A.5.1. y C.4 del modelo de Suleiman: véase el capítulo sexto.

Y, por último, las *mises en abyme trascendentales* revelan el principio y la finalidad del relato: la causa-efecto de los cuentos del labrador y de Patronio duplica los mismos motivos y los mismos objetivos de toda la narración y, más allá de ella, de todo el libro:

> Et Dios que es conplido et conplidor de todos los bienes fechos, por la su merçed et por la su piedad, quiera que los que este libro leyeren, que se aprovechen dél a serviçio de Dios et para salvamiento de sus almas et aprovechamiento de sus cuerpos; assí como Él sabe que yo, don Johan, lo digo a essa entençión.

En suma, la *mise en abyme* constituye un ángulo adecuado como pocos para el análisis del discurso didáctico, y ello, ante todo, gracias a la redundancia y, si así puede decirse, hipertrofia de las instancias de comunicación en los varios niveles narrativos que lo integran: multiplicación de *emisores* y *receptores*, repetición del mismo *mensaje*, explicitación del mismo *código*. La realidad (labrador, hijo, etc.) no queda abolida; las palabras son signos de "algo", pero también, y por sobre todo, hacen pasar al primer plano todos los elementos del *discurso* que lo designa: la organización interna, el funcionamiento y la finalidad docente del relato, aplicación muy ilustrativa del "teorema de Ricardou", según el cual la *mise en abyme* revela la estructura misma de la ficción, que de esa manera se convierte en la "dramatización de su propio funcionamiento", en la "toma de conciencia del relato por sí mismo" y, cabría añadir, toma de conciencia por parte del lector de la naturaleza del texto y de las condiciones en que tiene (o debe tener) lugar su recepción (Ricardou, "L'histoire" 178, 181, 183-84 y 182, respectivamente). No es un azar, por ello, que Suleiman haya recurrido a una fábula de La Fontaine con *mise en abyme* para poner a prueba su modelo:

> Why I chose this particular fable should be fairly evident: its very subject matter is none other than the functioning of "exemplary" narratives. By a process of internal reduplication or *mise en abyme*, which one frequently finds in modern fiction but which is by no means restricted to it, the fable of the bassa and the merchant points a finger at its own genre. (51)

Y no es de sorprender, finalmente, que por medio de las *mises en abyme textual y metatextual* la ficción se autocuestione y que el discurso manuelino se señale a sí mismo, incesantemente, como lo que es, mucho más como "texto" (estructura lingüística y semiótica dotada de *sentido*) que como "espejo" de una realidad o como "lámpara" que proyectaría la psicología del autor, según lo quieren las explicaciones *miméticas* y *expresivas*. [23]

EL EJEMPLO 2 Y LA CREACIÓN MANUELINA

Pero además de manifestar con tanta claridad la *poética* del discurso didáctico, el ejemplo del labrador servirá para mostrar la vocación en que se fundamenta la creación manuelina. Es harto significativo, en efecto, que Don Juan Manuel acuda a este cuento para defenderse de los ataques de quienes le reprochaban su consagración a las letras:

> Et commo quier que yo se [que] algunos profaçan de mi por que fago libros, digo vos que por eso non lo dexare, ca quiero crer al exiemplo que yo pus en el *Libro* que yo fiz de *Patronio*, en que dize que
>
> > Por dicho de las gentes,
> > sol que non sea mal,
> > al pro tened las mientes,
> > et non fagades al.
>
> Et pues en los libros que yo fago ay en ellos pro et verdat et non danno, por ende non lo quiero dexar por dicho de ninguno. [24]

En el ejemplo 2 una serie de *discursos* se convierten en partes de *historias* que los engloban: la *enunciación* del labrador se incluye

---

[23] "The title of the book identifies two common and antithetic metaphors of mind, one comparing the mind to a reflector of external objects, the other to a radiant projector which makes a contribution to the objects it perceives" (Abrams, "Preface"). Para Romera Castillo, *El Conde Lucanor* es ambas cosas, "espejo de la España del siglo XIV y plasmación rica de las vivencias personales de don Juan Manuel" (43).

[24] *Libro enfenido* 182; véanse Devoto, *Introducción* 363; Knust 305 y Kinkade, "Sancho" 1040. Para un extenso comentario de este pasaje y de los fines perseguidos por Don Juan Manuel véase Macpherson, "Don Juan Manuel" 13-15. Devoto menciona también una alusión a la misma moraleja en el *Libro de los estados:* "Et que por dicho de las gentes non deve dexar de fazer su pro, si non faze desaguisado" (188).

en el *enunciado* de Patronio y la de éste se integra en el del *narrador extradiegético*. La cadena se detiene en los versos finales, pero habrá de reanudarse años más tarde, cuando la *enunciación* de Don Johan pase al *enunciado* del *Libro enfenido*. Don Juan Manuel se cita a sí mismo: ¿alta estima de su propia obra?, ¿otra vez el orgullo que tantas veces se la ha atribuido? (Scholberg, "Modestia" 28), ¿"susceptibilidad de Don Juan Manuel ante el juicio de la gente y el deseo de justificarse", como dice Orduna ("La autobiografía" 257)? Tal vez. Pero esa autoreferencia poseería un valor que trascendería lo efímero de la anécdota y lo contingente del dato psicológico: ¿no podría verse en ella un emblema (¿quizás *el* emblema?) de la narración ejemplar? Don Juan Manuel, al contemplar retrospectivamente su carrera literaria y defenderse de sus detractores, habrá de encontrar en ese texto escrito años antes la justificación de la primera y su vindicación contra los segundos. El *exemplum* es un relato pero también un modelo de conducta a seguir; el proverbio 11, de *Proverbios I,* decía así:

> Non es de buen seso el que se tiene por pagado de dar o dezir buenos sesos, mas eslo el que los dize et los faze.

Don Juan Manuel procede como espera que lo hagan sus lectores, ajustando su comportamiento (al menos en esta ocasión) a la sabiduría que una secular tradición didascálica ponía a su disposición y de la cual *El Conde Lucanor* se convertirá en fiel y original portavoz.

CAPÍTULO VIII

RECAPITULACIÓN: EJEMPLO 33

Ha llegado por fin el momento de emprender el análisis de un último ejemplo, el 33, "De lo que contesçió a los muy buenos falcones garçeros, et sennaladamente a un muy buen falcón sacre que era del infante don Manuel", "uno de los menos estimados por la crítica" y, sin embargo, "el más interesante del libro", en opinión de uno de sus mejores conocedores, Daniel Devoto ("El halcón").

El texto merece ser leído otra vez, en la esperanza, que ojalá no resulte vana, de ofrecer al escrutinio de los estudiosos un nuevo examen de su semiótica (es decir, de lo que hace posible el *sentido* de la fábula) y de este *sentido* mismo, siguiendo para ello pautas de interpretación que habrán de apartarse bastante de todas las adelantadas por la crítica. Pero, además, la descripción del ejemplo servirá de resumen de todo cuanto se lleva dicho en los capítulos precedentes en lo que atañe a las varias propiedades estructurales de *El Conde Lucanor* examinadas en ellos. Por lo tanto, las páginas que siguen poseerán, inevitablemente, un cierto carácter redundante, que quizás se vea compensado por su valor didáctico: al replantear de una vez todos los problemas de los siete ejemplos anteriores se pondrán nuevamente a prueba los principios metodológicos ya desarrollados en cada caso por separado y, al mismo tiempo, se podrá "cerrar" el discurso crítico de este libro.

Más específicamente, por medio del análisis del ejemplo 33 habrá que volver, entre otras, a las siguientes cuestiones: los elementos autobiográficos del relato que le atribuyen algunos comentaristas (capítulo primero); la posibilidad de una lectura "realista" del texto que no excluya, empero, su *sentido* alegórico (capítulo segundo); la estructuración de la realidad, más allá de la mera *designación* y a partir de ejes semánticos que organizan la *significación* de la fábula en *campos léxicos* (capítulo tercero); la función decisiva del diálogo Lucanor-Patronio en la determinación del *sentido* (capítulo cuarto); la doctrina ética y estamental que se manifiesta en el marco y que impone una lectura del relato del consejero discrepante de las varias interpretaciones autobiográficas y políticas que se suceden, por lo menos, a partir de Menéndez Pelayo (capítulo quinto); la redundancia de los contenidos en el ejemplo propiamente dicho, que corroboran e incluso imponen las conclusiones que aquí habrán de proponerse (capítulo sexto); y, en fin, los caracteres propios de la "textualidad" de *El Conde Lucanor*, es decir, sus propiedades y funciones en tanto que colección de narraciones dotadas de una determinada organización semiótica que aún espera un estudio más atento de los procesos y convenciones que la hacen posible y que le confieren sus rasgos específicos y definitorios (capítulo séptimo).

¿Autobiografía?

Se suele repetir que *El Conde Lucanor* y, en general, toda la obra manuelina poseen un carácter autobiográfico: "Es indudable que Don Juan Manuel se personifica en el *El Conde Lucanor* y esto hace sospechar que los casos planteados a Patronio son sucedidos a él, estados o problemas de su conciencia, que resuelve conforme a la moraleja que se desprende del cuento" (Giménez Soler 199).[1]

Y aunque ni Giménez Soler ni Orduna incluyan este ejemplo entre los que constituirían una "proyección" de la agitada vida de Don Juan Manuel y aunque también se haya denunciado el "ingenuo biografismo" de muchos análisis, parecería confirmado, a pesar de todo, que este texto obedece a motivaciones personales y a la necesidad de justificar su conducta por parte del autor.[2] La

---

[1] A propósito de este pasaje, Várvaro, autorizándose con el caso del ejemplo 47, en que el conde Lucanor se refiere a un hermano suyo –Don Juan Manuel era, en cambio, hijo único– aconseja prudencia: "Che ci sia un'identificazione psicologica dell'autore col suo personaggio è indubbio, ma non se ne deve ricavare una lettura in chiave autobiografica" (190, nota 6). También al comienzo del ejemplo 27 Lucanor hace referencia a dos hermanos suyos.

[2] A pesar de ese "ingenuo biografismo" a que se refirió Lida de Malkiel ("Tres notas" 106), las interpretaciones autobiográficas no faltan. Así, Lucanor o

explicación autobiográfica se habría impuesto con tanta autoridad que parecería temerario intentar ofrecer otra interpretación, basada no ya en causas externas y en la intencionalidad de Don Juan Manuel, sino a partir de otras premisas metodológicas que el atento y paciente lector de estas páginas ya habrá previsto: el examen del *discurso* mismo, de las relaciones internas entre sus significados (*significación*), y, en particular, de las restricciones con que el marco controla y aspira a disminuir o eliminar la indeterminación semántica del cuento de Patronio.

Primera consecuencia de las explicaciones *expresivas:* admitir la historicidad de la narración, "anécdota de caza acontecida a su propio padre el Infante D. Manuel", según pensaba ya Menéndez Pelayo (lxxxviii).[3] Contribuiría también a crear esa impresión la adaptación de un relato anterior a un "concreto y familiar marco español" (Lida de Malkiel, *La Idea* 217), y la gran afición del infante Don Manuel por la caza, según testimonio de su propio hijo, y que este mismo compartía (Giménez Soler 135; Scholberg, "Figurative" 147-48; Lomax, "El padre" 172). De lo último dan fe las abundantes referencias esparcidas en el *corpus* manuelino, varios documentos de la colección diplomática publicada por Giménez Soler y, desde luego, el haber escrito el *Libro de la caza*.[4] Recordar

---

Lucanor-Patronio serían la "proyección literaria" de Don Juan Manuel: véanse el capítulo cuarto y Romera Castillo 19-20 y 23, y Marín 9-10. Un caso extremo de "autobiografismo simplista" —como dice Ayerbe-Chaux en su edición (109, nota 74)— es el estudio de María Remedios Prieto, para quien el ejemplo 5 "refleja su personalidad vanidosa y los hechos acaecidos en el agitado año de 1325" (627); Lucanor y el cuervo son "proyecciones" de Don Juan Manuel, y el aparente amigo del marco y el raposo lo son del rey Alfonso y sus consejeros. En la misma línea interpretativa véase el análisis del ejemplo 28 por Torres Nebrera (Ariza Viguera 186-88). No debe olvidarse que, a pesar de defender un enfoque autobiográfico, Giménez Soler no deja de reconocer sus dificultades (199), y lo mismo hace Orduna ("La autobiografía" 246-47). En fin, para todos estos problemas véanse también Caldera 11 y 69-70, Macpherson, "Don Juan Manuel" 3, 8 y 17, y la nota 11 del capítulo primero.

[3] Véanse igualmente Krappe 294; Adams y Bond 109 y Barcia 47. Para una opinión contraria, Devoto: "... el suceso, para nuestro autor, es un cuento ('algo que le contaron', y no 'algo de lo que fue testigo presencial'), y que como cuento aparece en otras versiones de varias partes de Europa y goza de larga vitalidad..." ("El halcón" 148). Para una anécdota de caza del infante Don Manuel véase el *Libro de la caza* 559.

[4] Documentos LXXXVII, CVI, CXIII, CXXIV, CCCXXX, DLIV y DLXXVIII. "Et dígovos que me dixo don Johan, aquel mío amigo, que es muy grant caçador —pero que sienpre caça commo yo vos digo—..." (*Libro de los estados* 163). Sobre el *Libro de la caza* véanse Martínez Carrillo y Menjot.

todo ello es innecesario, excepto la mención de este tratado, desatendido por los estudiosos del ejemplo 33, que podrían haber encontrado en él valiosas indicaciones para una nueva lectura de la fábula del halcón "rebelde".

LOS RELATOS PARALELOS

Segundo corolario de la teoría autobiográfica: este ejemplo defendería, sin duda ninguna, los intereses personales de su autor. Y no sólo este texto: según Rodríguez Puértolas, Don Juan Manuel "no escribe una sola línea que no tenga un propósito político y social" (65) y ello daría cuenta de la reelaboración a que somete los relatos paralelos indicados por Krappe:

> Mais venons-en à la différence de point de vue qu'il faut constater entre le conte espagnol d'un côté et les variantes italiennes et juive de l'autre. Elle s'explique facilement par la vie de l'auteur espagnol, le prince Juan Manuel, remplie de rébellions contre le roi légitime, Alfonse XI, son cousin. (296)[5]

Todo parecería indicar que Don Juan Manuel cambia la intención de las fuentes para justificarse ante sus coetáneos y ante la historia. A primera vista, sería superfluo volver a ellas una vez más; pero una nueva interpretación del ejemplo 33 debe comenzar por un análisis de las soluciones propuestas y de los argumentos en que se apoyan, precisamente el cotejo con los textos precedentes. Habrá así que desandar todo el camino recorrido desde el artículo de Krappe y releer con atención la parte más pertinente de las tres narraciones allí aducidas. En todas un halcón es castigado con la muerte por haber atacado a un águila, su señor:

> *Novellino:*
>
> Lo'mperadore Federigho andava una volta a falchone et avevane uno ch'era molto sovrano: tenealo charo più ch'una cittade.

---

[5] Para Orduna los libros *de los estados, de las armas* y *enfenido* y *El Conde Lucanor* se relacionan estrechamente por una misma "intencionalidad": la "autodefensa y autojustificación ante los contemporáneos y la posteridad" ("La autobiografía" 265); véanse además Krappe 296; Lida de Malkiel, "Tres notas" 108, nota; Devoto, "El halcón" 144; Rodríguez Puértolas 62 y Blanco Aguinaga et al. 125.

Lasciollo a una grue. Quella montò alta. Il falchone si mise in aria molto sopra lei: videsi sotto un'aguglia giovane, perchossela a terra et tennela tanto che l'ucciso. (Krappe 294)

Bandello:

L'animoso falcone, veduta l'aquila, non degnò più di combattere il timido airone, ma con rapido volo verso l'aquila si rivolse... Alla fine il buon falcone con i suoi fieri artigli quella nel collo afferrò, e dal busto gli spiccò la testa onde in terra in mezzo alla compagnia che con il Re era, cadde. (Devoto, "El halcón" 141)

relato judío:

Au jour indiqué, il les emmena dans son jardin, son faucon perché sur le poing. Or, il y avait dans ce jardin un aigle apprivoisé. A peine le faucon en eut-il pris connaissance qu'il se rua sur lui pour le tuer et n'y réussit que trop bien. (Krappe 295)

Y frente a ellos véase ahora la versión de Patronio, que aquí se ha de copiar íntegramente para facilitar la comparación de los textos:

—Sennor conde —dixo Patronio—, el infante don Manuel andava un día a caça çerca de Escalona; et lançó un falcón sacre a una garça et montado el falcón con la garça, VINO AL FALCÓN UNA ÁGUILA. Et el falcón con miedo del águila, dexó la garça et començó a foýr; et el águila, desque vio que NON PODÍA TOMAR EL FALCÓN fuese. Et desque el falcón vio yda el águila, tornó a la garça et començó a andar muy bien con ella por la matar. Et andando el falcón con la garça TORNÓ OTRA VEZ EL ÁGUILA AL FALCÓN, et el falcón començó a foýr commo la otra vez; et el águila fuese, et tornó el falcón a la garça. Et esto fue assí bien tres o quatro vezes: que cada que el águila se yva, luego el falcón tornava a la garça; et cada quel falcón tornava a la garça, LUEGO VINÍA EL ÁGUILA POR LE MATAR.
Desque el falcón vio que el águila non le quería dexar matar la garça, dexóla, et montó sobre el águila, et vino a ella tantas vezes firiéndola, fasta que la fizo desterrar daquella tierra. Et desque la ovo desterrado, tornó a la garça; et andando con ella muy alto, VINO EL ÁGUILA OTRA VEZ POR LO MATAR. Et desque el falcón vio que non le valía cosa que feziesse, subió otra vez sobre el águila et dexóse venir a ella et diól tan grant golpe quel quebrantó el ala. Et desque la vio caer, el ala quebrantada,

tornó el falcón a la garça et matóla. Esto fizo porque tenía que la su caça non la devía dexar, luego que fuesse desenbargado de aquella águila que gela enbargava.

Pero adviértase una diferencia decisiva entre la fábula manuelina y las demás, que consiste en el cambio de los papeles del águila y del halcón: éste, lejos de ser el agresor, como sucede en los otros casos, se transforma ahora en la víctima de los repetidos ataques del águila. La versión más próxima a la de *El Conde Lucanor* no sería así ninguna de las tres ya indicadas, sino la de Alejandro Neckam, señalada por Lida de Malkiel ("Tres notas" 108) y que Devoto resume así:

un cierto rey, en Gran Bretaña ("In Britania igitur majore rex quidam...") lanza su halcón; un águila lo persigue y el halcón se refugia entre las ovejas; el águila, para seguirlo atacando, pasa la cabeza por el vallado ("intra cratem ex viminibus contextam") y el halcón le da muerte. ("El halcón" 141)

Y aunque Don Juan Manuel pueda haber conocido el cuento del *Novellino*, según afirma Krappe, la cuestión fundamental no sería ésta, sino determinar si Patronio narra en verdad la *misma* fábula, desde *otro* punto de vista, o si, por el contrario, ha de referir *otra historia*, que tendrá *otro* punto de vista y dará lugar a *otra* moraleja. Esta segunda posibilidad fue ya anticipada por Adams y Bond, pero para quienes el origen del cuento también se hallaría en la historicidad de lo efectivamente acontecido a Don Manuel y no en las otras versiones: "Those accounts [los tres textos aducidos por Krappe] differ fundamentally from what Don Juan Manuel says, because in them it is the eagle which is glorified, and the falcon has her neck wrung for attacking the Queen of the Skies" (110).

La clave del *sentido* se encontraría, entonces, o bien en las intenciones con que Don Juan Manuel transforma los relatos paralelos (Krappe, Lida de Malkiel, Devoto, Rodríguez Puértolas), o bien en la vida de su padre (Adams y Bond), y en todo caso, en causas externas al texto mismo.

Lo común a estas interpretaciones *expresivas* sería la "alegoría política" que, según se piensa, manifiesta la narración de Patronio:

La aventura cinegética se reduce al episodio de un halcón que ataca a una garza, siendo, a su vez, ATACADO por un águila. Irritado el halcón, termina por hacer frente al águila, a la cual consigue quebrar un ala, tras lo cual, mata a la garza.

Pero a continuación, Rodríguez Puértolas, forzado por la alegoría que a toda costa quiere imponerle al ejemplo, se ve obligado a convertir al halcón en el agresor del águila:

> La alegoría no es difícil de descifrar: no es sino una justificación del vasallo rebelde-halcón, que deja temporalmente de acosar a los moros-garza para AGREDIR al rey-águila. Se trata, naturalmente, del propio Juan Manuel-halcón y de su actitud ante el rey; recuérdese todo lo dicho más arriba al tratar de la biografía del caballero.

Pero este vasallo "rebelde", sin embargo, y como el halcón de su ejemplo, está a la defensiva:

> La acusación es obvia: los moros *están folgados* porque la aristocracia castellana debe ocuparse de DEFENDERSE de los excesos de la realeza, con lo cual las desgracias políticas y militares de Castilla deben achacarse exclusivamente al monarca. (62; véase luego la nota 9)

Se ha citado este pasaje para ilustrar cómo los prejuicios ideológicos del crítico (marxistas en este caso) pueden a veces llevar a tal distorsión de los textos que les hagan decir todo lo contrario de lo que efectivamente dicen: que el halcón deja la garza para "agredir" al águila, cuando la simple lectura del relato mismo demuestra que debe hacerlo para defenderse de esta última.

Realismo y naturaleza del halcón

Don Juan Manuel atribuía un gran valor a los sacres: además de ocupar el segundo lugar en la jerarquía de los halcones, después de los gerifaltes, su presencia se tenía por indispensable en el séquito de un gran señor como Don Manuel; y por ser esta caza superior a las otras, exigía mayor destreza y pericia por parte de los halconeros.[6]

Pero aún más importante para comprender el ejemplo 33 es detenerse en la naturaleza misma de los sacres: las primeras de las seis condiciones de un "buen falcón garçero" enumeradas en el *Libro* (el orden no es fortuito) es que "sea bien ligero et ARDIT et fanbriento". Y en otros pasajes se aludirá también al segundo rasgo: "son muy BRAUOS de natura et muy SANNUDOS", lo cual los distingue de otras clases: a los gerifaltes no hay que amansarlos y los neblís "son más ligeros de amansar et non han meester tan grant premia commo los sacres" (543, 534, 533 y 536, respectivamente).

Sobre la verosimilitud de sus acciones, las opiniones discrepan: en oposición a Adams y Bond (111), Devoto no cree que un halcón ataque a un águila ("Solamente un ave mágica o simbólica —es decir, un halcón literario— parece atreverse a acometer al águila"), pero sí es posible que se remonte a la altura alcanzada por el del ejemplo ("El halcón" 143).[7] Pero de todos modos, verosímil o no, "real" o "literario", conviene desde ahora tener muy en cuenta la bravura como uno de sus atributos esenciales, rasgo que corresponde al modo de ser "real" del halcón, lo cual no excluye en manera alguna que pueda adquirir una significación alegórica.

El ÁGUILA NO REPRESENTA A ALFONSO XI

El significado del águila fue ya explicado por el propio Don Juan Manuel en el *Libro de las armas:*

---

[6] *Libro de la caza* 525; en el *Libro del cauallero* se los sitúa en tercer lugar, después de los gerifaltes y neblíes (93); para una descripción de los sacres véase el *Libro de la caza* 530; véanse también *Libro de la caza* 577, 526, 527, y Adams y Bond 110.

[7] Según la versión española del *Tesoro* de Latini, el "bretón", "séptimo linaje" de los halcones, es "el rey y el señor de todas las aves", y a tal punto que "el aguila mesma non osa paresçer ally o es él". Para los halcones véase todo el capítulo 143 (21-22). Para la altura del vuelo véase el *Libro de la caza* 554-55. El carácter "realista" de la fábula fue notado por Battaglia: "Ancora una volta la pagina di Juan Manuel forma un trittico perfetto: ai lati due paesaggi d'inchiesta etico-politica, e nel centro una rappresentazione reale, concreta, specifica: con quell'alternanza di esperienza interiore e di evocazione obiettiva, che costituisce il segno più distintivo di questo scrittore" ("De falconibus" 421).

> En pos la mano viene el ala ... otrosi significa que es parte de linage de los enperadores, que trayan aguilas, et el ala es parte del aguila con que buela et puede sobir en alto. (125)

Ante este testimonio, pues, ninguna duda puede caber de que en el ejemplo 33 representa al rey de Castilla, como se viene sosteniendo desde hace más de cincuenta años:

> Mais on ne nous dit pas quelle est la signification de l'aigle, quoique ce soit là sans doute aussi quelque ennemi bien défini. ... Mais pourquoi, nous dira-t-on, ne s'est-il pas exprimé un peu plus clairement? Pourquoi ne nous a-t-il pas dit expressément que l'aigle, c'est le roi? La réponse est des plus simples: Don Juan Manuel écrivait pour ses contemporains et non pas pour les critiques du XXe siècle. La discrétion politique était une vertu au XIVe siècle comme au XXe. Mais surtout, connaissait le proverbe *Al buen entendedor pocas palabras.* (Krappe 294 y 297; véase Devoto, "El halcón" 139-40)

A pesar de todo, los problemas no son tan "simples", ni pueden darse por resueltos en forma definitiva, como piensa Devoto:

> Krappe, a través de textos similares (*Novellino*, Bandello, un cuento judío), muestra que se trata de una alegoría, y que el águila, símbolo del imperio o la realeza, representa el poder constituido; la lección política que se desprende del apólogo de Don Juan Manuel es que los ataques a los moros serán posibles una vez que el infante (o, si se quiere ser literal, Lucanor), esté asegurado contra el rey de Castilla y los suyos (o los "muchos omnes" con los que Lucanor tiene o ha tenido contienda). (Devoto, *Introducción* 422; véase Baquero Goyanes 34)

Pero si se quiere ser "literal" (y no "alegórico") y aceptar "Lucanor" en vez de "infante", habría que leer, también "literalmente", "muchos omnes" (que es lo que efectivamente dice el texto) en lugar de "rey de Castilla y los suyos". Detalles nimios, se dirá. Si en verdad Don Juan Manuel, como sostienen los críticos, tenía tanto interés en justificar sus rebeliones contra el monarca, pudo, si no mencionarlo directamente por su nombre, haber escrito, en cambio, "grandes omnes" o incluso "reyes", como con una llamativa falta de "discreción política", no tuvo ningún reparo en hacerlo, por lo menos, cuatro veces: en las introducciones a los ejemplos 3 (que Patronio, justamente, recordará al final del 33) y 15:

> que sienpre me crié et visqué en muy grandes guerras, a vezes con christianos et a vezes con moros, et lo de más, sienpre lo ove con RREYS, mis sennores et mis vezinos.

> —Patronio, a mi acaesçió que ove un RREY muy poderoso por enemigo; et desque mucho duró la contienda entre nós, fallamos entramos por nuestra pro de nos avenir.

y en los siguientes pasajes del *Libro de los estados,* cuya índole autobiográfica (más fácil aún de defender) los convertiría en textos políticamente mucho más comprometedores que el relato del halcón:

> Et después torné a él algunas vezes, et sienpre le fallé en grandes guerras, a vezes con grandes omnes de la tierra et a vezes con el RREY de Aragón, et a vezes con el rrey de Granada, et a vezes con amos. Et agora, quando de allá partí, estava en muy grant guerra con el RREY DE CASTIELLA, que solía ser su sennor. (38-39)

> Et dígovos que me dixo don Johan, aquel mío amigo, que aviendo él guerra muy afincada con el RREY DE CASTIELLA por muchos tuertos et desonra quel avía fecho.... (132)[8]

¿Por qué, pues, Don Juan Manuel habría de recurrir a alusiones más o menos veladas cuando en otras oportunidades no ha vacilado en "expresarse un poco más claramente"? La respuesta se halla en la índole *no* autobiográfica de su narración. Como en el caso del halcón, hay que dejar de lado esta explicación externa, hacer caso omiso de la "alegoría política" y volver a examinar la conducta del águila tal como se la presenta en el ejemplo mismo.

---

[8] Contra el contenido autobiográfico de las palabras de Lucanor al comienzo del ejemplo 3 se pronunciaron ya Devoto, *Introducción* 364-65 y Diz 105-06. Para la relación entre Don Juan Manuel y Alfonso XI véase Gautier-Dalché.

Incluso aquellos críticos que derivan el cuento de Patronio de los relatos paralelos no han podido dejar de notar que el águila es el atacante, lo cual corresponde con lo que efectivamente podía acontecer en la realidad; hablando de las "águilas mayores" afirma Don Juan Manuel en el *Libro del cauallero et del escudero:*

> Estas, quando son brauas, pueden matar todas las presiones; mas lo demas non caçan si non liebres et conejos et perdizes, pero quando esto non fallan et an fanbre, matan ... los açores et los FALCONES. (92)[9]

Pero de todo ello no se han extraído las consecuencias más pertinentes para la recta comprensión del relato del consejero, a saber, que el águila agresora a que éste se refiere muy difícilmente podría equipararse a un rey víctima de los levantamientos de un "vasallo rebelde". Por este afán de querer explicar todo a partir de la psicología de Don Juan Manuel no se ha entendido la fábula tal como se la narra en el texto y al margen de toda deformación debida a prejuicios ideológicos y a ideas preconcebidas.

OTRA VEZ EL "MARCO"

A pesar de haber prevalecido la interpretación autobiográfico-política, vale la pena intentar un nuevo enfoque, fundado, como hasta ahora se ha hecho, en lo que podría llamarse una "lectura cinegética" del relato. En otras palabras, el texto puede releerse en "clave realista", aunque, claro es, ello no implique postular necesariamente la historicidad de *esta* anécdota. Lo narrado por Patronio, en efecto, no supone nada inverosímil y contrario a la naturaleza de ambas aves, ni exige, por el momento, ningún significado alegórico, ni oculta disimuladas alusiones políticas. El sacre obra según su "natura", "brauos et sannudos"; el águila es su rival más temible y poderoso.

---

[9] "Eagles are likely TO ATTACK the swifter falcons only when the latter are on their prey, as in this case" (Adams y Bond 110); "Un halcón, remontado contra una garza, se ve PERSEGUIDO a su vez por un águila, de la que huye..." (Devoto, *Introducción* 421); "... this spirited story of the hawk who has the heart to fight off a larger AGGRESSOR and bring down his appointed prey..." (Sturcken 86).

Hasta aquí podría decirse que se ha considerado al ejemplo solamente en sus relaciones de *designación: designación* 1) de su autor y del rey (halcón = Don Juan Manuel; águila = Alfonso XI), por la vía alegórica postulada por varios comentaristas, o 2) de una aventura cinegética (halcón = halcón; águila = águila), según una lectura "realista" de sus incidentes. Pero en uno y otro caso, privilegiar la *designación* impide comprender el *sentido* del ejemplo: en el primero ha llevado a una distorsión de lo narrado, con el fin de adaptarlo a una teoría *expresiva* que confía resolverlo todo a partir de la vida y/o de la psicología del autor, o de subordinarlo a una explicación histórica que encuentra alusiones a la realidad del momento dondequiera que se mire; en el segundo, conduciría a negarle un carácter simbólico que, no por "realista", deja de poseer, aunque, como se verá, sea de muy otra índole del que comúnmente se le atribuye.[10]

Como se ha visto en los capítulos anteriores, más allá de la *designación* y de la *significación* está el *sentido*: a éste, por cierto, no se lo ha ignorado; en realidad, gran parte de las discusiones han girado en torno de él, y hasta tal punto que, según Devoto, "hace más de un cuarto de siglo que Alexander Haggerty Krappe desentrañó claramente su sentido, y todavía la crítica se empeña en considerarlo como una anécdota familiar muy claramente prescindible" ("El halcón" 138).[11] Pero este *sentido* es falso, por haberse ignorado el plano de la *significación*, es decir, las relaciones entre los significados del ejemplo y, sobre todo, entre los de éste y los del diálogo entre Lucanor y Patronio. Y ello no deja de tener graves consecuencias, puesto que la adecuada descripción de este segundo nivel será crucial para la lectura "correcta" del ejemplo. En otras páginas ya se ha insistido en que la mayor amenaza contra aquélla

---

[10] También Battaglia había advertido el simbolismo de la fábula, que trasciende su "realismo": "Ma i legami che la mente medievale aveva istituito fra il mondo delle cose visibili e contingenti con le forme dell'intelletto e dello spirito avevano una significazione che a noi moderni potrà risultari azzardata o puramente occasionale, ma che per i modi di quella sensibilità si rivelava emblematicamente verace. La lotta del falcone su nella rischiosa solitudine del cielo, assumeva agli occhi medievali un valore esemplare e perciò trascendeva la stessa circostanza" ("De falconibus" 421).

[11] Más cauto, Sturcken afirma: "Krappe proposes an interpretation difficult to substantiate that involves a vindication of the author's public career" (142, nota 24); "Such fictional touches have seduced more than one critic into believing this tale and others factual or even autobiographical" (86).

proviene de la posibilidad de que varias interpretaciones concurrentes y aun opuestas sean igualmente aceptables. Y también se ha adelantado que para evitarlo estará el marco: aquí, una vez más, en el ejemplo 33, su misión consistirá en imponer una sola decodificación, privilegiando determinadas relaciones de *significación* y, simultáneamente, excluyendo, o "bloqueando", interpretaciones contrarias. En otras palabras, en el marco se estipula el "contrato de lectura" a que el lector deberá someterse.

La caza y la guerra

Queda por ver ahora de qué modo el texto procura reducir dicha indeterminación semántica de sus signos y qué "instrucciones" deberá seguir el *receptor* para la recta comprensión del *mensaje*. Para esto, el marco establecerá la *isotopía* dominante, aquella que dé lugar, para decirlo con palabras de Rastier, a *una* sola lectura coherente posible.[12] Ello ocurre en los consejos de Patronio:

> Et vos, sennor conde Lucanor, pues sabedes que la VUESTRA CAÇA et la vuestra onrra et todo vuestro bien para el cuerpo et para el alma ES QUE FAGADES SERVIÇIO A DIOS, et sabedes que en cosa del mundo, según el vuestro estado, non le podedes tanto servir commo EN AVER GUERRA CON LOS MOROS, por ençalçar la sancta et verdadera fe católica, conséjovos yo que luego que podades seer seguro de las otras partes, que ayades guerra con los moros.

La identificación caza = guerra es mucho más que una figura retórica; constituye una de las manifestaciones más claras, inequívocas y definitorias del ideario militar(ista) del estamento caballeresco. Más aún, el ejemplo no hace sino acogerse a una tradición de la que también se hacen portavoces, entre otros, las *Partidas* de Alfonso X, el *Libro de la montería* y el *Libro de los estados* del mismo Don Juan Manuel:

---

[12] "Par *isotopie* nous entendons un ensemble redondant de catégories sémantiques qui rend possible la lecture uniforme du récit, telle qu'elle résulte des lectures partielles des énoncés et de la résolution de leurs ambigüités qui est guidée par la recherche de la lecture unique" (Greimas, *Du sens* 188); "On appelle isotopie toute itération d'une unité linguistique" (Rastier 82). Véase también Eco, *Semiotics* 189-201.

> Et el lunes levántese de grant mannana a oír la missa. Et si fuere de hedat que pueda andar de cavallo et sofrir la fortaleza del tienpo non deve dexar, por fuerte tienpo que faga, de ir a caça en cavallo, et vestir ganbax gordo et pesado et mucha ropa; lo uno por se guardar del frío, et lo ál por acostumbrar el cuerpo a sofrir el peso de las armas, quando le acaesçiere. Et en quanto andudiere a caça deven traer en la mano derecha lança o asconna o otra vara; et en el isquierda deve traer un açor o un falcón. Et esto deve fazer por acostunbrar los braços: el derecho para saber ferir con él, et el isquierdo para usar el escudo con que se defienda. Et todavía deve traer el espada consigo: lo uno porque es ávito de los que an de bevir por cavallería, lo otro porque en el espada ha arma(da) et armadura: arma para ferir, et armadura para [se] defender. (124-25; véase también 163-64) [13]

A partir, pues, de esta equivalencia caza = guerra habrá que releer de nuevo, retrospectivamente y siguiendo las "instrucciones" del marco, el relato del halcón y del águila, interpretado por varios estudiosos según la *isotopía* política caza = rebeldía de Don Juan Manuel, que inútilmente ha de buscarse en la narración misma. Para ser más claros, en vez de superponerle una lectura autobiográfica (Don Juan Manuel se levanta contra el poder constituido), impuesta desde afuera, a la fábula debería leérsela *desde las palabras de Patronio*, es decir, como una descripción y elogio de las mismas virtudes que se reputaban imprescindibles en la caza *y* en la guerra: la fortaleza y el "esfuerço", descriptas en clave "realista" para el

---

[13] "Ca non ha cosa que mas se allegue con las maneras del cauallero que ser montero o caçador" (*Libro del cauallero* 90); pero con una restricción, a saber, que la caza no le impida —como a Lucanor en el ejemplo 41— el ejercicio de sus deberes: "Et por que yo entendi que la voluntad que yo abia de caçar non me enpeçia para las otras cosas que avia de fazer, nin dexaua por ella ninguna cosa de mi fazienda, vselo asaz quanto me conplia. Ca non deue omne por la caça dexar ninguno otro fecho mayor que le aproueche o le enpesca a la fazienda o a la onra o a la pro. Mas quando al non ha de fazer de los tienpos que se passan baldios, non a ninguno tan bien puesto para los caualleros commo lo que ponen en monte o en caça" (91); "Et dize don Iohan que tanto se paga el de la caça et por tan aprouechosa la tiene para los grandes sennores et avn para todos los otros, si quieren vsar della commo deuen et pertenesçe a sus estados,..." (*Libro de la caza* 560). Véanse también la *Partida segunda*, título V, ley XX, y Alfonso XI, *Libro de la monteria* 3. Según Menjot, el *Libro de la caza* es obra de un "aristocrate 'réactionnaire' militant" (201 y 210).

sacre (halcón = halcón), en clave alegórica para la aristocracia feudal (halcón = conde Lucanor = "defensor").

Toda *isotopía* se configura por un proceso de *selección sémica* (Rastier 85). Según la lectura autobiográfica, los *lexemas* del marco: "conde Lucanor", "otros omnes" y "moros" constituyen un *campo léxico* unitario, cuyas tres unidades compartirían, por lo menos, un *sema* común: el de "historicidad". Admitida la hipótesis de que los personajes corresponden a la realidad del siglo XIV, se los puede reescribir como en (I); y una vez aceptadas estas equivalencias postuladas *a priori* como las determinantes de todas las relaciones entre los significados, no resta sino establecer ahora las correspondencias con el relato del consejero (II), según un procedimiento que Rastier llama "superposición paradigmática", o "encabalgamiento", de las *isotopías* (85, 88, 92):

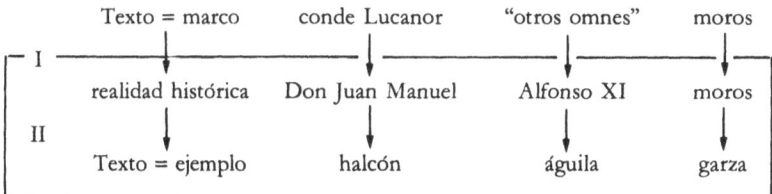

Gracias a esta doble operación, el marco acaba por desaparecer: una vez absorbido en, o identificado con, las vicisitudes y conflictos de la época (I): conde Lucanor = Don Juan Manuel, etc., sólo quedan, frente a frente, la realidad histórica y el ejemplo (II): Don Juan Manuel = halcón, etc. Y aquí comienzan las dificultades: por pasar directamente y sin mediaciones de la supuesta *designación* de los personajes históricos al *sentido* del ejemplo, las explicaciones *expresivas* se ven obligadas a identificar al águila con Alfonso XI porque él era el monarca de entonces, y a Don Juan Manuel con el halcón, a quien hay que atribuirle la conducta de un vasallo "rebelde" porque así acontecía en la agitada vida política de Castilla. Todas estas equivalencias se desentienden de las relaciones entre los significados del marco y los del relato de Patronio, relaciones que, naturalmente, se manifiestan en el interior del texto mismo, cualesquiera que hubieren sido las intenciones y/o la psicología del autor, por lo demás, inverificables. Pasar por alto el marco implica, además de ignorar un plano constitutivo del *discurso* manuelino, desconocer el modo mismo de su funcionamiento: el *sentido* no se construye solamente a partir de la denotación de una realidad extralingüística histórica, posible o ficticia *(designación → sentido)*, sino que debe pasar por la *significación,* cuyas relaciones son de naturaleza intratextual, funcional y estructural. El texto puede definirse como un "campo de posibilidades" (Eco, *The Role* 48, 58 y 62): el marco lo acota, le pone límites y detiene el "juego" de las significaciones.

El halcón, símbolo de las virtudes estamentales

La *isotopía* del marco se constituye según una oposición ética fundamental entre el cumplimiento de las funciones inherentes al "estado" y el descuido de las mismas:

> Et en esto faredes muchos bienes: lo primero, faredes serviçio a Dios; lo ál, faredes vuestra onrra et bivredes en vuestro offiçio et vuestro mester, et non estaredes comiendo el pan de balde, que es una cosa que non paresçe bien a ningund grand sennor; ca los sennores, quando estades sin ningún grand mester, non preçiades las gentes tanto commo devedes, nin fazedes por ellos todo lo que devíades fazer, et echádesvos a otras cosas que serían a las vezes muy bien de las escusar. Et pues a los sennores vos es bueno et provechoso aver algunt mester, çierto sed que de los mesteres non podedes aver ninguno tan bueno et tan onrrado et tan a pro del alma et del cuerpo, et tan sin danno, commo la guerra de los moros.

Desde este ángulo deberían reexaminarse las figuras del halcón y del águila. Autobiográficamente, el primero correspondería al "yo personal" del autor y no al "yo literario" o "ejemplar" de la narrativa medieval (Orduna, "La autobiografía" 245-46). Pero leído desde el marco, y no desde el afuera de los conflictos nobiliarios de Castilla, el sacre del ejemplo no será ya una alegoría del Don Juan Manuel levantisco y sedicioso, sino de lo que, a falta de mejores términos, podría denominarse el "yo estamental", encarnado por el conde Lucanor, representante de los "defensores" a lo largo de todo el libro, como sucede en el ejemplo 3, según lo señalaron Devoto y Diz (véase la nota 8).

A veces rápidas intuiciones u observaciones hechas al pasar, relegadas a una nota a pie de página, pueden servir como punto de arranque para nuevos planteamientos y soluciones. Es lo que sucede con unas líneas de Scholberg, en que, a propósito de los ejemplos alegóricos de *El Conde Lucanor*, afirma con relación al 33: "*Exemplo* xxxiii should probably be included also; the story of the Infante Manuel's falcon is essentially an allegory teaching the value of perseverance in an endeavour" ("Figurative" 153, nota 21).

La conducta del halcón, en efecto, manifiesta simbólicamente no sólo la perseverancia, sino también la fortaleza, el "esfuerço", claves para comprender la doctrina del relato y de todo *El Conde Lucanor*.[14] Ya se ha visto que el sacre debe ser "ardit", virtud que ocupa rango preeminente en el código feudal, especialmente en el ejercicio de la guerra:

> Pero en cabo la cosa que más le cunple a qualquier manera que oviere la guerra, es que aya buen entendimiento et grant ESFUERÇO. Ca todo quanto vos yo digo —et aun lo que se non dezir puede— el buen entendimiento et grant ESFUERÇO le mostrará commo lo deve fazer... (*Libro de los estados* 143)[15]

y muy en particular en el combate contra los enemigos de la fe cristiana: "La FORTALEZA es mester, para que este suenno se cunpla, para conquerir et vençer aquellos que non cren la verdadera fe de Ihesu Christo" (*Libro de las armas* 124). Según todos estos presupuestos, podría concluirse que el halcón no se comporta a la manera de un vasallo "rebelde" (que, curiosamente, en vez de atacar a su soberano, debe defenderse de su agresión), sino de acuerdo con su "natura" y bravura (*isotopía* cinegética), que corresponden, en la *isotopía* ética, a la constancia, tesón, fortaleza y "esfuerço" que Patronio considera esenciales entre los atributos de un "defensor" como el conde a quien aconseja. Y hasta podría argüirse que el halcón de su relato procede, desde un punto de vista estratégico, según se recomienda en el *Libro de los estados* sobre la lucha contra adversarios más poderosos:

---

[14] "*Ardides:* valientes, esforzados" (Ayerbe-Chaux, edición crítica 201, nota 185 y los textos allí aducidos). El capítulo pertinente del *Tesoro* afirma de los gerifaltes: "El quinto linage es de girafalte, que sobrepuja todas las otras aves en grandeza & en FORTALEZA; & es de grant coraçon, & engañoso, & a buena ventura en caçar & en tomar" (21).

[15] Para la relación entre "entendimiento" y "esfuerço" véase la nota 8 del capítulo tercero.

"Que bien cred que el que ha menor poder, si Dios non se tiene mucho con él et non ha muy grant avantaja desfuerço et de seso et de maestría et de artería, que el otro con qui ha guerra que es más poderoso quél, que lo tiene a muy grant peoría. Et la cosa del mundo –del ayuda de Dios en afuera– que más le ha de valer es que aya gran[t] (et) esfuerço et grant entendimiento, et tanbién los amigos commo los enemigos tengan que es vien conplidamente omne conplido et muy sin miedo et muy lazdrador, et que non dubda de fazer por sí mismo todo lo que deve, nin dubda de aventurar el cuerpo cada que fuere meeste[r]". (137)

El *sentido* último del ejemplo, en suma, se puede explicar a partir de la oposición entre la *otiositas* ("comiendo el pan de balde", "sin ningún grand mester", "otras cosas que serían a las vezes muy bien de las escusar") y la *fortitudo*, entre la desidia y el abandono de los deberes propios del "estado" y la perseverancia a que ya se había referido Scholberg.

Águilas, halcones y campos léxicos

Todas las correlaciones postuladas por los críticos: halcón = Don Juan Manuel, águila = Alfonso XI, dependen, en buena medida, de cómo se interprete a esta última. Hasta el presente, y a partir de Krappe –que ya indicó que es ése uno de los dos problemas fundamentales del ejemplo (el otro es la lección) (294)–, los estudiosos habrían operado una *selección sémica* en favor de aquellos rasgos distintivos que águila y rey tienen en común, cada uno en sus dominios respectivos: máxima autoridad, legítimo poder, preeminencia jerárquica. Y, claro está, atacarlos supone una transgresión al orden establecido, natural o social, respectivamente. Nada habría que objetar si, en verdad, el águila fuera la verdadera víctima del sacre "rebelde", lo que haría legítimo el "encabalgamiento" de una *isotopía* histórico-política sobre la del relato del ayo. Pero la homologación guerra contra los moros = caza, impuesta desde el marco, excluye, por incompatibilidad semántica, la otra, rebeldía de Don Juan Manuel = caza, y, por supuesto, todas las equivalencias de ella derivadas: halcón = Don Juan Manuel, águila = rey.

Pero si el águila no representa a Alfonso XI, ¿cuál es su razón de ser en el ejemplo? Excluido el simbolismo político, su presencia en el cuento del consejero se debe a la circunstancia de ser la única criatura viviente que podía amenazar a los halcones y competir con ellos en un pie de igualdad. Convendría detenerse un momento para estudiar esta problemática, por ser la significación del águila la cuestión más ardua de todas.

El capítulo 41 del *Libro del cauallero et del escudero* (92-94), "Commo el caualleroançiano responde al cauallero nouel que cosa son las aves", podría contribuir decisivamente a comprender mejor el papel que ella va a desempeñar en el ejemplo manuelino. Merece notarse, en primer lugar, la perspectiva desde la cual se las clasifica; de los varios criterios que Don Juan Manuel pudo haber escogido, el suyo, precisamente, es el de un cazador: las aves, incluyendo águilas, halcones y garzas, se distribuirán allí según una taxonomía cinegética. Con arreglo al modelo de la semántica estructural, todas ellas, o, mejor dicho, los *lexemas* que las designan, se organizarían en varios *subcampos léxicos*, cuyas unidades se han de constituir por la presencia y/o ausencia de cuatro *semas:*

SEMAS → LEXEMAS ↓	caçan	non caçan	son caçadas	non son caçadas
aguilas falcones	+ +			+ +
garças		+	+	
bueytres		+		+
budalones	+		+	

Águilas y halcones comparten las mismas características; semánticamente, los mismos rasgos distintivos. Y por ser aquéllas las únicas que también cazan y no son cazadas, constituirán la mayor amenaza contra éstos.

En segundo lugar, considérense las dificultades que se presentaban en la caza de las garzas. En el último capítulo del *Libro de la caza,* Don Juan Manuel va enumerando, con toda precisión, los obstáculos que los halconeros debían enfrentar en cada una de las "tierras que don Iohan a andado". Examínense con cuidado esas páginas y se comprobará que todos ellos provienen de la accidentada geografía del suelo español (577-96). Con una excepción bien significativa, las águilas:

> Otrosi del alcaçar mismo veran correr montes de jaualis et de çieruos et de cabras montesas. Et dize don Iohan que todas estas caças fizo el yendo a ojo del alcaçar, et dize que tan açerca mataua los jaualis, que del alcaçar podian muy bien conosçer por cara el que ante llegaua a el. Et dize que si non por que ay muchas AGUILAS et que a lugares en la huerta [do] ay muy malos pasos, que el diria que era el mejor lugar de caça que el nunca biera. (579)[16]

A propósito de los capítulos 40 y 41 del *Libro del cauallero* Baldwin apuntó la posibilidad de que se deriven, aunque probablemente no en forma directa, de un bestiario (*The Medieval* vii, nota 1); en el *Physiologus* latino no habría ningún pasaje que pudiera relacionarse con el ejemplo manuelino, pero sí lo hay en otra obra que Don Juan Manuel pudo haber conocido y que, según su editor, no habría escapado a la influencia de los bestiarios medievales. En efecto, en el capítulo 70 del *Lucidario* se plantea la pregunta "Por que rrazon temen las abes al agila mas que a ninguna de las otras aveles [sic]" y se la responde con pasajes muy pertinentes para corroborar la interpretación de la figura del águila que aquí se propone:

> Porque te digo que en el aguila ay quatro rrazones por que contesçe esto, las quales son estas: la primera, es muy grand abe, e muy rrezia, e muy lligera; la segunda, buela mas alto que todas las otras abes, e las que buelan de yuso della an muy grand miedo [o] estan asentadas; ... la terçera, porque es abe de tan grand coraçon e muy ARDID [A] en si; e por estas tres rrazones, las otras (tres) abes que son menores e mas flacas, e mas pesadas, e de menores corazones, e han muy grant miedo della. (248-49)[17]

---

[16] En este texto ya reparó Devoto, "El halcón" 143.
[17] Sobre la relación entre el *Lucidario* y el *Libro del cauallero* véase Kinkade: "La segunda obra de Don Juan Manuel se arrima aún más al modelo de su primo: el *Libro del cavallero et del escudero* es una obra de carácter enciclopédico basada en gran parte sobre el tratado de Raimundo Lulio, el *Libre del orde de la cavayleria*, pero muestra la indudable influencia del *Lucidario*. Según Juan Manuel, el *Libro*

Si el águila es el animal que representa el máximo peligro para las aves de cetrería y si se concede que el ejemplo puede leerse también en clave *no* autobiográfica, se concluirá que su presencia, en el relato manuelino, se impone con la fuerza de lo inevitable. Porque, ¿qué otro obstáculo de la misma naturaleza de los halcones podría interferir en sus actividades? El águila no sería una representación del rey, sino emblema de los riesgos más grandes con que los sacres (= "defensores") debían enfrentarse en cumplimiento de los deberes correspondientes a su condición (= "estado").

REDUNDANCIA DE LOS CONTENIDOS

Vuélvase ahora al cuento del consejero y, a la luz de todo cuanto queda dicho, repásense los incidentes de la fábula. Es muy de notar que la multiplicación de episodios similares, procedimiento típico del relato folklórico tradicional, da lugar, por redundancia semántica, a una acumulación e intensificación de los significados. Y aunque la composición del ejemplo no sea completamente simétrica, el paralelismo de sus incidentes ya indicado por England (78) lo distingue también en este aspecto de otras versiones: "The structure of this tale is not wholly symmetrical, but it is significant that some symmetry is woven into the narrative, whereas in the four other versions of the story mentioned by Devoto, there is no hint of such a framework" (79).

La repetición de las mismas *secuencias* realza la obstinación con que el águila no ceja en sus empeños y connota la peligrosidad de su naturaleza, y, por una técnica de polarización muy preferida por el discurso ejemplar, destaca, por contraste, la perseverancia del sacre. Su fortaleza y "esfuerço" lo llevarán, primero, a sobreponerse a la *pusillanimitas* inicial, y, luego, a cumplir con sus obligaciones de halcón garcero y a despecho de los escollos que en esa empresa debía superar: "Esto fizo porque tenía que la su caça non la devía dexar, luego que fuesse desenbargado de aquella águila que gela enbargava". La caza es una anticipación de, y una preparación para, la guerra: nada más apropiado, por consiguiente, que una

---

del cavallero está escrito en forma de una fabliella o diálogo y sabemos que el *Lucidario* corresponde con él en su formato, según lo declara Sancho en el prólogo" ("Sancho" 1046).

narración cinegética para mostrar, por medio del *exemplum* alegórico, las virtudes necesarias en el campo de batalla.

Para resumir: desde el punto de vista semántico, los significados "águila" y "halcón" poseen rasgos distintivos diversos de los que, más o menos expresamente, les han atribuido los críticos. El primero comprende los *semas* "caza", "no cazado", "máxima peligrosidad"; para el segundo también se opera una *selección sémica* proveniente del marco: allí Patronio aconseja huir de la *otiositas* y, para asegurar la eficacia de su enseñanza, la ejemplaridad del halcón estará representada (además de "caza" y "no cazado", que comparte con el águila) por los *semas* contrarios "perseverancia", "esfuerzo", "ausencia de *pusillanimitas*", en suma: *fortitudo*.[18]

LA LECCIÓN DEL EJEMPLO

Queda por estudiar la variedad de pareceres sobre la moraleja final. Todos ellos podrían agruparse de la siguiente manera:

1. Lección política:

a. La Reconquista sólo podrá continuar una vez resueltos los conflictos entre Don Juan Manuel y el rey (Devoto, *Introducción* 422);

b. El monarca castellano es el responsable de los males que aquejan al estado (Rodríguez Puértolas 62).

2. Lección estratégica:

c. Es necesario pactar primero con los moros para poder luego atacar al rey (Lida de Malkiel, "Tres notas" 123, nota 29);

d. Frente a dos adversarios, hay que vencer primero al que ofrezca mayor peligro (Krappe 294);

e. Antes de proseguir con sus actividades es preciso derrotar al enemigo que pueda impedirlo (Adams y Bond 111).

---

[18] Para la ejemplaridad véase la nota 10. "El castigo del halcón, que es la esencia ejemplar, la 'ejemplaridad' propia de este ejemplo, desparece sólo con don Juan Manuel, que afirma, fuera de toda consideración cronológica, una libertad de escritor superior a la de sus precursores y a la de su posteridad literaria" (Devoto, "El halcón" 147). La ejemplaridad del cuento de Patronio, ocioso repetirlo, se debe a que narra *otra* fábula y no, como pensaba Krappe, "à peu près la même histoire, contée seulement d'un point de vue opposé" (294).

3. Lección ética:

f. El ejemplo enseña el valor de la perseverancia (Scholberg, "Figurative" 153, nota 21);

g. El relato presenta la oposición entre el perfeccionamiento y la disipación (Caldera 104);

h. La lucha contra los moros permitirá al conde Lucanor guardar las dos "carreras": la de Dios, salvando su alma, la del mundo, sirviendo su "estado" y acrecentando honra y fama (Macpherson, *"Dios"* 36).

Las interpretaciones autobiográficas del primer grupo (a las que debe sumarse la de Lida de Malkiel) se apoyan en una explicación que adolece de dos males no siempre evitados: el "ingenuo biografismo", que la misma estudiosa ya había censurado, y la comparación intuitiva, impresionista, no siempre rigurosa, con los relatos paralelos; las del segundo, si bien tienen el mérito de no recurrir a la psicología del autor, prestan exclusiva atención al ejemplo y prescinden del marco; en fin, con el tercero se alcanza una comprensión más cabal del tenor de los consejos del ayo, pero se desatiende la unidad estructural entre ejemplo y marco y no se averigua cómo la *isotopía* caza = guerra contra los moros permite entender el relato de Patronio según el proceso ya indicado de superposición o "encabalgamiento" semántico.[19]

El ejemplo 33 procura responder al mismo interrogante ético-estamental de todo *El Conde Lucanor:* ¿cómo guardar el "estado"? Pero este relato va más allá de las admoniciones didácticas y se va a encarar con el dilema esencial entre la *otiositas* y el cumplimiento de las funciones propias de un "defensor", entre que "fuelgue et esté en paz" y que "comiençe guerra et contienda con los moros". Naturalmente, Patronio se inclinará por la segunda alternativa, pero no solamente con reflexiones más o menos generales, sino asimismo con recomendaciones específicas; primero, el uso de la fortaleza y la perseverancia en el ejercicio de esos deberes: "Et desque el falcón vio que non le valía cosa que feziesse, subió otra vez sobre el águila et dexóse venir a ella et diól tan grant golpe quel quebrantó el ala"; segundo, llevarlos adelante, por formidables

---

[19] Para decirlo con palabras de Dällenbach (*Le récit* 79), el marco es, a su vez, otro relato que "desencadena" o "pone en marcha" una segunda *isotopía* jerárquicamente superior al cuento del consejero y que se le superpone para imponerle un *sentido* determinado.

que fueren los obstáculos que puedan impedirlo: "Esto fizo porque tenía que la su caça non la devía dexar, luego que fuesse desenbargado de aquella águila que gela enbargava".

Y esta oposición planteada por Lucanor y que dará ocasión a la fábula de su consejero fue ya advertida por Battaglia:

> L'ammaestramento è abbastanza esplicito: il conte Lucanor sa bene che la sua "caccia" e l'onore suo e l'ultimo bene stanno nel servire Iddio; e nulla è più urgente che la difesa della religione e la liberazione delle terre cristiane della schiavitù saracena. Che altro invero è degno di un principe se non la professione della guerra santa, della crociata? Altrimenti è come vivere mangiando a ufo: "Faredes vuestra honra et vivredes en vuestro oficio et vuestro mester, et non estaredes comiendo el pan de balde". Morendo con le armi in pugno contro gl'infedeli, si può conseguire la corona del martirio e della beatitudine: "Ca si en la guerra de los moros muriedes estando en verdadera penitencia, sodes mártir et muy bienaventurado". ("De falconibus" 420-21) [20]

Tal es el *sentido* de la fábula. El de los relatos paralelos, frente a los cuales Don Juan Manuel, afirma Devoto, reivindica su "libertad de escritor", se deriva, por otro lado, del castigo del halcón que allí sí se comporta como un "vasallo rebelde".

> Por ello este ejemplo XXXIII —concluye Devoto—, uno de los menos estimados por la crítica, me parece el más interesante del libro, y como el símbolo de don Juan Manuel, no sólo por ser muestra de su ambicioso atrevimiento en materia política, sino considerándolo en su pura condición de escritor. ("El halcón" 147)

No cabe duda de que se trata de uno de los relatos más atrayentes del libro; más discutible es que sea un "símbolo" de Don Juan Manuel y muestra de su "atrevimiento político". Es, quizás, un "símbolo" de *El Conde Lucanor* y un ejemplo muy característico de los rasgos más fundamentales y constantes de su "textualidad" y

---

[20] Para la lectura diferente de *H* y las "discrepancias ideológicas" que plantea véase Alberto Blecua: "Parece claro que el texto de *H* —bastante corrupto por cierto— ha querido evitar la tajante afirmación de don Juan Manuel acerca de la salvación del cristiano muerto en cruzada frente a los moros" (*La transmisión* 92-93).

su didactismo. Y si en él existe una alegoría, ella lo será de las cualidades que se tenían por indispensables en los "defensores"; si hay una doctrina y una ejemplaridad, no serán otras que la afirmación y exaltación de la fortaleza como virtud de primer rango en el código feudal.

Recapitulación final

Un rápido resumen permitirá recapitular las etapas del análisis y apreciar más claramente la lógica que lo rige y, también, insistir sobre dos modos diferentes de acercarse a los hechos literarios.

Por un lado, las interpretaciones *expresivas* leen el cuento de Don Juan Manuel según una *isotopía* autobiográfico-política que admite el carácter histórico de la anécdota ("¿Autobiografía?"), explica la reelaboración de las fuentes a partir de sus intenciones autojustificatorias e identifica al halcón "rebelde" con el noble castellano ("Los relatos paralelos").

Por otro, una descripción más atenta a la organización interna de la fábula procede, como primer paso, a despojarla de sus elementos autobiográficos, para devolverle luego su carácter "realista" por medio de una lectura en clave cinegética: el halcón ("Realismo y naturaleza del halcón") y el águila se comportan de acuerdo con sus respectivas "naturas"; y por lo que concierne a esta última, debe notarse igualmente que si no se alude para nada al rey (como sucedería en otros casos), ello se debe no a razones de prudencia personal, sino más bien a que tal identificación hubiera sido extraña al carácter ético y didascálico, no político, de la narración ("El águila no representa a Alfonso XI").

Pero las relaciones de *designación* (ejemplo → realidad extralingüística) no bastan ("Otra vez el marco"); desde el marco, Patronio le impondrá a su cuento otra *isotopía* que determinará el *sentido* de todo el relato y la lección moral que lo fundamenta ("La caza y la guerra"). En efecto, las relaciones de *significación* entre el marco y el ejemplo postulan una homologación halcón = "defensor", gracias a la cual este último deberá poseer en el cumplimiento de sus deberes, y en especial en la guerra, las mismas cualidades desplegadas por el sacre en la ejecución de los suyos ("El halcón, símbolo de las virtudes estamentales"), y ello frente a toda adversidad (= el águila), cualesquiera que fueren su naturaleza y magnitud ("Águilas, halcones y *campos léxicos*"). El halcón no representa a Don Juan Manuel, sino manifiesta alegóricamente la perseverancia y la fortaleza indispensables para llevar adelante la honra y el "estado" ("Redundancia de los contenidos"): es el símbolo de todo el estamento caballeresco y no la personificación de uno solo de sus miembros ("La lección del ejemplo").

HACIA UNA POÉTICA DEL RELATO DIDÁCTICO

La redacción de un libro suele emprenderse con la esperanza de contribuir a un mejor conocimiento de la realidad estudiada y de resolver un cierto número de problemas. Pero a medida que se avanza en la empresa (y al margen ahora de si en este caso se les ha dado o no respuesta adecuada) van surgiendo otros no menos dignos de examen, y así, al concluirse la lectura de estos ocho capítulos, quizás no pueda evitarse un cierto desasosiego ante la comprobación de que haría falta un segundo volumen para examinar con mayor amplitud temas aludidos, suscitados o apenas esbozados en el primero.

En estas reflexiones finales sería superfluo recapitular otra vez las principales tesis de los análisis precedentes y los fundamentos teóricos y metodológicos en que se apoyan. Más que volverse a lo ya hecho, convendría tornar la mirada hacia adelante y señalar posibles derroteros para futuras investigaciones. Entre los muchos aspectos que reclaman un estudio especial se hallan varios que, a partir de *El Conde Lucanor*, pero más allá de él, apuntarían, en definitiva, a la naturaleza misma de la narración medieval.

Los párrafos que siguen no tendrán, por consiguiente, otro fin que el de trazar, sumaria e incompletamente, un itinerario para posibles exploraciones. Como principio ordenador podría adoptarse, aunque sólo fuera por razones pedagógicas, el modelo de la comunicación de Jakobson. Y si bien sólo se hallan presentes, estrictamente hablando, el *receptor* y el *mensaje*, en este último, de un modo u otro, se inscriben los otros cuatro como instancias textuales e internas al relato.[1]

---

[1] Para otra aplicación pedagógica del modelo de Jakobson véase Selden 3-5.

1. ¿Qué es un autor?, ¿qué concepto de autoría habría tenido Don Juan Manuel? Para dilucidar el primer problema deberían tenerse en cuenta ciertas afirmaciones de Foucault; para el segundo, algunos planteamientos y soluciones de varios donjuanmanuelistas.² A la pregunta formulada por Ayerbe-Chaux: "hasta qué punto es legítimo especificar las experiencias históricas del autor para explicar sus cuentos en *El Lucanor*" se le ha dado una respuesta negativa, y ya desde el primer capítulo, si por "experiencias históricas" se entiende, en la acepción más restringida del término, las circunstancias puramente anecdóticas de la vida del noble castellano. Su concepto de autoría nada tendría que ver con el de las explicaciones *expresivas* que ven en el texto la "proyección" de una personalidad omnipresente que, bajo distintas "máscaras" (Don Johan, Lucanor, Patronio, Patronio-Lucanor, etc.) estaría "expresándose" sin cesar en su obra.

Pero si, para emplear el vocabulario de Foucault, el autor "desaparece", el "vacío" a que ello da lugar será colmado por Don Juan Manuel en tanto que "función del *discurso*". En efecto, su actividad autorial se va a manifestar, desde el punto de vista de la inscripción en el *mensaje* mismo, como un "centro" unificador, cuya misión consistirá en operar una síntesis coherente de los relatos de la tradición a su alcance e imponerle a los suyos un *sentido* determinado. Los capítulos consagrados a los ejemplos 23 y 33 serían muy ilustrativos para mostrar cómo la organización de ambas fábulas y la recepción de sus fuentes tienen lugar desde una perspectiva bien establecida: no la de la psicología de Don Juan Manuel, o la de sus ambiciones personales, sino la de la ética nobiliaria. Don Juan Manuel se "inserta" en su texto no a través de detalles pasajeros e insignificantes de su vida, sino en su condición de miembro de un "estado" que le plantea ciertos interrogantes: ¿cómo guardarlo?, ¿cómo llevar adelante los valores que le son constitutivos?

Más conforme con los hechos, pues, el concepto que pudo haber tenido de su propia autoría habría sido el de considerarse exponente y portavoz de una doctrina que, por definición, se

---

² Para la literatura española medieval véanse los resúmenes y la discusión de los trabajos presentados al Congreso celebrado en Kalamazoo en mayo de 1981 en *La Corónica* 9 (1980): 82-84, y 10 (1981): 100-09. Para Don Juan Manuel véase el resumen de la ponencia de Ayerbe-Chaux, en 9: 82.

hallaba más allá de las contingencias personales y biográficas de su existencia individual: la problemática estamental, no el yo de Don Juan Manuel, se sitúa en el centro mismo de la obra, le señala su misión y le imprime un carácter inconfundible.[3]

2. Junto al rechazo de la concepción crudamente autobiográfica de la autoría, se ha impugnado también la noción de la realidad como un agregado de entes y procesos a la espera de un *discurso* que los "refleje". A partir sobre todo, pero no sólo, de los tres primeros ejemplos, se ha intentado una primera revisión del concepto de *realismo*. En futuros estudios habría que tener en cuenta la distinción entre *designación*, *significación* y *sentido* y, muy especialmente, debería irse más allá de la primera, en que se suele detener una concepción puramente imitativa del arte. No es que la "realidad" o la "vida" estén ausentes de *El Conde Lucanor*, todo lo contrario, pero es que allí se las contempla desde un *sentido* previo que las estructura y las construye. El libro manuelino se convierte en una obra muy apropiada para comprender mejor la función mediadora y modeladora del lenguaje artístico.

Podría decirse, en suma, que se trata de un texto no "realista" sino "alegórico", en el que Fernán González y Alhaquim, hormigas y halcones, un mercader, un filósofo marroquí, un rey moro o un labrador y su hijo remiten a un plano superior, de orden ético, que trasciende los hechos históricos, el mundo animal o el acontecer cotidiano y los salva del carácter efímero y perecedero propio de la existencia terrena.

3. Dejadas de lado las explicaciones *expresivas* y *miméticas*, el foco de atención se ha vuelto hacia los *mensajes* mismos y al *código* que los rige. Cabe ahora inquirir a qué concepto de *texto* responde *El Conde Lucanor*. Aunque los estudios aquí emprendidos adelantan ya una posible respuesta, serán más bien los propios relatos los que se anticipen a la labor del crítico y le señalen pautas seguras y precisas. Ni "espejo" ni "lámpara", la nueva noción de *texto*

---

[3] "The Spanish Middle Ages produced many attitudes to authorship. There was the planner-sponsor Alfonso X, el Sabio, the pious propagandist Gonzalo de Berceo, the popularizer-Christianizer of ancient civilization, who wrote the Libro de Alexandre, and the aristocrat Don Juan Manuel, who viewed literary pursuits as the combined privilege and duty of the noble social class" (Kirby 101-02). En el caso de este último, se trata de mucho más que de "personal orgullo de casta" (Lida de Malkiel, "Tres notas" 99) o de haber sido "vainly conscious of his *familia* and of his *clase*" (Nepaulsingh, *La Corónica* 10 (1981): 105); véase también Diz 79-80.

correspondería a la de una "estructura" o, más precisamente, una "estructuración" (no una entidad estática sino un proceso temporal) que debe ser estudiada no tanto (o no sólo) en la medida que denota una realidad exterior, sino en cuanto se presenta dotada de una organización interna cuyos nexos y relaciones pueden describirse y explicarse sistemáticamente. Crucial es el examen de la *significación*: porque, en un primer momento, se aparta de la mera *designación*, liberando al texto de las servidumbres de la *mímesis*, y porque, en una segunda fase, prepara y conduce al *sentido* primero de la fábula.

Pero si bien se ha rechazado la reducción extrema de los ejemplos a la realidad política del siglo XIV o a la biografía del autor, se ha evitado asimismo una postura antihistórica y antisemántica que, al proclamar la absoluta autosuficiencia del *mensaje*, lo habría condenado a un formalismo estéril. El ejemplo 37, en especial, ha hecho ver cómo la organización del vocabulario en *campos léxicos* se abre a, y se inserta en, la problemática estamental de la época y lo inscribe dentro de sus presupuestos y preocupaciones morales.

4. Si el texto se presenta como una "estructuración", será inevitable formularse ahora una cuarta pregunta: ¿a qué *código* se somete? El cuento del labrador y su hijo le da cumplida respuesta, por haber apuntado a su propia naturaleza "textual" y gracias a la hipertrofia de todos los componentes de la comunicación. El ejemplo 2, en efecto, permite apreciar, en su funcionamiento mismo y en virtud de sus múltiples *mises en abyme*, las convenciones narrativas que lo gobiernan y las restricciones normativas que éstas le imponen. Hacen falta estudios más detallados de los *códigos* retóricos, lingüísticos y estilísticos del discurso ejemplar: emprenderlos implicará, entre otras labores, volver a la vieja cuestión de los géneros literarios y replantearla sobre nuevas bases.

5. Si *código* y *mensaje* se presentan solidariamente, otro tanto sucede con el *contacto* y el *receptor*. En el curso de este libro se los ha mencionado numerosas veces, pero sin habérseles dedicado un estudio particular: limitación hasta cierto punto inevitable, dadas la magnitud de la empresa, que podría dar lugar, por sí sola, a otro volumen, y la escasez de trabajos relacionados con la lectura y recepción de la literatura medieval española.[4]

---

[4] Entre ellos debe recordarse ante todo el estudio de Marina Scordilis Brownlee sobre el *Libro de buen amor*.

La necesidad de mantener un *contacto* efectivo con el destinatario obliga a extremar las precauciones para que el *mensaje* no se vea perturbado por las ambigüedades: de allí el carácter redundante tan marcado de las narraciones y la obligación del "fablar complido": recuérdense especialmente los ejemplos 2 y 24.

6. Finalmente, ¿qué significa leer un texto medieval? Ello dependerá de cómo se considere al *mensaje;* mejor dicho, por ser texto y lector dos entidades que se presuponen recíprocamente, la noción que se tenga del uno influirá necesariamente sobre la del otro. ¿Es el texto una estructura más o menos "abierta"?: el relato da lugar a varias lecturas igualmente aceptables y al lector se le permite una participación más activa en el proceso de transacción y de construcción del *sentido* en que consiste la recepción, o decodificación, del *mensaje.* ¿Tiende éste, como sucede en *El Conde Lucanor*, al carácter "cerrado" del discurso didascálico?: a ese mismo lector no le quedará más alternativa que la de aceptar el "pacto de lectura" que se le propone. Sería muy interesante estudiar en detalle la figura de Lucanor como *narratario* y como prefiguración y *mímesis* del lector "real": una vez más, los ejemplos 2 y 24 harían ver con claridad qué papel le corresponde desempeñar a éste en la recepción de la fábula.

Y así, al llegar al final de este largo recorrido, se vuelve al problema inicial anunciado ya en la Introducción: "en las cosas que ha muchas sentençias, non se puede dar regla general" (véanse Diz 60 y 156 y Dunn 168). ¿En qué medida la labor hermenéutica del infatigable consejero basta para establecer el *sentido* de cada una de sus narraciones y proponer normas de conducta de validez universal? Las opiniones son discrepantes: "Both stories [ejemplos 48 y 49] could be understood in various ways, but the author provides the allegorical interpretation that he wants the reader to accept" (Scholberg, "Figurative" 154); "Don Juan Manuel resume en unos *viessos* una interpretación del relato de Patronio, pero no por ello quedan excluidas otras posibles significaciones" (Boves Naves 49). Y Diz, que admite la pluralidad de enseñanzas de los cuentos de Patronio y la posibilidad de más de una interpretación para ejemplos como el 3 y el 20 y para sentencias como en el libro tercero (124, 107, 85, 140 y 145), no deja, por otro lado, de notar cómo el narrador en otros casos o bien ofrece la explicación "adecuada", o bien guía al lector en la correcta lectura del *mensaje* (40, 86 y 91, nota 21).

Probablemente, una de las afirmaciones más polémicas de estos ocho estudios y que, con toda seguridad, no dejará de ser impugnada, es la de haberse insistido tanto en considerar a *El Conde Lucanor* como una colección de relatos más o menos "cerrados". Ello supone dar por aceptada la hipótesis de que, en efecto, pueda existir tal clase de textos, contra lo cual se ha pronunciado ya más de un estudioso.[5] Se habrá advertido que negar la "apertura" de la obra manuelina y admitir que al "juego de las significaciones" le sea posible "centrarse" en torno de un *sentido* único equivale a rechazar, más o menos explícitamente, uno de los postulados más básicos de la *deconstrucción*. Al lector le corresponderá decidirse una vez más, en esta oportunidad sobre la validez de una u otra posición crítica y cuya incompatibilidad no cabe ahora disimular. Y si la que aquí se adopta constituyera una "reacción conservadora" –como afirma Hult del libro de Mortimer (786)– ello se explicaría por el deseo de describir *El Conde Lucanor* tal como es, a saber, como manifestación de una concepción jerárquica de la sociedad que exige ser comprendida en sus propios términos, libre de los prejuicios de la mente moderna, que a tantos errores han conducido en la apreciación de la literatura medieval española.[6]

El programa de estudios aquí sugerido no se halla, claro está, exento de dificultades. Tres, por lo menos, merecen mencionarse. La primera se refiere a la interrelación existente entre los seis componentes enumerados: por tratarse de fenómenos que se delimitan y determinan unos a otros el enfoque deberá ser estructural. Piénsese una vez más en la solidaridad arriba aludida entre lector y texto: si se le otorga a este último la primacía, cabría preguntarse, por ejemplo, si *El Conde Lucanor* es una obra *lisible* o *scriptible;* pero si se la atribuye al *receptor*, habrá que decidir si estas categorías propuestas por Barthes constituyen modalidades objeti-

---

[5] Véase la reseña de David F. Hult al libro de Armine Kotin Mortimer.

[6] "In every century the way that artistic forms are structured reflects the way in which science or contemporary culture views reality. The closed, single conception in a work by a medieval artist reflected the conception of the cosmos as a hierarchy of fixed, preordained orders"; "The order of a work of art in this period is a mirror of imperial and theocratic society. The laws governing textual interpretation are the laws of an authoritarian regime which guide the individual in his every action, prescribing the ends for him and offering him the means to attain them" (Eco, *The Role* 57 y 52, respectivamente). Para una opinión contraria, a propósito del *Libro de buen amor*, véase Bandera 56-57, y la nota 11 del capítulo cuarto.

vas del texto, es decir, inscriptas en la narración misma e independientes del acto de leer, o si se trata más bien de dos actitudes diferentes que el *receptor* puede adoptar frente al *mensaje* y que serán, en definitiva, las que han de determinar su carácter.[7]

Un segundo problema se relaciona con el vocabulario crítico, y al que poca o ninguna atención se le presta entre los investigadores de la literatura medieval española. La discusión del concepto de "marco" ha tenido, entre otros fines, el de llamar la atención sobre la manera en que una terminología consagrada por los años puede representar un impedimento para la comprensión de los textos: la naturaleza metafórica de esta noción ha convertido al diálogo entre Lucanor y Patronio y a los consejos de este último en un simple pre-texto del ejemplo, en el doble sentido de la palabra, como situación anterior al cuento y como excusa para su narración.

Finalmente, la gran vitalidad que actualmente poseen las reflexiones teóricas sobre el hecho literario: la bibliografía es ya prácticamente inabarcable y todo hace pensar que los aspectos a que se refieren estas páginas finales se hallan aún muy lejos de una solución más o menos definitiva. De allí que esta *poética* de *El Conde Lucanor*, escrita con la intención de ayudar a un mejor entendimiento de la obra manuelina y del discurso didáctico, no sea, al fin y al cabo, más que un primer asedio, una aproximación provisoria hacia un texto cuyas riqueza y complejidad continuarán desafiando a sus lectores y estudiosos.

---

[7] "En face du texte scriptible s'établit donc sa contrevaleur, sa valeur négative, réactive: ce qui peut être lu, mais non écrit: le *lisible*. Nous appelons classique tout texte lisible" (Barthes, *S/Z* 10). "Barthes imputes to the text the quality of being either writerly *or* readerly, instead of seeing these as attitudes of the reader toward any text, classic or modern. It is not the classic *text* that makes the reader passive or 'intransitive'" (Rosenblatt 169; subrayados de Rosenblatt).

BIBLIOGRAFÍA

EDICIONES

Alfonso X, o Sábio, *Cantigas de Santa María*. Ed. Walter Mettmann. Vigo: Edicións Xerais de Galicia, 1981. 2 vols.
———. *Primera Crónica General de España*. Ed. Ramón Menéndez Pidal. Madrid: Editorial Gredos, 1977. 2 vols.
Alfonso XI. *Libro de la montería* (based on Escorial MS Y.II.19). Ed. Dennis P. Seniff. Madison: Hispanic Seminary of Medieval Studies, 1983.
Berceo, Gonzalo de. *Los Milagros de Nuestra Señora*. Ed. Brian Dutton. London: Tamesis Books Limited, 1971.
Biblia Sacra. Ed. Alberto Colunga, O.P. et Laurencio Turrado. Madrid: Biblioteca de Autores Cristianos, 1965.
Castigos e documentos para bien vivir ordenados por el rey Don Sancho IV. Ed. Agapito Rey. Bloomington, Indiana: Indiana University Press, 1952.
El Fisiólogo: Bestiario Medieval. Ed. Nilda Guglielmi. Buenos Aires: EUDEBA, 1971.
Don Juan Manuel. *Obras completas*. Ed. José Manuel Blecua. Madrid: Editorial Gredos, 1982-83. 2 vols.
———. *Libro del Conde Lucanor*. Ed. Reinaldo Ayerbe-Chaux. Madrid: Editorial Alhambra, 1983.
———. *El Conde Lucanor o Libro de los enxiemplos del Conde Lucanor et de Patronio*. Ed. José Manuel Blecua. Madrid: Editorial Castalia, 1971.
———. *El libro de los enxiemplos del Conde Lucanor et de Patronio*. Ed. Hermann Knust. Leipzig: Dr. Seele and Co., 1900.
———. *El Conde Lucanor*. Ed. Gonzalo de Argote y de Molina. Sevilla, 1575. Edición facsímil. Barcelona: Puvill-Editor, 1978.
———. *Libro de los estados*. Ed. R. B. Tate and I. R. Macpherson. Oxford: At the Clarendon Press, 1974.
El libro de Calila e Digna. Ed. John E. Keller y Robert White Linker. Madrid: Consejo Superior de Investigaciones Científicas, 1967.
Libro del Cauallero Çifar. Ed. Marilyn A. Olsen. Madison: The Hispanic Seminary of Medieval Studies, 1984.
El libro de los engaños. Ed. John Esten Keller. University, Mississippi: Romance Monographs, 1983.
El libro de los gatos. Ed. John Esten Keller. Madrid: Consejo Superior de Investigaciones Científicas, 1958.
Lille, Alain of. *The Art of Preaching*. Ed. Gillian R. Evans. Kalamazoo, Michigan: Cistercian Publications, 1981.

Lille, Alain of. *Opera omnia.* Vol. 210 de *Patrologia cursus completus, series latina.* Ed. J.-P. Migne. 1855.
Los *"Lucidarios" españoles.* Ed. Richard P. Kinkade. Madrid: Editorial Gredos, 1968.
The Medieval Castilian Bestiary from Brunetto Latini's Tesoro. Ed. Spurgeon Baldwin. University of Exeter, 1982.
Physiologus Latinus: Editions préliminaires versio B. Ed. Francis J. Carmody. Paris: Librairie E. Droz. 1939.
Physiologus Latinus Versio Y. Ed. Francis J. Carmody. Berkeley and Los Angeles: University of California Press, 1944.
Pliny. *Natural History.* London: William Heinemann, 1947. Vol. III.
Ruiz, Juan. *Libro de buen amor.* Ed. Joan Corominas. Madrid: Editorial Gredos, 1967.
———. ed. Jacques Joset. Madrid: Espasa-Calpe, 1974. 2 vols.
Theobaldi "Physiologus". Ed. P. T. Eden. Leiden und Köln: E. J. Brill, 1972.
Valdés, Juan de. *Diálogo de la lengua.* Ed. Juan M. Lope Blanch. Madrid: Editorial Castalia, 1969.

OBRAS CITADAS

Abad, Francisco. "Lugar de Don Juan Manuel en la historia de la lengua." *Don Juan Manuel: VII Centenario.* 9-15.
Abrams, M. H. *The Mirror and the Lamp: Romantic Theory and the Critical Tradition.* Oxford: Oxford University Press, 1980.
Adams, Nicholson B., and Frank M. Bond. "Story Thirty-three of 'El Libro de Patronio'." *Hispania* 52 (1969): 109-11.
Ariza Viguera, M., J. Garrido Medina, G. Torres Nebrera. *Comentario lingüístico y literario de textos españoles.* Madrid: Editorial Alhambra, 1981.
Asensio, Eugenio. *Poética y realidad en el cancionero peninsular de la Edad Media.* Madrid: Editorial Gredos, 1970.
Ayerbe-Chaux, Reinaldo. *El Conde Lucanor: Materia tradicional y originalidad creadora.* Madrid: Ediciones José Porrúa Turanzas, 1975.
———. "El libro de los proverbios del conde Lucanor y de Patronio." *Studies in Honor of Gustavo Correa.* Eds. Charles B. Faulhaber, Richard P. Kinkadee, T. A. Perry. Potomac, Maryland: Scripta humanistica, 1986. 1-10.
———. Reseña de *Patronio y Lucanor: La lectura inteligente "en el tiempo que es turbio",* por Marta Ana Diz. *Bulletin of Hispanic Studies* 64 (1987): 142.
———. *Textos y Concordancias de la Obra Completa de Juan Manuel.* Madison: Hispanic Seminary of Medieval Studies, 1986.
Azorín. "Va hede ziat Alhaquime." *Obras completas.* Madrid: Aguilar, 1947. 2: 1036-38.
Bal, Mieke. "Mise en abyme et iconicité." *Littérature* 29 (1978): 116-28.
———. *Narratologie (Essais sur la signification narrative dans quatre romans modernes).* Paris: Editions Klincksieck, 1977.
Baldwin, Spurgeon. "Brunetto Latini's *Tresor*: Approaching the End of an Era." *La Corónica* 14 (1986): 177-93.
Bandera, Cesáreo. "De la apertura del *Libro* de Juan Ruiz a Derrida y viceversa." *Dispositio* 2 (1977): 54-66.
Baquero Goyanes, Mariano. "Perspectivismo en 'El Conde Lucanor'." *Don Juan Manuel: VII Centenario.* 27-50.

Barcia, Pedro L. *Análisis de El Conde Lucanor.* Buenos Aires: Centro Editor de América Latina, 1968.
Barthes, Roland. "Action Sequences." *Patterns of Literary Style.* Ed. Joseph Strelka. University Park and London: The Pennsylvania State University Press, 1971. 5-14.
———. "Eléments de sémiologie." *Communications* 4 (1964): 91-135.
———. *Essais critiques.* Paris: Editions du Seuil, 1981
———. "Introduction à l'analyse structurale des récits." *Communications* 8 (1966): 1-27.
Barthes, Roland. "L'effet de réel." Barthes, Roland, et al. 81-90.
———. *S/Z.* Paris: Editions du Seuil, 1976.
Barthes, Roland, et al. *Littérature et réalité.* Paris: Editions du Seuil, 1982.
Bataillon, L. J. "Les instruments de travail des prédicateurs au XIIIe siècle." *Culture et travail intellectuel dans l'Occident médiéval.* Eds. Geneviève Hasenohr et Jean Longère. Paris: Editions du Centre National de la Recherche Scientifique, 1981. 197-209.
Battaglia, Salvatore. "De falconibus et girofalcis." *Filologia Romanza* 5 (1958): 388-433.
———. "I tranelli della 'mimesi'." *La coscienza letteraria del medioevo.* Napoli: Editore Liguori, 1965. 129-44.
———. "L'esempio medievale." *La coscienza.* 447-85.
Blanco Aguinaga, Carlos, et al. *Historia social de la literatura española (en lengua castellana).* Madrid: Editorial Castalia, 1, 1986.
Blecua, Alberto. *La transmisión textual de "El Conde Lucanor".* Barcelona: Universidad Autónoma de Barcelona, 1980.
———. *Manual de crítica textual.* Madrid: Editorial Castalia, 1983.
Bloomfield, Morton W. *The Seven Deadly Sins: An Introduction to the History of a Religious Concept, with Special Reference to Medieval English Literature.* Michigan State University Press, 1967.
Bolton Holloway, Julia. "Alfonso el Sabio, Brunetto Latini, and Dante Alighieri." *Thought* 60 (1985): 468-83.
Bond, Frank M. Véase Adams, Nicholson B.
Boves Naves, María del Carmen. "Sintaxis narrativa en algunos ensiemplos de *El Conde Lucanor.*" *Comentario de textos literarios: Método semiológico.* Madrid: Cupsa Editorial, 1978. 43-66.
———. "Sintaxis narrativa y valor semántico en el exemplo XXVII de *El Conde Lucanor.*" *Comentario.* 67-86.
Bremond, Claude. "La logique des possibles narratifs." *Communications* 8 (1966): 60-76.
———. "Le message narratif." *Communications* 4 (1964): 4-32.
———. "Les bons récompensés et les méchants punis: morphologie du conte merveilleux français." *Sémiotique narrative et textuelle.* Ed. Claude Chabrol. Paris: Librairie Larousse, 1973. 96-121.
Bremond, Claude, et al. *L'"exemplum."* Turnhout-Belgium: Brepols, 1982.
Brooke-Rose, Christine. "The Evil Ring: Realism and the Marvelous." *Poetics Today* 1:4 (1980): 67-90.
Brownlee, Marina Scordilis. *The Status of the Reading Subject in the Libro de Buen Amor.* Chapel Hill: North Carolina Studies in the Romance Languages and Literatures, 1985.
Burke, James F. "Frame and Structure in the *Conde Lucanor.*" *Revista Canadiense de Estudios Hispánicos* 8 (1984): 263-74.
Caldera, Ermanno. "Retorica, narrativa e didattica nel 'Conde Lucanor'." *Miscellanea di studi ispanici* 14 (1966-67): 5-120.

Carrard, Philippe. "From Reflexivity to Reading: The Criticism of Lucien Dällenbach." *Poetics Today* 5:4 (1984): 839-56.
Catalán, Diego. "Don Juan Manuel ante el modelo alfonsí: El testimonio de la *Crónica abreviada*." *Juan Manuel Studies*. Ed. Ian Macpherson. 17-51.
Clements, Robert J., and Joseph Gibaldi. *Anatomy of the Novella: The European Tale Collection from Boccaccio and Chaucer to Cervantes*. New York: New York University Press, 1977.
Colón, Germán. "Un aragonesismo sintáctico en Don Juan Manuel." *Cahiers de Linguistique Hispanique Médiévale* 7 (1982): 61-72.
Corominas, Joan. *Diccionario crítico etimológico castellano e hispánico*. Madrid: Editorial Gredos, 1981.
Coseriu, Eugenio. *El hombre y su lenguaje: Estudios de teoría y metodología lingüística*. Madrid: Editorial Gredos, 1977.
―――. *Gramática, semántica, universales: Estudios de lingüística funcional*. Madrid: Editorial Gredos, 1978.
―――. *Lecciones de lingüística general*. Madrid: Editorial Gredos, 1981.
―――. *Lingüística del texto*. San Juan, República Argentina: Universidad Nacional de San Juan, 1983.
―――. *Principios de semántica estructural*. Madrid: Editorial Gredos, 1977.
―――. *Sincronía, diacronía e historia: El problema del cambio lingüístico*. Madrid: Editorial Gredos, 1973.
―――. *Teoría del lenguaje y lingüística general: Cinco estudios*. Madrid: Editorial Gredos, 1969.
Crosman, Inge. "Poétique de la lecture romanesque." *L'esprit créateur* 21 (1981): 70-80.
―――. "Reference and the Reader." *Poetics Today* 4:1 (1983): 89-97.
Culler, Jonathan. "Issues in Contemporary American Critical Debate." *American Criticism in the Poststructuralist Age*. Ed. Ira Konigsberg. Ann Arbor: The University of Michigan, 1981. 1-18.
―――. "Literature and Linguistics." *Interrelations of Literature*. Eds. Jean-Pierre Barricelli and Joseph Gibaldi. New York: The Modern Language Association of America, 1982. 1-24.
―――. *On Deconstruction: Theory and Criticism after Structuralism*. Ithaca, New York: Cornell University Press, 1982.
―――. "Story and Discourse in the Analysis of Narrative." *The Pursuit of Signs: Semiotics, Literature, Deconstruction*. Ithaca, New York: Cornell University Press, 1981. 169-87.
―――. *Structuralist Poetics: Structuralism, Linguistics, and the Study of Literature*. Ithaca, New York: Cornell University Press, 1975.
Curtius, Ernst Robert. *European Literature and the Latin Middle Ages*. Princeton, New Jersey: Princeton University Press, 1973.
Chatelain, Danièle. "Frontières de l'itératif." *Poétique* 65 (1986): 111-24.
Chatman, Seymour. *Story and Discourse: Narrative Structure in Fiction and Film*. Ithaca and London: Cornell University Press, 1978.
Chauvin, Victor. *Bibliographie des ouvrages arabes ou relatifs aux arabes*. Liège: Imprimerie H. Vaillant-Carmanne, 1897.
Checa, Jorge. Reseña de *Patronio y Lucanor: La lectura inteligente "en el tiempo que es turbio"*, por Marta Ana Diz. *Hispanic Journal* 7 (1986): 129-31.
Dällenbach, Lucien. *Le récit spéculaire: Essai sur la mise en abyme*. Paris: Editions du Seuil, 1977.
―――. "Réflexivité et lecture." *Revue des sciences humaines* 177 (1980-81): 23-37.
Darbord, Bernard. "Acerca de las técnicas de la expresión alegórica en la obra de D. Juan Manuel." *Don Juan Manuel: VII Centenario*. 51-61.

Derrida, Jacques. "Force et signification." *L'écriture et la différence*. Paris: Editions du Seuil, 1979. 9-49.
———. "La structure, le signe et le jeu dans le discours des sciences humaines." *L'écriture*. 409-428.
———. "Le parergon." *La vérité en peinture*. Paris: Flammarion, 1978. 44-94.
Devoto, Daniel. "El halcón castigado." *Textos y contextos: Estudios sobre la tradición*. Madrid: Editorial Gredos, 1974. 138-49.
———. *Introducción al estudio de Don Juan Manuel y en particular de El Conde Lucanor: una bibliografía*. Madrid: Editorial Castalia, 1972.
———. "La introducción al estudio de don Juan Manuel diez años después." *Don Juan Manuel: VII Centenario*. 63-73.
Deyermond, Alan D. *A Literary History of Spain: The Middle Ages*. London: Ernest Benn Limited, 1971.
———. "La ambigüedad en la literatura medieval española." *Actas del Séptimo Congreso de la Asociación Internacional de Hispanistas*. Ed. Giuseppe Bellini. Rome: Bulzoni Editore, 1982. 1: 363-71.
———. Reseña de *Oral Traditional Literature: A Festschrift for Albert Bates Lord*, ed. John Miles Foley. *La Corónica* 11 (1983): 351-57.
———. "The Sermon and its Uses in Medieval Castilian Literature." *La Corónica* 8 (1980): 127-45.
Díaz Arenas, Ángel. "Intento de análisis estructural del 'exemplo XVII' de 'El Conde Lucanor' y formulación de una estructura válida para todos los otros." *Don Juan Manuel: VII Centenario*. 89-102.
Dixon, Paul B. *Reversible Readings: Ambiguity in Four Modern Latin American Novels*. University, Alabama: The University of Alabama Press, 1985.
Diz, Marta Ana. *Patronio y Lucanor: La lectura inteligente "en el tiempo que es turbio"*. Potomac, Maryland: Scripta Humanistica, 1984.
Don Juan Manuel: VII Centenario. Murcia: Universidad de Murcia-Academia Alfonso X el Sabio, 1982.
Ducrot, Oswald, Tzvetan Todorov. "Le discours de fiction." *Dictionnaire encyclopédique des sciences du langage*. Paris: Editions du Seuil, 1972. 333-37.
Dunn, Peter N. Reseña de *Patronio y Lucanor: La lectura inteligente "en el tiempo que es turbio"*, por Marta Ana Diz. *Journal of Hispanic Philology* 9 (1985): 167-69.
Eco, Umberto. *A Theory of Semiotics*. Bloomington-London: Indiana University Press, 1979.
———. *Semiotics and the Philosophy of Language*. Bloomington: Indiana University Press, 1984.
———. *The Role of the Reader: Explorations in the Semiotics of Texts*. Bloomington and London: Indiana University Press, 1979.
England, John. "'¿Et non el día del lodo?': The Structure of the Short Story in *El Conde Lucanor*." *Juan Manuel Studies*. Ed. Ian Macpherson. 69-86.
Espinosa, Aurelio M. *Cuentos populares españoles recogidos de la tradición oral*. Madrid: Consejo Superior de Investigaciones Científicas, 1946. 1: 113-24.
Evans, Jonathan D. "Episodes in Analysis of Medieval Narrative." *Style* 20 (1986): 126-41.
Faulhaber, Charles. "Retóricas clásicas y medievales en bibliotecas castellanas." *Ábaco: Estudios sobre literatura española* 4 (1973): 151-300.
Fokkema, Douwe W. "The concept of Code in the Study of Literature." *Poetics Today* 6:4 (1985): 643-56.
Foucault, Michel. "What Is an Author?" Harari 141-60.
Galbis, Ignacio R. M. "Gérmenes novelísticos en los cuentos de Don Juan Manuel." *De Mio Cid a Alfonso Reyes: Perspectivas críticas*. New York: Senda Nueva de Ediciones, 1981. 25-35.

Gautier-Dalché, Jean. "Alphonse XI a-t-il voulu la mort de don Juan Manuel?" *Don Juan Manuel: VII Centenario.* 135-47.
Gazdaru, Demetrio. "Vestigios de Bestiarios medievales en las literaturas hispánicas e iberoamericanas." *Romanistisches Jahrbuch* 22 (1971): 259-74.
Geckeler, Horst. *Semántica estructural y teoría del campo léxico.* Madrid: Editorial Gredos, 1976.
Genette, Gérard. *Figures III.* Paris: Editions du Seuil, 1972.
———. *Nouveau discours du récit.* Paris: Editions du Seuil, 1983.
———. *Palimpsestes: La littérature au second degré.* Paris: Editions du Seuil, 1982.
———. "Vraisemblance et motivation." *Figures II.* Paris: Editions du Seuil, 1979. 71-99.
Gibaldi, Joseph. Véase Clements, Robert, J.
Gibbons, Reginald. Véase Graff, Gerald.
Giménez Soler, Andrés. *Don Juan Manuel: biografía y estudio crítico.* Zaragoza: Tip. La Académica, 1932.
Gimeno Casalduero, Joaquín. "*El Conde Lucanor:* Composición y significado." *La Creación Literaria de la Edad Media y del Renacimiento (Su forma y su significado).* Madrid: Ediciones José Porrúa Turanzas, 1977. 19-34.
González, Cristina, ed. *Libro del Caballero Zifar.* Madrid: Ediciones Cátedra, 1983.
Graff, Gerald, and Reginald Gibbons, eds. *Criticism in the University.* Evanston, Illinois: Northwestern University Press, 1985.
Greimas, Algirdas Julien. *Du sens: Essais sémiotiques.* Paris: Editions du Seuil, 1970.
———. "Le conte populaire russe (Analyse fonctionnelle)." *International Journal of Slavic Linguistics and Poetics* 9 (1965): 152-75.
Hamilton, Ruth E. "Repeating Narrative and Anachrony in *Cleanness.*" *Style* 20 (1986): 182-88.
Hamon, Philippe. "Texte littéraire et métalangage." *Poétique* 31 (1977): 261-84.
———. "Un discours contraint." Barthes, Roland, et al. 119-81.
Harari, Josué, ed. *Textual Strategies: Perspectives in Post-Structuralist Criticism.* Ithaca, New York: Cornell University Press, 1979.
Hart, Thomas R. "Characterization and Plot Structure in the 'Poema de Mio Cid'." *"Mio Cid" Studies.* Ed. A. D. Deyermond. London: Tamesis Books Limited, 1977. 63-72.
Henkel, Nikolaus. *Studien zum Physiologus im Mittelalter.* Tübingen: Max Niemeyer Verlag, 1976.
Hertz, Neil. "Freud and the Sandman." Harari 296-321.
Huerta Tejadas, Félix. *Vocabulario de las obras de Don Juan Manuel.* Madrid: Real Academia Española, 1956.
Hult, David F. Reseña de *La clôture narrative,* por Armine Kotin Mortimer. *Poetics Today* 7:4 (1986): 785-90.
Iser, Wolfgang. *The Act of Reading: A Theory of Aesthetic Response.* Baltimore and London: The Johns Hopkins University Press, 1980.
Jakobson, Roman. "Du réalisme artistique." *Théorie.* Ed. Tzvetan Todorov. 98-108.
———. "Closing Statement: Linguistics and Poetics." *Style in Language.* Ed. Thomas A. Sebeok. Cambridge, Massachusetts: The M.I.T. Press, 1960. 350-77.
———. "Metalanguage as a Linguistic Problem." *The framework of language.* Ann Arbor: The University of Michigan, 1980. 81-92.
Jauss, Hans Robert. "Literary History as a Challenge to Literary Theory." *Toward and Aesthetic of Reception.* Minneapolis: University of Minnesota Press, 1982. 3-45.

Jauss, Hans Robert. "The Alterity and Modernity of Medieval Literature." *New Literary History* 10 (1979): 181-229.
―――. "Theory of Genres and Medieval Literature." *Toward*. 76-109.
Jay, Gregory S., and David L. Miller. "The Role of Theory in the Study of Literature?" *After Strange Texts: The Role of Theory in the Study of Literature*. Eds. Gregory S. Jay and David L. Miller. University, Alabama: The University of Alabama Press, 1985. 1-28.
Jefferson, Ann. "*Mise en abyme* and the Prophetic in Narrative." *Style* 17 (1983): 196-208.
Kawin, Bruce F. *Telling It Again and Again: Repetition in Literature and Film*. Ithaca and London: Cornell University Press, 1972.
Keller, John E. "Another look at *Exemplo* 48 in *El Conde Lucanor: De lo que acontesçió a uno que provava sus amigos*." *La Corónica* 13 (1984): 1-9.
―――. "Enxienplo de un cavallero que fue ocasionado et mato a su senor et a su padre: Enxienplo 54 in *El conde Lucanor*." *Hispanic Studies in Honor of Joseph H. Silverman*. Ed. Joseph V. Ricapito. Newark, Delaware: Juan de la Cuesta, 1988. 37-43.
―――. "A Re-examination of Don Juan Manuel's Narrative Techniques: 'La Mujer Brava'." *Hispania* 58 (1975): 45-51.
Kinkade, Richard P. "Sancho IV: Puente literario entre Alfonso el Sabio y Juan Manuel." *PMLA* 87 (1972): 1039-51.
Kirby, Steven D. "Juan Ruiz and problems of medieval authorship." *La Corónica* 10 (1981): 101-02.
Krappe, Alexander Haggerty. "Le Faucon de l'Infant dans 'El Conde Lucanor'." *Bulletin Hispanique* 35 (1933): 294-97.
Krömer, Wolfram. *Formas de la narración breve en las literaturas románicas hasta 1700*. Madrid: Editorial Gredos, 1979.
Lacarra, María Jesús. *Cuentística medieval en España: Los orígenes*. Zaragoza: Universidad de Zaragoza, 1979.
Larivaille, Paul. "L'analyse (morpho)logique du récit." *Poétique* 19 (1974): 368-88.
Laurence, Kemlin M. "*Los tres consejos*: the persistence of medieval material in the Spanish folk tradition of Trinidad." *Medieval Hispanic Studies presented to Rita Hamilton*. Ed. A. D. Deyermond. London: Tamesis Books Limited. 1976. 107-16.
Lázaro Carreter, Fernando. "El realismo como concepto crítico-literario." *Estudios de poética (la obra en sí)*. Madrid: Taurus Ediciones, 1976. 121-42.
Leclercq, Jean. *Initiation aux auteurs monastiques du Moyen Age*. Paris: Les Editions du Cerf, 1963.
―――. "Modern Psychology and the Interpretation of Medieval Texts." *Speculum* 48 (1973): 476-90.
Le Goff, Jacques. *Marchands et banquiers du Moyen Age*. Paris: Presses Universitaires de France, 1980.
Levi-Strauss, Claude. "La structure des mythes." *Anthropologie structurale*. Paris. Plon, 1958. 227-55.
Lida de Malkiel, María Rosa. *Dos obras maestras españolas: El Libro de buen amor y La Celestina*. Buenos Aires: EUDEBA, 1966.
―――. *Juan Ruiz. Selección del Libro de buen amor y estudios críticos*. Buenos Aires: EUDEBA, 1973.
―――. *La Idea de la Fama en la Edad Media Castellana*. México: Fondo de Cultura Económica, 1952.
―――. "Nuevas notas para la interpretación del *Libro de buen amor*." *Estudios de Literatura Española y Comparada*. Buenos Aires: EUDEBA, 1966. 14-91.
―――. "Tres notas sobre Don Juan Manuel." *Estudios*. 92-133.

Lihani, John. Reseña de *Fernán González, First Count of Castile: The Man and the Legend*, por Manuel Márquez-Sterling. *Journal of Hispanic Philology* 6 (1981): 74-76.

Lomax, Derek W. "El padre de Don Juan Manuel." *Don Juan Manuel: VII Centenario.* 163-76.

———. "The Lateran Reforms And Spanish Literature." *Iberoromania* 1 (1969): 299-313.

Longère, Jean. *La prédication médiévale*. Paris: Etudes Augustiniennes, 1983.

López, María Luisa. *Problemas y métodos en el análisis de las preposiciones*. Madrid: Editorial Gredos, 1970.

López Estrada, Francisco. *Introducción a la literatura medieval española*. Madrid: Editorial Gredos, 1979.

Lugones, Néstor Alberto. "Los bestiarios en la literatura medieval española." Diss. The University of Texas at Austin, 1976.

Macpherson, Ian. "*Dios y el mundo* – the Didacticism of *El Conde Lucanor*." *Romance Philology* 24 (1970): 26-38.

———. "Don Juan Manuel: The Literary Process." *Studies in Philology* 70 (1973): 1-18.

———. Reseña de *El Conde Lucanor: Materia tradicional y originalidad creadora*, por Reinaldo Ayerbe-Chaux. *Modern Language Review* 72 (1977): 718-19.

Macpherson, Ian, ed. *Juan Manuel Studies*. London: Tamesis Books Limited, 1977.

Maravall, José Antonio. *Estudios de historia del pensamiento español (serie primera: Edad Media)*. Madrid: Ediciones Cultura Hispánica, 1973.

Marín, Diego. "El elemento oriental en D. Juan Manuel: síntesis y revaluación." *Comparative Literature* 7 (1955): 1-14.

Márquez-Sterling, Manuel. *Fernán González, First Count of Castile: The Man and the Legend*. University, Mississippi: Romance Monographs, 1980.

Marsan, Ramelin E. *Itinéraire espagnol du conte médiéval (VIIIe-XVe siècles)*. Paris: Librairie C. Klincksieck, 1974.

Martínez Carrillo, María de los Llanos. "El obispado de Sigüenza en el 'Libro de la caza'. Un itinerario geográfico." *Don Juan Manuel: VII Centenario.* 187-97.

McCulloch, Florence. *Mediaeval Latin and French Bestiaries*. Chapel Hill: The University of North Carolina Press, 1962.

Medina, Jeremy T. *Spanish Realism: The Theory and Practice of a Concept in the Nineteenth Century*. Madrid: Ediciones José Porrúa Turanzas, 1979.

Menéndez Pelayo, Marcelino. *Orígenes de la novela*. Madrid: Casa Editorial Bailly-Baillière, 1925.

Menéndez Pidal, Ramón. *En torno al Poema del Cid*. Barcelona: EDHASA, 1983.

———. *España, eslabón entre la Cristiandad y el Islam*. Madrid: Espasa-Calpe, 1968.

———. *La Chanson de Roland y el neotradicionalismo (Orígenes de la épica románica)*. Madrid: Espasa-Calpe, 1959.

———. *Los españoles en la literatura*. Madrid: Espasa-Calpe, 1971.

———. "Notas al libro del Arcipreste de Hita." *Poesía árabe y poesía europea con otros estudios de literatura medieval*. Madrid: Espasa-Calpe, 1963. 137-57.

——— *Romancero tradicional de las lenguas hispánicas (español-portugués-sefardí)*. Madrid: Editorial Gredos, 1969. 3: 17-63.

Menjot, Denis. "Juan Manuel: auteur cynégétique." *Don Juan Manuel: VII Centenario.* 199-213.

Michael, Ian. "The Function of the Popular Tale in the 'Libro de buen amor'." *"Libro de buen amor" Studies*. Ed. G. B. Gybbon-Monypenny. London: Tamesis Books Limited, 1970. 177-218.

Michalski, André Stanislaw. "Description in Mediaeval Spanish Poetry." Diss. Princeton University, 1964.

Miller, David L. Véase Jay, Gregory S.
Mitchell, W. J. T., ed. *Against Theory: Literary Studies and the New Pragmatism.* Chicago and London: The University of Chicago Press, 1985.
Morreale, Margherita. "Los catálogos de virtudes y vicios en las Biblias romanceadas de la Edad Media." *Nueva Revista de Filología Hispánica* 12 (1958): 149-59.
Murphy, James J. *Rhetoric in the Middle Ages: A History of Rhetorical Theory from Saint Augustine to the Renaissance.* Berkeley and Los Angeles, California: University of California Press, 1981.
Náñez Fernández, Emilio. *El diminutivo: Historia y funciones en el español clásico y moderno.* Madrid: Editorial Gredos, 1973.
Nepaulsingh, Colbert I. *Towards a History of Literary Composition in Medieval Spain.* Toronto-Buffalo-London: University of Toronto Press, 1986.
Niederehe, Hans-Josef. "Alfonso X el Sabio y el ambiente lingüístico de su tiempo." *Revista Española de Lingüística* 13 (1983): 217-39.
Norris, Christopher. *Deconstruction: Theory and Practice.* London and New York: Methuen, 1982.
Olrik, Axel. "Epic Laws of Folk Narrative." *The Study of Folklore.* Ed. Alan Dundes. Englewood Cliffs, N.J.: Prentice Hall, 1965. 129-41.
Orduna, Germán. "El *exemplo* en la obra literaria de don Juan Manuel." *Juan Manuel Studies.* Ed. Ian Macpherson. 119-42.
———. "'Fablar complido' y 'Fablar breve et escuro': Procedencia oriental de esta disyuntiva en la obra literaria de Don Juan Manuel." *Homenaje a Fernando Antonio Martínez: Estudios de Lingüística, Filología, Literatura e Historia Cultural.* Bogotá: Instituto Caro y Cuervo, 1979. 135-46.
———. "La autobiografía literaria de don Juan Manuel." *Don Juan Manuel: VII Centenario.* 245-58.
Ortega y Gasset, José. "Meditación del marco." *Obras completas.* Madrid: Revista de Occidente, 1963. 2: 307-13.
Owst, G. R. *Literature and Pulpit in Medieval England: A Neglected Chapter in the History of English Letters and of the English People.* New York: Barnes and Noble, 1961.
Pabst, Walter. *La novela corta en la teoría y en la creación literaria: notas para la historia de su antinomia en las literaturas románicas.* Madrid: Editorial Gredos, 1972.
Paulme, Denise. "Morphologie du conte africain." *Cahiers d'études africaines.* 12 (1972): 131-63.
Penco, Gregorio. "Il simbolismo animalesco nella letteratura monastica." *Studia Monastica* 6 (1964): 7-38.
Prieto, Antonio. *Morfología de la novela.* Barcelona: Editorial Planeta, 1975.
Prieto, María Remedios. "Rasgos autobiográficos en el 'exemplo' V de 'El Conde Lucanor' y estudio particular del apólogo." *Revista de Archivos, Bibliotecas y Museos* 77 (1974): 627-63.
Prince, Gerald. "Introduction á l'étude du narrataire." *Poétique* 14 (1973): 178-96.
———. "The Narratee Revisited." *Style* 19 (1985): 299-303.
Propp, Vladimir. *Morphologie du conte.* Paris: Editions du Seuil, 1973.
Rastier, François. "Systématique des isotopies." A. J. Greimas et al. *Essais de sémiotique poétique.* Paris: Librairie Larousse, 1972. 80-106.
Ratcliffe, Marjorie. "Adulteresses, Mistresses and Prostitutes: Extramarital Relationships in Medieval Castile." *Hispania* 67 (1984): 346-50.
Ricapito, Joseph V. "El contorno picaresco de *El Conde Lucanor.*" *Romanische Forschungen* 84 (1972): 97-107.
Ricardou, Jean. *Le nouveau roman.* Paris: Editions du Seuil, 1978.
———. "L'histoire dans l'histoire." *Problèmes du nouveau roman.* Paris: Editions du Seuil, 1967. 171-90.

Riffaterre, Michael. *La production du texte*. Paris: Editions du Seuil, 1979.
Rimmon, Shlomith. *The Concept of Ambiguity - the Example of James*. Chicago and London: The University of Chicago Press, 1977.
Rimmon-Kenan, Shlomith. *Narrative Fiction: Contemporary Poetics*. London and New York: Methuen, 1983.
———. "The Paradoxical Status of Repetition." *Poetics Today* 1:4 (1980): 151-59.
Riquer, Martín de. "Lucanor y Patronio." *Estudios ofrecidos a Emilio Alarcos Llorach*. Oviedo: Universidad, 1978. 2: 391-400.
Robertson, D. W. Jr. *A Preface to Chaucer: Studies in Medieval Perspectives*. Princeton, New York: Princeton University Press, 1973.
———. "Some Medieval Terminology, with Special Reference to Chrétien de Troyes." *Essays in Medieval Culture*. Princeton, New Jersey: Princeton University Press, 1980. 51-72.
———. "Some Observations on Method in Literary Studies." *Essays*. 73-84.
Rodríguez-Puértolas, Julio. "Juan Manuel y la crisis castellana del siglo XIV." *Literatura, Historia, Alienación*. Barcelona: Editorial Labor, 1976. 45-69.
Rogers, Robert. "Three Times True: Redundancy in Ambiguous Texts." *Poetics Today* 6:4 (1985): 591-605.
Romera Castillo, José. *Estudios sobre "El Conde Lucanor"*. Madrid: Universidad Nacional de Educación a Distancia, 1980.
Ron, Moshe. "The Restricted Abyss: Nine Problems in the Theory of *Mise en Abyme*." *Poetics Today* 8:2 (1987): 417-38.
Rosenblatt, Louise M. *The Reader, the Text, the Poem: The Transactional Theory of the Literary Work*. Carbondale and Edwardsville: Southern Illinois University Press, 1981.
Schafler, Norman. "'Sapientia et fortitudo' in the 'Poema de Mío Cid'." *Hispania* 60 (1977): 44-50.
Scholberg, Kenneth R. "Figurative Language in Juan Manuel." *Juan Manuel Studies*. Ed. Ian Macpherson. 143-55.
———. "Juan Manuel, personaje y autocrítico." *Hispania* 44 (1961): 457-60.
———. "Modestia y orgullo: una nota sobre Don Juan Manuel." *Hispania* 42 (1959): 24-31.
Selden, Raman. *A Reader's Guide to Contemporary Literary Theory*. Lexington: The University Press of Kentucky, 1985.
Solalinde, Antonio G. "El 'Physiologus' en la 'General Estoria' de Alfonso X." *Mélanges d'histoire littéraire générale et comparée offerts a Fernand Baldensperger*. Paris: Librairie Ancienne Honoré Champion, 1930. 2: 251-54.
Stéfano, Luciana de. "Don Juan Manuel y el pensamiento medieval." *Don Juan Manuel: VII Centenario*. 337-51.
———. *La sociedad estamental de la Baja Edad Media Española a la luz de la literatura de la época*. Caracas: Universidad Central de Venezuela, 1966.
Sturcken, H. Tracy. *Don Juan Manuel*. New York: Twayne Publishers, 1974.
Sturm, Harlan G. "Author and Authority in *El Conde Lucanor*." *Hispanófila* 52 (1974): 1-9.
———. "*El Conde Lucanor*: The Search for the Individual." *Juan Manuel Studies*. Ed. Ian Macpherson. 157-68.
———. Reseña de *Patronio y Lucanor: La lectura inteligente "en el tiempo que es turbio"*, por Marta Ana Diz. *La Corónica* 14 (1985): 128-30.
Suleiman, Susan Rubin. *Authoritarian Fictions: The Ideological Novel As a Literary Genre*. New York: Columbia University Press, 1983.
Tate, Robert B. "Don Juan Manuel and his sources: 'Ejemplos' 48, 28, 1." *Studia Hispanica in honorem R. Lapesa*. Madrid: Editorial Gredos, 1972. 1: 549-61.
———. "*El Conde Lucanor*: The Name." *La Corónica* 15 (1987): 247-51.

Taylor, Barry. "Don Jaime de Jérica y el público de *El Conde Lucanor.*" *Revista de Filología Española* 66 (1986): 39-58.
Thompson, Stith. *The Folktale.* Berkeley and Los Angeles: University of California Press, 1977.
Todorov, Tzvetan. *Grammaire du Décaméron.* The Hague-Paris: Mouton, 1969.
———. "Introduction au vraisemblable." *Poétique de la prose.* Paris: Editions du Seuil, 1971. 92-99.
———. "Le discours de fiction." Véase Ducrot, Oswald.
———. "Les catégories du récit littéraire." *Communications* 8 (1966): 125-51.
———. "Les deux principes du récit." *Les genres du discours.* Paris: Editions du Seuil, 1978. 63-77.
———. "Les hommes-récits." *Poétique de la prose.* 78-91.
———. *Littérature et signification.* Paris: Librairie Larousse, 1967.
———. *Poétique.* Paris: Editions du Seuil, 1973.
Todorov, Tzvetan, ed. *Théorie de la littérature.* Paris: Editions du Seuil, 1965. Textes des formalistes russes réunis, présentés et traduits.
Tomachevski, B. "Thématique." *Théorie.* Ed. Tzvetan Todorov. 263-307.
Tubach, Frederic C. *Index Exemplorum: A Handbook of Medieval Religious Tales.* Helsinki: Akademia Scientiarum Fennica, 1969.
Valbuena Prat, Ángel. *Historia de la literatura española.* Barcelona: Editorial Gustavo Gili, 1960. 1: 162-83.
Várvaro, Alberto. "La cornice del 'Conde Lucanor'." *Studi di letteratura spagnola.* Ed. Carmelo Samoná. Roma: Facoltà di Magisterio e Facoltà di Lettere dell'Università di Roma, 1964. 187-95.
Verelst, Philippe. "Texte et iconographie: une curieuse mise en abyme dans un 'Renaut de Montauban' inédit (xve s.)." *Onze études sur la mise en abyme.* Ed. Fernand Hallyn. Gent, Belgique: Romanica Gandensia, 1980. 147-62.
Vitoux, Pierre. "Le jeu de la focalisation." *Poétique* 51 (1982): 359-68.
Wellek, René. "The Concept of Realism in Literary Scholarship." *Concepts of Criticism.* New Haven and London: Yale University Press, 1963. 222-55.
Welter, Jean Thiébaut. *L'exemplum dans la littérature religieuse et didactique du moyen âge.* Paris: E.-H. Guitard, Librairie-Editeur, 1927.
Wenzel, Siegfried. "The Seven Deadly Sins: Some Problems of Research." *Speculum* 43 (1968): 1-22.
———. *The Sin of Sloth: Acedia in Medieval Thought and Literature.* Chapel Hill: The University of North Carolina Press, 1967.
Whinnom, Keith. *Spanish Literary Historiography: Three Forms of Distortion.* University of Exeter, 1967.
Wolf, Fernando. *Historia de las literaturas castellana y portuguesa.* Madrid: La España Moderna, s. a.

ÍNDICE DE NOMBRES

Abad, Francisco: 12, 65.
Abd-er-Rahman: 73.
Abrams, M. H.: 23, 110, 181.
Adams, Nicholson B.: 185, 188, 190, 193, 204.
Alfonso X: 19, 25, 195, 197, 211.
Alfonso XI: 185, 190-194, 196, 200-201, 204, 207.
Alhaquim I: 95.
Alhaquim II: 95-96, 102-104, 106-107, 111, 113, 135, 211, 275.
Almanzor: 73.
Aragón, Juan de: 128.
Arcipreste de Hita: ver Ruiz, Juan.
Argote y de Molina, Gonzalo de: 46.
Ariza Viguera, M.: 185.
Asensio, Eugenio: 128.
Auerbach, Erich: 45-46.
Ayerbe-Chaux, Reinaldo: 13-15, 20, 24, 26, 28, 31, 34, 37, 44, 46, 62, 69-70, 74, 85, 89-90, 94, 97, 108, 114-116, 118, 129, 135-136, 143-146, 156, 162, 169, 185, 199, 210.
Azorín: 105.

Bal, Mieke: 144, 149, 162-165, 168, 170, 172-173, 176.
Baldwin, Spurgeon: 122-123, 202.
Bandello: 187, 191.
Bandera, Cesáreo: 112, 214.
Baquero Goyanes, Mariano: 39, 57, 101, 137, 162, 179, 191.
Barcia, Pedro L.: 23, 46, 53, 85.
Barthes, Roland: 36, 45, 47-48, 52, 66, 214.
Bataillon, L. J.: 128.

Battaglia, Salvatore: 23, 45-47, 190, 194.
Berceo, Gonzalo de: 25, 122, 211.
Blanco Aguinaga, Carlos: 40, 53, 186.
Blecua, Alberto: 13, 29, 99, 112, 137, 206.
Blecua, José Manuel: 20, 23, 26, 28, 30, 115, 154.
Bloomfield, Morton W.: 87, 125.
Boccaccio: 30, 43, 69, 89, 90.
Bolton Holloway, Julia: 123.
Bond, Frank M.: ver Adams, Nicholson B.
Boves Naves, María del Carmen: 36, 213.
Bremond, Claude: 34, 36, 48, 59, 77, 110, 143-145, 175.
Brooke-Rose, Christine: 46.
Brownlee, Marina Scordilis: 212.
Burke, James F.: 87, 89, 107, 112-114.

Caldera, Ermanno: 23, 30, 38, 40, 87, 89, 91, 93, 185, 205.
Carrard, Philippe: 162.
Catalán, Diego: 108.
Celle, Pietro di: 126.
Cervantes, Miguel de: 69, 92, 169.
Cid: 97-98, 101, 107.
Clements, Robert J.: 88, 92-93.
Colón, Germán: 12.
Corominas, Joan: 25, 52.
Coseriu, Eugenio: 17, 51, 53, 63, 66-67, 72, 76, 79, 81-82, 84-85, 100, 109, 172.
Croce, Benedetto: 92.
Crosman, Inge: 75, 174-176.

Culler, Jonathan: 27, 34, 38-42, 44, 110-111, 141, 176.
Curtius, Ernst Robert: 83, 136.

Chatelain, Danièle: 156.
Chatman, Seymour: 27, 40, 149.
Chaucer, Geoffrey: 30, 43, 90.
Chauvin, Victor: 25, 35.
Checa, Jorge: 15.
Cheriton, Odo de: 129.

Dällenbach, Lucien: 162-165, 168, 170, 172-174, 176-179, 205.
Darbord, Bernard: 74, 111.
Derrida, Jacques: 109-110, 112.
Devoto, Daniel: 13, 39, 44, 74, 93, 95-96, 101, 113, 118, 162, 178, 181, 183, 185-188, 190-194, 198, 202-204, 206.
Deyermond, Alan D.: 13, 15, 140, 128.
Díaz Arenas, Ángel: 36.
Dixon, Paul B.: 13.
Diz, Marta Ana: 13-15, 43, 60, 63, 67, 77-78, 87, 91-92, 100, 106, 109, 111, 113-116, 118-119, 132, 136, 139, 160, 163, 170, 176, 179, 192, 198, 211, 213.
Domínguez, Frank A.: 21.
Ducrot, Oswald: 45.
Dunn, Peter N.: 15, 213.

Eco, Umberto: 105, 139, 146, 174, 195, 198, 214.
England, John: 34-35, 135-136, 143-144, 162, 203.
Espinosa, Aurelio M.: 26.
Evans, Johathan D.: 141.

Faulhaber, Charles: 123, 128.
Fernando III: 97-98, 107.
Fokkema, Douwe W.: 174.
Foucault, Michel: 210.

Galbis, Ignacio R. M.: 69.
Gautier-Dalché, Jean: 192.
Gazdaru, Demetrio: 122, 125-126, 128.
Geckeler, Horst: 52, 72, 76, 79, 81-85.
Genette, Gérard: 37-38, 40, 48-49, 144, 151, 154-158, 163-165, 168, 170, 174-175.
Gibaldi, Joseph: ver Clements, Robert J.
Gibbons, Reginald: ver Graff, Gerald.

Gide, André: 162-163, 169.
Giménez Soler, Andrés: 30-32, 40, 74, 100-101, 184-185.
Gimeno Casalduero, Joaquín: 40.
Girolamo, San: 126.
González, Cristina: 41.
González, Fernán: 72-87, 97-98, 101, 107, 134, 211.
Graff, Gerald: 16.
Greimas, Algirdas Julien: 43, 83.
Guglielmi, Nilda: 119.

Hamilton, Ruth E.: 151.
Hamon, Philippe: 46-50, 52, 59, 64, 67, 70, 100, 102-103, 105-106, 170, 174, 179.
Hart, Thomas: 83.
Henkel, Nikolaus: 119.
Hertz, Neil: 163.
Hjelmslev, Louis: 76.
Huerta Tejadas, Félix: 26, 28, 62.
Hult, David F.: 214.

Insulis, Alanus de: 127-128.
Iser, Wolfgang: 155.

Jakobson, Roman: 45-46, 68, 75, 99, 105, 209.
Jauss, Hans Robert: 33-34, 45, 66, 68, 70, 126, 130.
Jay, Gregory S.: 17.
Jean-Paul: 169.
Jefferson, Ann: 168.

Kawin, Bruce F.: 144, 158.
Keller, John Esten: 12-13, 21, 30, 35, 118.
Kinkade, Richard P.: 30, 69, 123-124, 181, 202.
Kirby, Steven D.: 211.
Knust, Hermann: 25, 181.
Krappe, Alexander Haggerty: 186-188, 191, 194, 200, 204.
Krömer, Wolfram: 12, 24, 43, 128.

Lacarra, María Jesús: 39.
La Fontaine, Jean de la: 180.
Larivaille, Paul: 34, 48, 78, 143.
Latini, Brunetto: 122-124, 190.
Laurence, Kemlin M.: 25.
Lázaro Carreter, Fernando: 45, 66.
Leclercq, Jean: 33, 126.
Lecoy, Felix: 24, 70.

ÍNDICE DE NOMBRES   229

Le Goff, Jacques: 12, 26.
Levi-Strauss, Claude: 78.
Lida de Malkiel, María Rosa: 32, 40, 51, 54, 56, 65, 68, 73-74, 85, 93-96, 104, 108, 113, 128, 184-186, 188, 204-205, 211.
Lihani, John: 73.
Lomax, Derek W.: 128, 185.
Longère, Jean: 128.
López, María Luisa: 178.
López Estrada, Francisco: 23, 40, 90, 92, 122, 175.
Lugones, Néstor A.: 122, 124-125.
Lulio, Raimundo: 202.

Macpherson, Ian: 14, 20, 24, 53, 87, 94, 108, 181, 185, 205.
Manuel, Infante Don: 185.
Maravall, José Antonio: 63.
Marín, Diego: 30, 57, 185.
Márquez-Sterling, Manuel: 73.
Marsan, Ramelin E.: 41, 57.
Martínez Carrillo, María de los Llanos: 185.
McCulloch, Florence: 119.
McHale, Brian: 151.
Medina, Jeremy T.: 45.
Menéndez Pelayo, Marcelino: 23, 30-31, 41, 89, 184-185.
Menéndez Pidal, Ramón: 13, 23-24, 26, 30, 47, 83, 99.
Menjot, Denis: 185, 196.
Michael, Ian: 129.
Michalski, André Stanislaw: 122.
Miller, David L.: ver Jay, Gregory S.
Mitchell, W. J. T.: 16.
Morreale, Margherita: 87.
Mortimer, Armine Kotin: 214.
Murphy, James J.: 128.

Náñez Fernández, Emilio: 50-51.
Neckam, Alejandro: 188.
Nepaulsingh, Colbert I.: 136, 211.
Niederehe, Hans-Josef: 137.
Norris, Christopher: 41.

Olrik, Axel: 34, 143.
Orduna, Germán: 12, 23, 90, 92, 101, 175, 182, 184-186, 198.
Ortega y Gasset, José: 108, 111.
Owst, G. R.: 128.

Pabst, Walter: 92.
Paulme, Denise: 42, 48.
Peirce, Charles Sanders: 106.
Penco, Gregorio: 126-127.
Plinio: 114, 116, 118-119, 122-123, 125, 129.
Prieto, Antonio: 101.
Prieto, María Remedios: 185.
Prince, Gerald: 161.
Propp, Vladimir: 16, 34, 36, 78, 143.
Proust, Marcel: 17, 155.

Ramiro: 73.
Rastier, François: 195, 197.
Ratcliffe, Marjorie: 50.
Ricapito, Joseph V.: 53.
Ricardou, Jean: 163, 165, 168, 173, 180.
Riffaterre, Michael: 169.
Rimmon, Shlomith: 13.
Rimmon-Kenan, Shlomith: 106, 141-142, 144, 148-152, 154, 161, 164-165, 170.
Riquer, Martín de: 89.
Robertson, D. W. Jr.: 33, 43, 45, 65, 67, 82.
Rodríguez-Puértolas, Julio: 53, 186, 188-189, 204.
Rogers, Robert: 141.
Romera Castillo, José: 30, 40, 53, 65, 69, 91-92, 112,163, 181, 185.
Ron, Mosne: 162.
Rosenblatt, Louise M.: 215.
Ruiz, Juan: 13, 30, 32, 51.

Saboya, Beatriz de: 31-32.
Sancho: 32, 65.
Sancho IV: 122, 203.
Schafler, Norman: 83.
Scholberg, Kenneth R.: 69, 182, 185, 199, 200, 205, 213.
Selden, Raman: 209.
Soellner, Rolf: 112.
Solalinde, Antonio G.: 123.
Stéfano, Luciana de: 12, 25, 54, 136.
Sturcken, H. Tracy: 56, 60, 64, 74, 95, 101, 193-194.
Sturm, Harlan G.: 14, 39, 85, 89-90, 92-93, 111, 135-136, 148, 160.
Suleiman, Susan Rubin: 141-143, 145-149, 151, 154-155, 157, 159-160, 164, 168, 172, 179-180.

Tate, Robert B.: 20, 41, 89.
Taylor, Barry: 87.
Thaon, Philippe de: 125.
Theobaldo: 123.
Thompson, Stith: 34, 118, 143.
Todorov, Tzvetan: 24, 34, 40, 42-45, 48, 78, 143-144, 164.
Tomachevski, B.: 42.
Torres Nebrera, G.: 185.
Trier, Jost: 85.

Valbuena Prat, Ángel: 31-32, 41, 53.
Valdés, Juan de: 27.

Várvaro, Alberto: 23, 41, 89, 91-92, 109, 184.
Verelst, Philippe: 17.
Vitoux, Pierre: 150.
Vitry, Jacques de: 110.

Wellek, René: 45.
Welter, Jean Thiébaut: 12, 125, 127, 175.
Wenzel, Siegfried: 85, 87.
Whinnom, Keith: 52.
Wolf, Fernando: 41.

ÍNDICE DE OBRAS

Against Theory: 16.
Amadís: 27.
Antiguo Testamento: 125.

Bestiaire: 125.

Cantigas de Santa María: 25.
Castigos e documentos para bien vivir ordenados por el rey Don Sancho IV: 130.
Crónica abreviada: 71.

Decamerón: 30, 43.
De planctu naturae ad Deum: 127.
Diálogo de la lengua: 27.
Disciplina clericalis: 47, 101, 128.
Don Juan Manuel: VII Centenario: 13.

La española inglesa: 92.
Estética: 92.

La familia de Pascual Duarte: 178.

General Estoria: 123.

Historia Natural: 114, 118-119, 122-123.

El Jarama: 178.
Juan Manuel Studies: 13.

Libre del orde de la cavayleria: 202.
Libro de Alexandre: 211.
Libro de buen amor: 13, 24-25, 112, 129, 139, 212, 214.
Libro de Calila e Digna: 131, 137, 139.
Libro de la caza: 102, 185, 190, 196, 201.
Libro de la montería: 195, 196.
Libro de las armas: 32, 65, 186, 190, 199.
Libro del Caballero Zifar: 137.
Libro del cuallero et del escudero: 52, 90, 122, 130, 190, 193, 201-202.
Libro de los engaños: 39, 131.
Libro de los estados: 18, 20, 31, 39, 52, 69, 85, 90, 102, 146, 181, 186, 192, 195, 199.
Libro de los gatos: 131.
Libro enfenido: 181-182, 186.
Livres dou trésor: 123-124.
Lucidario: 123-124, 202-203.

Manuscrit trouvé à Saragosse: 43.
Meditación del marco: 108.
Los Milagros de Nuestra Señora: 25, 122.
Las mil y una noches: 43.
Morfologie du conte: 16.

Novellino: 186, 188, 191.

Odisea: 43.
Orígenes de la novela: 89.

Partidas: 195-196.
Physiologus Latinus: 119, 122-123, 125-126, 130, 202.
Platero y yo: 178.
Poema de Fernán González: 73.
A Preface to Chaucer: 33.
Primera Crónica General de España: 73, 95.
Proverbios: 124-127, 129.

Le récit spéculaire: 171.
Rhytmus De Mercatore: 25.

Speculum laicorum: 128.
Summa de arte praedicatoria: 127.
Summa Theologica: 65.

Tesoro: 122-124, 128, 190, 199.
Theobaldi: 150.

* * *

El Conde Lucanor
  ejemplo 1: 39, 163.
  2: 20, 53, 161-182, 211-213.
  3: 53, 192, 198, 213.
  4: 111, 113.
  5: 53, 185.
  6: 132, 137.
  7: 36, 111.
  8: 36.
  10: 53.
  13: 53, 91, 129.
  15: 92.
  16: 53, 73-74, 87, 100, 132.
  17: 36.
  20: 36, 111, 139, 213.
  22: 137.
  23: 19, 53, 113-135, 210-211.
  24: 19, 135-161, 168, 213.
  25: 53, 136.
  26: 53.
  27: 32, 53, 175, 184.
  28: 53, 85.
  29: 24, 70.
  32: 36, 53, 144.
  33: 20, 132-133, 183-208, 210-211.
  35: 35, 144.
  36: 11, 18, 23-44, 53, 57, 70, 79, 131, 211.
  37: 19, 53, 72-87, 95, 100, 107, 132-133, 211-212.
  38: 53.
  40: 53, 94.
  41: 19, 53, 88-112, 135, 196, 211.
  42: 39, 53, 137.
  46: 19, 30, 44-71, 79, 94, 145, 154, 211.
  47: 184.
  48: 12, 213.
  49: 53, 94, 213.
  50: 53, 94, 136.
  51: 53, 94.
  prólogo: 111, 136, 177, 180.
  segunda parte: 12, 57, 132, 160, 182.
  tercera parte: 213.
  cuarta parte: 132.
  primer prólogo general: 99.
  manuscritos: *A:* 51; *G:* 51; *H:* 29, 206; *P:* 28; *S:* 30.
  tradición manuscrita: 137, 154.
  ver: autobiografismo; didactismo; inverosimilitud; originalidad; sobriedad moral; textualidad; transmisión textual.

ÍNDICE DE TEMAS

acciones: ver argumento.
águila: 190-193, 200-204, 207.
alegoría: 92, 126, 135, 183, 188-194, 197-199, 204, 207-208, 211, 213.
alma, salvación del: 94, 205.
alteridad de la Edad Media: 66, 70.
ambiente: 50-51, 53, 62-64, 71.
ambigüedad: 12-13, 19, 64, 100, 103, 136, 139-142, 159, 170, 185, 195, 212.
anacronías: ver tiempo narrativo, *orden.*
analepsis: ver tiempo narrativo, *retrospecciones.*
análisis
  atomista: 98, 105.
  estructural: 26, 98, 105, 214.
  externo, extrínseco: 31, 41, 102, 185, 188, 192.
  formalista: 212.
  freudiano: 31, 33.
  funcional: 26, 41.
  hermenéutico: 18.
  interno, intrínseco: 41, 207.
  marxista: 189.
  semántico: 82.
  semiótico: 18, 111, 141, 162, 183.
  "tradicional": 16, 18, 111.
anticipaciones: ver tiempo narrativo, *orden.*
"arbitrariedad del relato": 37-39, 42, 58.
archilexema: 81, 83, 85, 116, 147, 156-157.
architextualidad: 175.
argumento: 23, 34, 36-37, 40, 42-49, 53, 58-59, 62, 67, 70-71, 78, 91, 142-144, 148, 161, 203.
  ver *historia.*

artes praedicandi: 129.
asociaciones paradigmáticas: 76, 78-84, 97, 104, 107, 116, 164.
  ver "historización de las asociaciones paradigmáticas".
asociaciones sintagmáticas: 76-78, 83, 97, 104, 116, 164.
  ver *implicaciones y solidaridades sintagmáticas.*
autobiografismo de *El Conde Lucanor:* 20, 30-32, 74, 100, 183-186, 192-195, 197-198, 205, 207, 211-212.
autor, autoría, conceptos de: 169, 210-211.

bestiarios: 118-125, 127-129, 202.
  ver simbolismo animal.
biografismo: 19, 32.
"blancos" *(gaps):* 155, 157.
"buenas obras": 53, 94.

campos léxicos: 19, 76, 79, 81-82, 84-85, 87, 104, 116, 147, 184, 197, 200-203, 208, 212.
"casillas vacías": 83.
causalidad, principio de: 34, 37, 41, 58, 60.
caza: 103, 190, 196.
  y guerra: 195-198, 200, 203, 205, 207.
closure, clotûre: 112.
código: 20, 105, 139, 164, 174-176, 179-180, 211-212.
competencia literaria: 176, 178.
complejo de Edipo: 31, 41-42.
comunicación literaria: 99, 103, 169, 209.

connotación: 51, 63, 66.
consecutio temporum: 153.
contacto: 212-213.
contexto: 89, 97, 99-107, 111, 116, 131, 139, 144, 148, 170, 172.
"contrato de lectura": 175-176, 195, 213.
"contrato genérico": ver "contrato de lectura".
correlación léxica: 63-64, 67, 70, 78, 97-98, 107, 200.
cuento
 de animales: 125, 128-129.
 folklórico: 34, 143, 146, 203.
 popular: 43, 47, 129.

deconstrucción: 214.
"defensores": 83, 85, 94, 106, 130, 132, 135, 197-199, 203, 205, 207.
denotación: 50, 63, 66, 70, 75, 198, 212.
desambiguación: 20, 105.
descripciones: 49-50, 63, 74, 123, 125.
 ver tiempo narrativo, *pausa descriptiva.*
designación: 52-53, 63, 66-76, 84-85, 106, 116, 147, 184, 194, 197-198, 207, 211-212.
didactismo de *El Conde Lucanor:* 13, 19-20, 30, 40, 43-44, 65, 82, 93, 99, 100, 102, 107, 112, 128, 131, 136, 140-142, 144-145, 148, 155, 158-159, 161-162, 164-165, 169, 172, 175-178, 180-182, 205, 207, 213, 215.
diégesis: 150.
diminutivos: 50.
discurso: 20, 39-43, 48-50, 52-53, 61, 75-76, 81, 83, 97, 104, 110, 116, 148-159, 161, 164-165, 169-173, 175, 177, 180-181, 185, 187, 210-211.
discurso
 directo: 151.
 indirecto: 149, 151, 153.
dualismo medieval: 67, 82.

ejemplaridad: 12, 204, 207.
ejemplaridad de la historia: 87, 107, 134.
ejemplarios: 23, 31, 128-129.
ejemplo
 definición: 12, 39, 175.

"ejemplo": 17, 21, 178, 182.
 estructura: 175.
 positivo: 91.
 y novela de tesis: 17, 142, 147.
elipsis: ver tiempo narrativo, *rapidez.*
emisor: 100, 105, 155.
"enclave": 91, 163.
enunciación: ver *discurso.*
enunciado: ver *historia.*
escena: ver tiempo narrativo, *rapidez.*
"esfuerço": ver *fortitudo.*
"estado": 58, 85, 87, 94, 98, 107, 114, 130, 133, 198, 200, 203, 205, 208, 210.
estructura: 75, 109, 112, 212.
 "estructuras simétricas": 135, 143-144.
ética estamental: 19, 82-83, 93-94, 98, 104, 106-107, 113-135, 184, 198-200.
exemplum: ver ejemplo.
expresión: 33.

fabliaux: 30.
fama: 53-54, 56-58, 60, 62, 64, 85, 94, 98, 102, 133, 205, 208.
focalización: 26, 142, 148-151.
fortaleza: ver *fortitudo.*
fortitudo: 81, 83, 85, 107, 135, 196, 199, 200, 203-205, 207-208.
fuentes: 13, 34, 75.
 recepción de las: 113, 129-131, 210.
 ver relatos paralelos.
función
 actancial: 147.
 metalingüística: 105-106.
 referencial: 75.
 sintagmática: 145, 147.
 temática: 164.
función: ver unidad narrativa.

género: 176, 212.
guerra contra los moros: 94, 133.
 ver caza y guerra.

Hacinas, batalla de: 73-74.
halcones: 189-190, 198-204, 207-208.
héroe: ver personaje principal.
historia: 20, 39-42, 48-49, 53, 61, 71, 143-151, 154-155, 157, 159, 161, 164-170, 172-173, 177, 181, 188.
 ver argumento.

"historización de las asociaciones paradigmáticas": 83.
honra: ver fama.
"horizonte de recepción": 19, 33, 131, 176.
humor: 143-144.

implicaciones y solidaridades sintagmáticas: 84.
indeterminación semántica: 172, 185, 195.
índices: 48.
informations: 48.
intencionalidad: 185-186, 188, 197, 207.
interpretante: 106.
inverosimilitud en *El Conde Lucanor:* 19, 24-29, 34, 36-37, 43-44, 70, 193.
invisibilia Dei: 45.
isotopía: 195-200, 205, 207.

"juego de las significaciones": 112, 131, 198, 214.

lector: 92-93, 99-100, 105, 111, 135-136, 140, 144, 148, 155, 157-158, 160, 169-170, 174-176, 178-180, 182, 185, 195, 209, 212-215.
implícito: 170.
medieval: 110.
lectura
 "cinegética": 193, 207.
 como proceso temporal: 13.
 "correcta": 112, 135-136, 140, 142, 155, 157, 160, 194-195.
 de textos medievales: 213.
 "horizontal": 78-79, 104.
 "incorrecta": 137, 169.
 mimética: 24, 183.
 retroactiva, retrospectiva: 25-27, 196.
 variedad de: 135, 195, 213.
 "vertical": 78-79, 104, 116.
 contrato, pacto de: ver "contrato de lectura".
legibilidad: 103, 106.
lexema: 79, 81-82, 84, 104-105, 116, 197, 201.
léxico: 51-53, 64-67.
 técnico: 51-52, 65.
"ley de repetición": 34.
libro, metáfora del: 136.

"lógica de los posibles narrativos": 36-37, 42.
"lógica del relato didáctico": 39-41, 43, 53, 58, 60, 148, 169.

marco: 79, 81, 83, 87-112, 114, 131, 135, 162-163, 170, 174, 184-185, 193-198, 200, 204-205, 207, 215.
 autobiografismo del: 100-102.
 como metáfora: 118-120, 215.
 funciones del: 19, 92-93.
 relación con el ejemplo: 90-92, 111.
 valor literario del: 89-90, 110.
mensaje: 99, 105, 135-136, 139-141, 143-145, 158, 169-170, 172, 174-177, 179-180, 195, 209-213, 215.
metatexto: 99-107, 174.
mímesis: 43, 150, 154, 179, 212.
mise en abyme: 17, 20, 162-182, 212.
 de la *historia:* 164-169, 172-173, 177-179.
 del *discurso:* 169-172, 179.
 del *texto:* 172-175, 179-180.
 del *código:* 172-177, 179-180.
 del *principio:* 172-173, 176-78, 180.
 generalizante: 165.
 particularizante: 165.
 prospectiva: 168.
 retro-prospectiva: 168.
 retrospectiva: 168, 179.
 terminal: 168.
 y lectura: 162.
 y redundancia: 178-181.
modernidad de la Edad Media: 70.
monasticismo: 125, 127, 129-130.
monosemia: 52, 65, 139, 141, 154, 158.
moraleja: 24, 33, 39-41, 43, 53-54, 56, 58, 70, 79, 81, 83, 85, 93, 113, 131, 144, 148, 169, 174, 178, 181, 184, 188, 204.
moralización: 12, 119, 125, 128.
motivación
 "composicional": 42, 60-61, 63.
 "realista": 42, 60, 63.
motivos folklóricos: 118.

narrador: 26, 64, 96, 106, 118, 135, 142-143, 148-154, 157-158, 160-161, 170, 176, 179-180.
extradiegético: 82, 159, 170, 173-176, 179, 182.

intradiegético: 159, 174, 179.
narratario: 135, 148, 161, 176, 213.
narrative now: 149.
narratología: 14-15, 17, 34, 40, 143.
naturalismo: 65, 74.
niveles narrativos: 170-180.
nouveau roman: 17, 168.
novela de tesis: 17, 142, 148, 159.
novella: 88.

obscenidad: 30, 52, 65.
oposiciones léxicas: 51-52, 63, 67-68, 70, 78-79, 81-83, 98, 104, 107.
orden cisterciense: 126.
orden dominica: 128.
órdenes mendicantes: 126.
originalidad de *El Conde Lucanor:* 13-14, 31, 75, 89, 162, 182, 204, 206.
otiositas: 85, 95-97, 107, 118, 124, 128 133, 200, 204-205.

pacto de lectura: ver "contrato de lectura".
parábola: 17, 164.
paralelismo marco-ejemplo: 19, 91, 96, 100, 135, 163-164, 178, 197, 205, 207.
paratextualidad: 175.
pausa descriptiva: ver tiempo narrativo, *rapidez.*
pereza: ver *otiositas.*
personajes: 23, 26, 29, 31, 33-34, 40-44, 46, 48-51, 53, 59-64, 67, 70-71, 74, 91, 96, 106, 139, 142, 144-151, 153, 155-156, 158-161, 179, 197.
autodiegético: 170.
papel actancial: 146.
personaje principal: 49, 146.
verosimilitud psicológica: 29, 32, 42, 60.
perspectivismo: 57.
plan del libro: 18-20.
poética: 12, 135, 162, 164, 181, 209-215.
polarización, técnica de la: 57, 62-63, 145, 203.
polisemia: 137, 139-140, 163.
predicación: 31, 125-29.
ver sermón popular.
"progreso": 68-70.
prolepsis: ver tiempo narrativo, *anticipaciones.*

proposiciones: 78, 144.
punto de vista: ver *focalización.*
pusillanimitas: 85, 203-204.

rasgos distintivos lexemáticos: ver *sema.*
realismo: 19, 23, 25, 32, 34, 37-39, 44-46, 48, 50-51, 53, 56, 58, 61, 64-66, 68, 70, 72, 75-76, 95, 148, 163, 190, 194, 207, 211.
medieval: 66, 72, 153.
recepción de las fuentes: ver fuentes; ver relatos paralelos.
receptor: ver lector.
Reconquista: 204.
redundancia: 19, 49, 67, 116, 135-161, 183-184, 203-204, 208, 213.
en la *historia:* 142-148.
en el *discurso:* 142, 148-157.
entre *historia* y *discurso:* 157-160.
"cadenas de": 145.
excesiva: 148, 152, 154, 156-158, 160, 178.
falsa: 158.
y *mise en abyme:* 178-181.
relato *iterativo, repetitivo, singulativo:* ver tiempo narrativo, *frecuencia.*
relatos paralelos: 13-14, 44, 73, 75, 85, 114, 118-119, 156, 162, 186-189, 193, 205-207, 210.
ver fuentes.
repetición de episodios: 34-36, 41, 143-144, 203.
retrospecciones: ver tiempo narrativo, *orden.*
roman à thèse: ver novela de tesis.
romancero: 26, 73.

sabiduría: ver *sapientia.*
sapientia: 83, 116, 124, 130, 199.
secuencia: 48, 50, 59, 67, 69, 79, 91, 145, 147, 157, 203.
elemental: 77.
selección sémica: 197, 200, 204.
sema: 79, 82, 84-85, 116, 200-201, 204.
ver selección sémica.
semiosis: 43.
ilimitada: 105.
semiótica: 136-141.
sentençia, sententia: 12, 19, 39-40, 43, 62, 64, 71, 79, 81, 87-88, 91-92, 100, 111, 113, 154, 172-173, 175.
sentido: 13, 18-19, 40-43, 53, 54, 59-72, 75, 81, 84-88, 102, 106-107, 111-

114, 131, 135, 141, 144, 147-148, 153-154, 156, 160, 162, 165, 172, 174, 179, 181, 183-184, 194, 197-198, 200, 205-207, 210-214.
señales: 137, 139, 141, 157.
sermón popular: 126-129.
   ver predicación.
"ser" vs "parecer": 57.
significación: 52, 63, 66-72, 75-76, 81, 83-85, 107, 144, 147, 184-185, 194-195, 198, 207, 211-212.
significados: 19, 47, 53, 66, 71, 75, 78, 81, 106, 113, 131, 137, 139, 141-142, 156, 172, 185, 194, 197, 203-204.
significantes: 137, 139, 141-142, 156, 172.
simbolismo: 122, 126, 134, 201, 206, 208.
   animal: 126, 127, 199, 207.
   ver bestiarios.
sinonimia: 84.
sobriedad moral en *El Conde Lucanor:* 30-31, 41.
sociedad medieval: 114, 214.
"sucesión": 78.
sumario: ver tiempo narrativo, *rapidez.*
sumario iterativo: ver tiempo narrativo, *frecuencia.*
"supervivencia del relato": 36-37, 42, 61.

teoría, problema de la: 16-18.
teorías
   expresivas: 23, 30, 33, 41, 44, 100, 181, 185, 188, 194, 197, 207, 210-211.
   miméticas: 23, 44, 61, 70, 181, 211.
   objetivas: 23.
   pragmáticas: 23.
terminología: 18, 152, 215.
texto: 99-107, 164, 170, 172-173, 181, 214.
   "abierto": 112, 131, 158, 213-214.
   "cerrado": 19, 106, 112, 131, 155, 157-158, 168, 183, 213-214.
   como "campo de posibilidades": 198.
   como "espejo": 32-34, 181, 211.
   como "lámpara": 32-34, 181, 211.
   concepto de: 211.
   lisible: 142, 214.
   metáforas del: 173.
   scriptible: 214.
textualidad
   de *El Conde Lucanor:* 18, 20, 102, 165, 184, 206, 212.
   del mundo: 106, 136.
tiempo narrativo: 142, 148-149, 151-157, 168.
   orden: 151, 156, 168.
      anticipaciones: 48, 151.
      retrospecciones: 48, 151.
   rapidez: 151-156.
      elipsis: 49, 154-155.
      escena: 149, 151-154, 157.
      pausa descriptiva: 155.
      sumario: 145-146, 149, 151, 157, 165, 168-169, 178.
   frecuencia: 151, 155-157.
      relato *iterativo:* 155-157.
      relato *repetitivo:* 157-158, 168.
      relato *singulativo:* 157.
      sumario *iterativo:* 156-157.
títulos: 174-176.
"transformación de contenidos": 78, 83.
transmisión textual de *El Conde Lucanor:* 13, 112.

unidad narrativa: 36, 47-48, 58, 78-79.

valor léxico: 79.
verba dicendi: 153.
verosimilismo realista: ver realismo.
verosimilitud: 24, 32, 45, 60, 89, 190.
   genética: 34-36, 41.
   psicológica: ver personajes.
versos finales: 39-40, 53, 56, 79, 81, 88, 92, 100, 112, 115, 159, 170, 175, 178, 182, 213.
vicios: 85, 87, 95, 124-125, 133.
virtudes: 83, 85, 87, 94, 97, 124-125, 130, 135, 146, 196, 198-200, 204, 207.
visibilia Dei: 45.
voz narrativa: 170.
yo
   ejemplar: 198.
   estamental: 198.
   literario: 198.
   personal: 198.

NORTH CAROLINA STUDIES IN THE ROMANCE LANGUAGES AND LITERATURES

I.S.B.N. Prefix 0-8078-

Recent Titles

LANGUAGE IN GIOVANNI VERGA'S EARLY NOVELS, by Nicholas Patruno. 1977. (No. 188). *-9188-6*.

BLAS DE OTERO EN SU POESÍA, by Moraima de Semprún Donahue. 1977. (No. 189). *-9189-4*.

LA ANATOMÍA DE "EL DIABLO COJUELO": DESLINDES DEL GÉNERO ANATOMÍSTICO, por C. George Peale. 1977. (No. 191). *-9191-6*.

RICHARD SANS PEUR, EDITED FROM "LE ROMANT DE RICHART" AND FROM GILLES CORROZET'S "RICHART SANS PAOUR", by Denis Joseph Conlon. 1977. (No. 192). *-9192-4*.

MARCEL PROUST'S GRASSET PROOFS. *Commentary and Variants*, by Douglas Alden. 1978. (No. 193). *-9193-2*.

MONTAIGNE AND FEMINISM, by Cecile Insdorf. 1977. (No. 194). *-9194-0*.

SANTIAGO F. PUGLIA, AN EARLY PHILADELPHIA PROPAGANDIST FOR SPANISH AMERICAN INDEPENDENCE, by Merle S. Simmons. 1977. (No. 195). *-9195-9*.

BAROQUE FICTION-MAKING. A STUDY OF GOMBERVILLE'S "POLEXANDRE", by Edward Baron Turk. 1978. (No. 196). *-9196-7*.

THE TRAGIC FALL: DON ÁLVARO DE LUNA AND OTHER FAVORITES IN SPANISH GOLDEN AGE DRAMA, by Raymond R. MacCurdy. 1978. (No. 197). *-9197-5*.

A BAHIAN HERITAGE. An Ethnolinguistic Study of African Influences on Bahian Portuguese, by William W. Megenney. 1978. (No. 198). *-9198-3*.

"LA QUERELLE DE LA ROSE": Letters and Documents, by Joseph L. Baird and John R. Kane. 1978. (No. 199). *-9199-1*.

TWO AGAINST TIME. *A Study of the Very Present Worlds of Paul Claudel and Charles Péguy*, by Joy Nachod Humes. 1978. (No. 200). *-9200-9*.

TECHNIQUES OF IRONY IN ANATOLE FRANCE. Essay on *Les Sept Femmes de la Barbe-Bleue*, by Diane Wolfe Levy. 1978. (No. 201). *-9201-7*.

THE PERIPHRASTIC FUTURES FORMED BY THE ROMANCE REFLEXES OF "VADO (AD)" PLUS INFINITIVE, by James Joseph Champion. 1978. (No. 202). *-9202-5*.

THE EVOLUTION OF THE LATIN /b/-/ṷ/ MERGER: A Quantitative and Comparative Analysis of the *B-V* Alternation in Latin Inscriptions, by Joseph Louis Barbarino. 1978. (No. 203). *-9203-3*.

METAPHORIC NARRATION: THE STRUCTURE AND FUNCTION OF METAPHORS IN "A LA RECHERCHE DU TEMPS PERDU", by Inge Karalus Crosman. 1978. (No. 204). *-9204-1*.

LE VAIN SIECLE GUERPIR. A Literary Approach to Sainthood through Old French Hagiography of the Twelfth Century, by Phyllis Johnson and Brigitte Cazelles. 1979. (No. 205). *-9205-X*.

THE POETRY OF CHANGE: A STUDY OF THE SURREALIST WORKS OF BENJAMIN PÉRET, by Julia Field Costich. 1979. (No. 206). *-9206-8*.

NARRATIVE PERSPECTIVE IN THE POST-CIVIL WAR NOVELS OF FRANCISCO AYALA "MUERTES DE PERRO" AND "EL FONDO DEL VASO", by Maryellen Bieder. 1979. (No. 207). *-9207-6*.

RABELAIS: HOMO LOGOS, by Alice Fiola Berry. 1979. (No. 208). *-9208-4*.

"DUEÑAS" AND "DONCELLAS": A STUDY OF THE "DOÑA RODRÍGUEZ" EPISODE IN "DON QUIJOTE", by Conchita Herdman Marianella. 1979. (No. 209). *-9209-2*.

PIERRE BOAISTUAU'S "HISTOIRES TRAGIQUES": A STUDY OF NARRATIVE FORM AND TRAGIC VISION, by Richard A. Carr. 1979. (No. 210). *-9210-6*.

REALITY AND EXPRESSION IN THE POETRY OF CARLOS PELLICER, by George Melnykovich. 1979. (No. 211). *-9211-4*.

When ordering please cite the *ISBN Prefix* plus the last four digits for each title.

Send orders to: University of North Carolina Press
P.O. Box 2288
CB# 6215
Chapel Hill, NC 27515-2288
U.S.A.

NORTH CAROLINA STUDIES IN THE ROMANCE LANGUAGES AND LITERATURES

I.S.B.N. Prefix 0-8078-

Recent Titles

MEDIEVAL MAN, HIS UNDERSTANDING OF HIMSELF, HIS SOCIETY, AND THE WORLD, by Urban T. Holmes, Jr. 1980. (No. 212). *-9212-2.*

MÉMOIRES SUR LA LIBRAIRIE ET SUR LA LIBERTÉ DE LA PRESSE, introduction and notes by Graham E. Rodmell. 1979. (No. 213). *-9213-0.*

THE FICTIONS OF THE SELF. THE EARLY WORKS OF MAURICE BARRES, by Gordon Shenton. 1979. (No. 214). *-9214-9.*

CECCO ANGIOLIERI. A STUDY, by Gifford P. Orwen. 1979. (No. 215). *-9215-7.*

THE INSTRUCTIONS OF SAINT LOUIS: A CRITICAL TEXT, by David O'Connell. 1979. (No. 216). *-9216-5.*

ARTFUL ELOQUENCE, JEAN LEMAIRE DE BELGES AND THE RHETORICAL TRADITION, by Michael F. O. Jenkins. 1980. (No. 217). *-9217-3.*

A CONCORDANCE TO MARIVAUX'S COMEDIES IN PROSE, edited by Donald C. Spinelli. 1979. (No. 218). 4 volumes, *-9218-1* (set); *-9219-X* (v. 1); *-9220-3* (v. 2); *-9221-1* (v. 3); *-9222-X* (v. 4).

ABYSMAL GAMES IN THE NOVELS OF SAMUEL BECKETT, by Angela B. Moorjani. 1982. (No. 219). *-9223-8.*

GERMAIN NOUVEAU DIT HUMILIS: ÉTUDE BIOGRAPHIQUE, par Alexandre L. Amprimoz. 1983. (No. 220). *-9224-6.*

THE "VIE DE SAINT ALEXIS" IN THE TWELFTH AND THIRTEENTH CENTURIES: AN EDITION AND COMMENTARY, by Alison Goddard Elliot. 1983. (No. 221). *-9225-4.*

THE BROKEN ANGEL: MYTH AND METHOD IN VALÉRY, by Ursula Franklin. 1984. (No. 222). *-9226-2.*

READING VOLTAIRE'S "CONTES": A SEMIOTICS OF PHILOSOPHICAL NARRATION, by Carol Sherman. 1985. (No. 223). *-9227-0.*

THE STATUS OF THE READING SUBJECT IN THE "LIBRO DE BUEN AMOR", by Marina Scordilis Brownlee. 1985. (No. 224). *-9228-9.*

MARTORELL'S "TIRANT LO BLANCH": A PROGRAM FOR MILITARY AND SOCIAL REFORM IN FIFTEENTH-CENTURY CHRISTENDOM, by Edward T. Aylward. 1985. (No. 225). *-9229-7.*

NOVEL LIVES: THE FICTIONAL AUTOBIOGRAPHIES OF GUILLERMO CABRERA INFANTE AND MARIO VARGAS LLOSA, by Rosemary Geisdorfer Feal. 1986. (No. 226). *-9230-0.*

SOCIAL REALISM IN THE ARGENTINE NARRATIVE, by David William Foster. 1986. (No. 227). *-9231-9.*

HALF-TOLD TALES: DILEMMAS OF MEANING IN THREE FRENCH NOVELS, by Philip Stewart. 1987. (No. 228). *-9232-7.*

POLITIQUES DE L'ECRITURE BATAILLE/DERRIDA: le sens du sacré dans la pensée française du surréalisme à nos jours, par Jean-Michel Heimonet. 1987. (No. 229). *-9233-5.*

GOD, THE QUEST, THE HERO: THEMATIC STRUCTURES IN BECKETT'S FICTION, by Laura Barge. 1988. (No. 230). *-9235-1.*

THE NAME GAME. WRITING/FADING WRITER IN "DE DONDE SON LOS CANTANTES", by Oscar Montero. 1988. (No. 231). *-9236-X.*

GIL VICENTE AND THE DEVELOPMENT OF THE COMEDIA, by René Pedro Garay. 1988. (No. 232). *-9234-3.*

HACIA UNA POÉTICA DEL RELATO DIDÁCTICO: OCHO ESTUDIOS SOBRE "EL CONDE LUCANOR", por Aníbal A. Biglieri. 1989. (No. 233). *-9237-8.*

A POETICS OF ART CRITICISM: THE CASE OF BAUDELAIRE, by Timothy Raser. 1989. (No. 234). *-9238-6.*

When ordering please cite the *ISBN Prefix* plus the last four digits for each title.

Send orders to: University of North Carolina Press
P.O. Box 2288
CB# 6215
Chapel Hill, NC 27515-2288
U.S.A.

The Department of Romance Studies Digital Arts and Collaboration Lab at the University of North Carolina at Chapel Hill is proud to support the digitization of the North Carolina Studies in the Romance Languages and Literatures series.

www.ingramcontent.com/pod-product-compliance
Lightning Source LLC
Chambersburg PA
CBHW022009220426
43663CB00007B/1024